The World without Ministry of National Defense

국방부 없는 세계

The World without Ministry of National Defense

국방부 없는 세계

고김주희 지음

국방부 없는 세계로 가는 길

많은 이들이 쉽게 평화를 사랑한다고 말하지만 진정으로 평화를 사랑하며 살기란 쉬운 일이 결코 아니다. 특히나 한국과 같은 나라에서라면 국방의 의무라는 이름으로 누군가의 가슴에 총을 겨누는 법을 배우러 대다수의 청년들이 별다른 저항 없이 군대로 향하고, 북한이 남한을 향해 도발이라도 감행하는 때에는 신무기를 도입하고 국방비를 증강시키는 것에 많은 이들은 별다른 이의를 달지 않을 것이다. 그 많은 이들의 눈에 살인과 폭력의 강제적 습득에 저항하며 군입대를 거부하려는 누군가의 노력은 국가에 대한 충성심이나 필수적인 사회성을 결여한 바람직하지 못한 행동으로 간주될 것이고, 주변국들의 군비 증강에도 불구하고 무조건적인 군비 축소를 지향하려는 노력은 현실성을 결여한 유아기적 발상으로 치부될 것이다.

사람들은 흔히 평화를 지키기 위해 이 모든 것들이 필요하다고 이야기한다. 평화를 지키기 위해 군대가, 전투기와 군함이, 총과 미

사실이 필요하다고 말이다. 그들은 말한다. 우리가 이 모든 것들을 포기하는 순간 적은 우리의 영역에 쳐들어와 우리의 평화를 앗아가고 우리 모두를 전쟁 속으로 몰아넣을 것이라고. 그러나 우리가 내 편과 네 편, 아군과 적군을 가르는 그 순간, 적의 공격이라는 가정을 전제함과 더불어 평화는 온전한 평화가 아닌 그저 전쟁과 불화의 가능성 아래 위태롭게 놓인 허울뿐인 평화가 된다. 그것은 무수한 총구 앞에서 언제 파괴될 지 모르는 연약한 생명만을 가까스로 지닌 불안정한 평화가, 방탄 장치 없이는 자신의 생명을 스스로 존속시킬 수 없는 기이한 모양새를 지닌 평화가 되어 버린다. 그러나 폭력이 생명력을 지킬 수 있을까? 전쟁으로부터의 승리가 평화를 낳은 것이라 말할 수 있을까? 생명을 파괴하는 힘과 평화를 깨뜨리는 행위가 생명과 평화를 확보해 주리라는 이토록 분명한 형용모순 속에서 지금도 우리의 세계는 지속되고 있다.

국가라는 이름 아래 내 편과 네 편을 가르고 자국의 이익을 지키기 위해 각국이 무력 행사까지 불사하는 상황이 벌어지고 있는 21세기 세계의 모습을 떠올려 볼 때 인류는 태초 이래 어떠한 진보나 발전도 이루어 낸 것이 없다고 이야기해도 무방할 것이다. 만일 인류가 국가의 발명 이래 어떠한 일말의 진보나 발전이라도 이룩한 것이 있다고 한다면, 각국의 정치 세력들은 일체의 국제적 분쟁 상황 속에서 무력적 수단을 활용함이 없이 오로지 민주적이고 외교적인 노력에 의해 그 해결책을 강구해 나아가는 모습이 발견되어야 할 것이다. 그렇다면 모든 국가의 정치적 행위가 온전히 민주적인 방식으로 진행되는 세계가 도래할 경우 국방부란 응당 사라져야 할 무용지물의 부서가 될 것이며, 타국의 정보를 비밀리에 염탐하거나 정찰하는 정보기관 또한 하등 쓸모없는 기관이 될 것이다. 그때에는 어떠한 무력적 공격이나 비합법적 수단 없이도 오직 국가 간의 외교적 교섭 및 국제기구의 중재나 제재 행위만으로 세계의 정치적 질서가 수립되고 기능하는 새로운 모습의 세계가 펼쳐지게 될 것이다.

많은 사람들은 이러한 세계가 한낱 꿈 같은 이야기일 뿐이라고 고개를 저을 것이다. 그러나 이상이란 말 그대로 우리가 생각할 수 있는 가장 완전한 상태이다. 그것은 우리가 그렇게 꿈꾸고 생각하지 않으면 결코 도래하지 않을 상태인 것이며, 반대로 우리가 꿈꾸고 생각하기를 시작하는 그 순간부터 비로소 실현될 가능성을 지니고 있는 상태이기도 하다. 군대와 국방부, 정보기관이 모두 사라진 국가, 모든 군수품의 수출입을 중단하고 더 이상의 어떠한 무기도 개발하지 않는 국가. 이러한 국가가 세계 어느 곳에서든 생겨나고 늘어나지 않는 다음에야 우리의 꿈은 현실화되는 일 없이 그저 허망한 공상으로만 남게 될 것이다.

우리의 꿈을 어떻게 현실화할 것인가? 우리가 자리하고 있는 이 나라, 이 공간 안에서 우리가 취할 수 있는 유효한 평화적 전략은 무엇인가? 한반도는 20세기 세계를 양분한 냉전 구도의 심장부에서 두 거대 세력들 간의 충돌로 인한 뼈아픈 고통의 시대를 경험하였다. 금세기 새로운 패권 국가로 성장하고 있는 중국과 그에 맞서는 미국의 움직임과 더불어 동북아는 다시금 신냉전 체제의 소용돌이에 휩싸여 있다. 강대국들의 폭력적 움직임 속에서 아무런 출구도 찾지 못한 채 그러한 거대한 폭력의 놀이터가 되어 버린 한반도가 과거의 희생적인 역사를 또 한 번 되풀이하지 않기 위해 선택해야 할 길은 무엇인가? 세계를 대립시키고 분열시키는 한반도 주변국들의 행동을 저지하며 각국의 민주적이고 평화적인 세력을 결집하고 신장시켜 동북아의 평화, 나아가 세계 평화로 나아갈 수 있는 역할을 하기 위해 남북한이 할 수 있는 일은 어떠한 것인가? 이와 같은 물음이야말로 우리가 꿈꾸는 국방부 없는 세계를 향해 나아가기 위한 최소한의 물음들이다.

반면 과거에 그간 우리가 물어온 물음들은 한반도를 다시금 전쟁의 희생양으로 전락시킬 수 있는 길 위에서만 제기되어 왔다. 이라크에 한국 군대를 파견할 것인가? 제주도에 해군기지를 건설할 것인가? 한반도에 사드를 배치할 것인가? 미국의 핵우산을 어떻게 유지할 것인가? 이것들 중 어떠한 물음도 군사주의 일체를 배격하고 진정한 평화로 나아가려는 이상은 반영되지 않았다. 이러한 모든 물음은 국가안보라는 이름 아래 평화를 지키기 위한 것이라 가장한 사이비 물음들에 지나지 않는다. 한반도가 평화로 나아갈 수 있기 위해 진정 물어야 할 물음은 주변들이 벌이는 군사적 활동들 중 어떠한 군사 정책과 조치를 택하고 취할 것인가가 아니라, 어떻게 하면 남북한뿐만 아니라 주변국들 간의 모든 군사적 대립을 중단시키거나 최소화할 수 있을 것인가 하는 것이다. 그러한 물음에 대한 하나의 해결 방안으로 이 글에서는 북태평양 연안국들이 모두 동시에 비핵화에 참여하는 북태평양 비핵지대의 창설 방안을 제시해 보고자 한다. 그와 더불어 남북한이 공동으로 영세중립국 선언을 발표하고 이에 대한 국제사회의 승인을 끌어내는 방안 또한 함께 숙고해 볼 것을 요청한다.

국방비를 증가시키고 군수품을 개발하고 수출입하며 주변 '강대국들'의 군사 활동에 참여하면서 북한의 비핵화만을 외친다고 한반도의 평화는 저절로 오지 않는다. 신냉전 구도를 심화시키는 미중 간의 긴장과 대립을 완화하고 해소할 수 있는 보다 적극적인 실천 방안이 모색되지 않는다면 남북한은 해묵은 이데올로기적 정쟁과 분열 속에서 영영 헤어나오지 못할 것이며 평화 통일을 이루게 될 날은 끊임없이 지연될 것이다. 아마도 많은 이들에게 '국방부 없는 세계'를 주장하는 것은 결코 도달할 수 없는 허황된 공상을 이야기하는 것쯤으로 치부될 것이다. 그러한 사실은 그만큼 우리 현대 인류가 폭력적 국가주의와 군사주의의 영향력에 무의식적으로 매몰되어 진정한 평화를 갈구하고 있지 못하고 있음을 증명한다. 국가 간의 경쟁이란 것을 의문시할 수조차 없는 당연한 전제로 인정하는 한, 우리 시대 인류가 맞닥뜨리고 있는 전 지구적인 위기는 영원히 극복될 수 없는 것으로 남을 것이다. 국가 간의 경쟁과 대립을 극복하고 국방부 없는 세계를 현실화하여 인류의 번영을 도모할 것인가, 국가주의와 군사주의에 사로잡혀 현존하는 인류의 위기를 더욱 심화시킬 것인가의 선택과 결단을 위한 우리의 사유와 행동을 아래에서 함께 진전시켜 나가 보도록 하자.

| 목차

제1장

민족과 국가

21세기 현 인류가 공통으로 직면하고 있는 전 지구적인 문제들은 세계의 정치적, 경제적 질서를 완전히 새로운 것으로 탈바꿈시키지 않으면 쉽게 해결되기 어려운 것으로 보인다. 지구 온난화를 비롯한 기후 위기 문제, 현 자본주의 체제가 가져오는 반복되는 경제 위기와 날로 심각해지는 국가 간 또는 계층 간의 경제적 양극화 및 이와 맞물려 있는 대량 실업과 부채 문제, 위협의 대상과 범위가 전 세계적으로 확장되어 가고 있는 테러 문제, 또한 중동 및 아프리카 지역의 전쟁이나 기후 위기로 인해 매년 그 수가 지속적으로 증가하고 있는 난민 문제에 이르기까지 세계화의 구호 아래 진행된 자본과 군수품의 초국적 이동과 운용은 이러한 문제들을 더욱 심화시키고 확장시켜 왔다. 그러나 국경을 넘어 확대되고 일반화되고 있는 이러한 전 지구적인 문제들 앞에 직면한 현대 세계는 여전히 낡은 의미의 '국가'라는 틀 안에 갇힌 채 공통의 문제를 자신의 문제로 자각하지 못하고 있는 것처럼 보인다. 많은 국가들은 이러한 공통의 문제 해결에 앞서 자국의 편협한 경제적, 군사적 이익만을 우선시하고 타국과의 전쟁 가능성을 뿌리 깊게 고수하며 국가의 경계를 넘어선 초국적 협력을 달성하는 데에 실패하고 있는 것이다.

세계 평화로 가는 첫걸음은 그 실체부터 모호하고 불분명한 민족이나 국가라는 틀로부터 자유로워지는 것이다. 다른 국가로부터 나의 국가를 보호해야 한다는 논리, 다른 국가와의 경쟁에서 살아남아야 한다는 논리는 세계 안에 긴장 상태와 대결 구도를 일반화하고 국가 간 또는 민족 간 전쟁의 가능성을 영속화한다. 물론 국가라는 개념이 동일한 언어를 사용하고 동일한 법체계를 공유하는 구성원들의 공동체라는 의미를 포함하는 한에서 국가라는 존재 자체를 모두 부정하는 것은 현대 세계를 이해하는 데에 있어 완전히 유의미한 일은 아니다. 그러나 그러한 사실로부터 출발하여 국가들이 지니는 주권에 우열을 매긴다거나, 또는 한 국가가 자신이 지닌 힘의 우위를 바탕으로 다른 국가에 무력을 행사할 권한을 갖는 것이 정당하다는 결론을 도출하는 것은 국가 간의 전쟁과 불화를 영속시킬 따름이다. 실상 한 국가 내의 경제적 평등이 충분히 달성된 상태라면 국부를 지키기 위해 군대와 국방부를 동원해야 할 필요성은 상당 부분 사라진다. 현대 자본주의 국가의 이해관계란 것이 자본가 계층의 이해관계와 분리 불가능한 까닭에 국가 간의 경쟁을 강조하는 국가주의에 우리가 빨려들면 빨려들수록 계층 간의 불평등은 더욱 공고한 형태로 자리 잡고 국방과 안보의 기치 아래 확산되는 군사주의는 우리의 일상 곳곳으로 스며든다.

서구 역사 속에서 '국가'라는 개념은 그것의 형성 과정에서 안정성과 폭력성이라는 두 가지 상반된 의미를 띠고 발전되었다. 근대국가의 중세적 기원에 관한 스트레이어(Joseph R. Stryer)의 연구에 따르면 안정성은 국가의 형성에 필수적인 조건을 이룬다. 10세기까지 유럽에서 장기간 계속되었던 이주와 침략 및 정복 활동이 11세기에 들어서면서 점차 종식되고 그에 따라 정치적 안정이 증대되면서 국가 건설에 필수적인 조건 중 하나인 시공간적 연속성이 확보되었다. 특정 지역을 장악한 사람들이 한 곳에서 수 세기 동안 동일한 정치 집단을 유지했고, 그러한 왕국은 그 이후에도 계속 존재할 것이라는 믿음을 낳았다. 이렇듯 시공간적으로 지속된 왕국이나 공국에서는 내부의 안정을 증대할 사법제도와 필요한 재원을 제공할 재정제도를 마련할 수 있었다. 13세기의 유럽인들은 이미 민법, 세금, 그리고 어렴풋한 국가에 대한 관념까지도 가지고 있었던 것으로 보인다. 중세 11세기에서 14세기 사이에는 근대국가의 필수적인 몇 가지 요소가 이미 나타나기 시작했다. 인구와 영토를 기본 핵심으로 한 정치 공동체들이 수 세기 동안 유지되면서 재정 및 사법 업무를 위한 일련의 제도들이 수립된 것이다. 성장속도는 각각 달랐지만 12, 13세기에 서유럽의 거의 모든 곳에서 국가의 이러한 기본 요소들이 등장했다. 잉글랜드, 프랑스, 에스파냐 왕국에서는 그 속도가 가장 빨랐고, 독일은 이보다 훨씬 더 느렸다.

　13세기 말에서 14세기 초, '주권'이라는 단어가 직접 사용된 것은 아니지만 주권에 대한 개념이 자리 잡기 시작했다. 또한 사람들이 갖는 충성심의 대상이 교회, 공동체, 가족에서 보다 추상적이고 비인격적인 '국가'로 이동했다. 1200년 당시 잉글랜드에서는 주권 개념을 함축하는 두 가지 조치가 이루어졌는데, 하나는 토지 소유와 관련된 소송은 국왕 법정에서 발부된 영장 없이는 개시될 수 없다는 원칙을 제정한 것이었고, 다른 하나는 전 왕국에 대한 직접세를 부과한 것이었다. 잉글랜드에서나 프랑스에서나 성직자들에 대한 과세를 금지하려는 교황의 노력은 대중의 지지를 받을 수 없었다. 왕국의 방어에 드는 비용을 함께 분담하지 않는 성직자들에게 사람들은 오히려 분노했다. 14세기 초 서유럽의 지배적인 정치체제는 보편교회나 보편제국보다 주권국가에 가까웠다. 국가에 대한 충성심이 다른 모든 충성심보다 우선시되었다. 그러나 이후 14, 15세기에 일어난 수많은 전쟁들은 국가의 안정성을 방해하거나 후퇴시켰다. 영국과 프랑스 간에 벌어진 백년전쟁에서 보듯이 13세기에 형성된 국가 개념은 이후 14세기에 들어 영토를 둘러싼 전쟁을 통해 폭력성을 띠며 발전되었다. 1215년부터 1290년대까지는 그 어떤 거대 국가도 대규모 전쟁에 참전하지 않았다. 대부분의 전투는 이탈리아 도시국가들 사이나 독일 연방들 간에 소규모로 벌어졌기 때문에 상비군이나 육군성은 필요하지 않았다. 대신 13세기는 외교면에서 많은 활동들이 있었다. 프랑스의 루이 4세는 잉글랜드 및 아라곤과의 분쟁을 조약을 통해 해결했고, 이슬람 세력과 여러 번의 교역 협상을 체결했던 프리드리히 2세는 예루살렘 회복도 협상을 통해 이루어냈다.[1]

한계 지어진 영토를 기초로 하는 국가의 형성 과정에 드러나는 행정 및 조세 체제 발달이 주는 안정성과 대규모 전쟁이 야기하는 폭력성은 동아시아 역사 속에서도 확인된다. 중국의 역사 속에서 영토 국가의 형태가 나타난 것은 기원전 5세기 전국 시대에 들어서다. 혈연에 기반을 둔 세습 귀족에 의한 지배가 춘추 시대의 통치 방식이었다면, 전국 시대에 들어서는 교육받은 평민 가운데 능력 있는 이들이 관직에 발탁되어 관료제가 형성된다. 춘추 시대 제후국들은 자기 소유의 영토에 대한 관념이 희박하였던 반면에, 전국 시대에는 각 군주가 지방에 가신들을 파견하여 자신의 영토 전체를 중앙에서 관리하는 군현제가 실시된다. 소규모 전쟁만이 벌어지던 춘추 시대와 달리 전국 시대에 들어서면 기간이 1개월 이상이고 동원 군대가 몇십만 명에 이르는 대규모 전쟁이 빈번해진다.[2]

중국에서는 기원전 3세기 진나라가 천하를 통일한 이후 1912년 청나라 말에 이르기까지 2천여 년 동안 제국의 형태가 이어지고 초

---

1   조지프 R. 스트레이어, 『국가의 탄생: 근대국가의 중세적 기원』, 학고방, 2012 참조.
2   신승하, 『중국사(상)』, 대한교과서, 2005 참조.

월적 의미를 함축하는 황제의 지배가 지속되었던 반면, 서구에서는 30년 전쟁 이후 1648년 성립된 베스트팔렌 조약으로 신성로마제국이 해체됨으로써 '제국'과 '교회'라는 두 커다란 보편성의 형태가 의미를 잃게 된다. 신성로마제국이 해체된 자리는 복수 국가들의 공간들로 채워지고 그 공간들은 상업적이고 군사적인 '경쟁'의 형태를 띠고 배치된다. 군주들 간의 대립 및 대항 관계는 서로 의존 관계가 없는 국가라는 단위들 간의 무한한 경쟁 관계의 형식으로 변화된다. 군주가 소유하는 사적인 부의 문제는 이제 국가 전체가 가진 자원이나 상업 또는 무역의 문제로 이행된다. 제국의 꿈과 교회 보편주의를 소멸시킨 30년 전쟁의 종말은 '유럽의 평형'이라는 목표 체계를 만들어 냈다. 종교적 보편성 대신 다분히 지리적 제한성을 띤 '유럽'이라는 개념이 성립되고, 이러한 유럽의 평형을 유지하기 위해서 국가 간의 전쟁은 자연스럽게 용인되었다. 중세 시대에는 군주들 간의 계승 문제나 혼인 문제와 같은 법적 분쟁이 전쟁을 개시하는 원인이 되었던 반면, 17세기에 들어서 전쟁의 발발 가능성은 법적 테두리를 넘어섬으로써 국가 간 평형이 위태로워진다거나 평형을 회복해야 한다거나 한 국가의 힘이 일방적으로 과도해지는 것을 막아야 한다는 등의 외교적인 구실로도 전쟁은 언제든 개시될 수 있게 되었다. 이로써 전쟁은 정상적인 정치적 상태가 중단된 비정치적 상황이 아닌 단지 무력이라는 다른 수단에 의한 정치의 연속된 상황으로 간

주되었다.[3]

　오늘날의 국가 개념이 형성되는 데에 중요한 바탕을 이루는 요소로서, 우리로 하여금 한 번도 만나본 적 없는 많은 익명의 사람들과 끈끈한 유대감을 형성하게 만드는 '민족'이란 개념은 근대 이후에 만들어진 서구의 발명품이다. 중국은 거의 3000년 동안 연속적인 국민국가와 제국의 형태를 이어왔지만 다양한 언어와 민족성을 지니고 있었으며 하나의 민족국가였던 적은 단 1년도 없다.[4] 반면 유럽에서는 제국의 시대가 막을 내리고 시민 혁명의 발발과 더불어 국민국가 형태가 자리 잡게 됨에 따라 국가를 형성하는 '민족'이라는 개념이 대두되기 시작했다. 1980년대 겔너, 앤더슨, 홉스봄 등에 의한 민족주의에 관한 새로운 이론들이 활발히 전개되기 전까지 '민족'은 마치 태곳적부터 전승되어온 '자연적인' 존재인 것처럼 간주되어왔다. 그러나 1980년 이후 전개된 새로운 민족주의 이론들에 따르면, 민족이라는 자연적인 존재가 민족주의를 형성한 것이 아니라 민족주의라는 이데올로기의 형성에 따라 '민족'이라는 구성체가 상상된 것이라 말할 수 있게 된다. 앤더슨의 말을 빌리면 민족이란 '내부의 실질적인 불평등과 수탈에도 불구하고 늘 심오하게 맺어진 수평적 동료의식'으로 상상된다. 19세기 후반까지 민족주의는 오직 유럽과

3　미셸 푸코, 『안전, 영토, 인구』, 오트르망 옮김, 난장, 2011 참조.

4　찰스 틸리, 『유럽 국민국가의 계보: 990~1992년』, 지봉근 옮김, 그린비, 2018, 19쪽 참조.

유럽의 식민지 지역에서만 존재했다. 민족주의는 전적으로 유럽 대륙의 산물이며 이후 서구의 수출품이 되어 다른 대륙으로 퍼져나갔다.

근대국가의 형성과 더불어 민족주의는 혁명 이전 봉건 시대의 사회적 유대를 뒷받침하였던 종교적, 혈연적, 지역적 연결 관계를 대체하는 새로운 신념으로 자리 잡게 되었다. 구시대를 지배하던 질서가 근본적으로 흔들리면서 왕권신수설과 같은 이념들은 설 자리를 잃고 그것의 정통성이 의심받는 상황에 처하게 되었다. 전통적 신념들이 의심받고 위협받는 상황에서 태동한 민족주의는 그러한 전통적 신념들이 지니고 있었던 종교적 기능을 다른 형태로 이어받았다. 민족주의는 구약성서에 등장하는 선민의식을 받아들여 민족의 의미에 덧붙이고 신의 섭리에 따라 약속된 땅이라는 의미를 국가의 의미에 결합시켰다. 민족의 정체성을 구축하는 과정에서 다른 이민족들과 구분 짓기 위한 원수라는 개념 역시 받아들였다. 유대-기독교의 전통에 녹아있던 종말론 역시 민족주의 안에서 다 사라지지 않았다. 유대-기독교의 메시아주의는 자신의 민족이 장래에 세계 속에서 우위를 차지하게 될 것이라는 세속화된 민족주의적 소망으로 연결되었다. 자신을 '타자'와 구분시키는 선민의식에 바탕을 둔 민족주의는 자신의 민족을 위한 희생적 죽음을 통해 현생의 약속을 사후에 실현시킬 수 있는 것으로 믿게 만드는 초월성과 연계되었다.[5]

---

5 한스 울리히 벨러,『허구의 민족주의』, 이용일 옮김, 푸른역사, 2007, 43~72쪽 참조.

근대에 들어 이러한 민족주의는 국가 간 전쟁을 뒷받침하는 주요한 이데올로기로 작용하게 된다. 17세기 다양한 주권국가가 공존하는 현대적 국가체계를 성립시킨 베스트팔렌 조약의 체결 이후, 영국과 프랑스의 헤게모니 경쟁이 본격화되면서 각국 내에서 민족주의의 열기는 더욱 고조된다. 1793년 프랑스에서는 모든 국민이 국가와 민족을 위한 군사적 참여를 해야 한다는 이념 아래 국민총동원령이 선포되고 징병제의 도입과 국민군의 창설이 이루어진다. 프랑스혁명은 특정한 계층에 한정되어 있던 군사적 역할을 민족 전체에 부과하는 결과를 낳았고, 국민 전체가 집단적 동일성을 공유하는 일단의 전쟁 주체로 자리 잡게 된 계기로 작용했다. 1789년 프랑스 인권선언 제3조에 따르면, 모든 주권의 원리는 본질적으로 국민에게 있으며 국민으로부터 유래하지 않은 권력은 어떠한 단체나 개인도 행사할 수 없다고 천명된다. 프랑스 혁명이 태동시킨 시민권은 프랑스국민의 자격을 규정짓고 프랑스인을 프랑스인이 아닌 외국인과 민족적으로 구별해 내는 기제로 작동했다. 이렇듯 근대 유럽에서 태동한 민족 개념은 실질적인 불평등과 차별을 기초로 하고 있음에도 마치 어떠한 심오한 수평적인 동료의식이 함축되어 있는 것처럼 상상되었다. 이러한 민족적 구분 아래 성립된 프랑스의 국민 개념은 혁명 초기 방어적 전쟁을 수행하는 데 동원되었던 범위를 뛰어넘어 나폴레옹 시대의 대규모 정복 전쟁을 가능케 했다. 프랑스 군대는 짧은 시간 동안 전 유럽을 휩쓸었으며 전쟁을 통한 승리는 프랑스인들로 하여금 프랑스 국민으로서의 영광을 가슴 속에 새겨넣게 하였다. 이 시기 동안 매우 배타적이고 편협한 의미의 민족주의인 쇼비니즘 이 탄생하였다.[6]

계층 간의 평등을 부르짖었던 부르주아 계급에 의해 주도된 프랑스 혁명 이념으로부터 기인한 국민과 민족 개념은 19세기 후반에 이르러 타국에 대한 침략을 정당화하는 제국주의적 이데올로기로 변형되었다. 이제 민족주의란 단어는 외국인, 자유주의자, 사회주의자에 대항하여 자기 국가의 침략적 확장을 정당화하는 의미로 사용되었다. 국가는 정치적으로 동원될 준비가 되어 있는 인민들을 필요로 하였으며, 이러한 동원은 애국주의라는 이름으로 채색되었다. 제국주의 시기는 다른 한편 선거권의 확대를 통한 정치의 민주화가 진행된 시기이기도 하다. 민주주의가 강화되고 있는 시대에 국가 권력은 국가에 대한 항의나 전복을 꾀할 수 있는 신민들을 함께 묶어둘 필요가 있었으며, 이를 위해 민족주의나 애국주의는 국가가 활용할 수 있는 새로운 시민종교의 구실을 하였다. 국가민족주의를 보다 잘 기능하도록 도운 것은 대중적인 초등교육의 확산을 통한 국민들의 행정적 통합에 있었다. 1870년부터 1914년까지의 시기 유럽 나라들에서는 초등학교 교사들의 수가 몇 배로 늘어났다. 계급이나 인민보다 '민족' 또는 '국민'이 자연적인 우월성을 지니고 있다는 생각은

---

6   장문석, 『민족주의 길들이기』, 지식의 풍경, 2007 참조.

지식인들을 포함한 제국주의 국가들의 성원들에게 자연스러운 민음이 되었다.[7]

1870년 프랑스와의 전쟁에서 승리한 후 새로운 유럽의 강자로 등장한 프로이센은 당시 강화되고 있던 민족주의를 바탕으로 이듬해 통일 독일제국으로 탈바꿈했다. 제1차 세계대전의 발발에서 민족주의의 격화는 더욱 직접적인 도화선이 된다. 독일과 오스트리아를 필두로 한 게르만 민족과 러시아와 세르비아를 필두로 한 슬라브 민족 간의 대립과 충돌은 두 민족 간의 전쟁을 세계대전으로 발전시켰다. 두 민족들 간의 대립이 격화된 결과로 인해 이루어진 유럽 지정학적 체제의 양극화는 1914년 발발한 전쟁의 결정적 전제조건이었다. 1907년 당시 영국과 러시아의 협정 체결로 인해 유럽의 동맹 체제는 독일, 오스트리아–헝가리, 이탈리아를 중심으로 한 삼국동맹과 영국, 프랑스, 러시아가 연계한 삼국협상으로 양분되기에 이르렀다. 기존에 유럽 국제 문제의 중재자 역할을 하였던 영국이 삼국협상의 당사자가 됨에 따라 유럽의 국제 안보 문제의 중재자가 사라지고 유럽은 두 동맹들 간의 치열한 세력 대결의 장이 되어갔다. 이러한 가운데 오스트리아–헝가리에 의해 강제 합병된 보스니아–헤르체고비나에서 세르비아인에 의해 벌어진 오스트리아 황태자 암살 사건은 각각의 민족주의를 표방하는 두 동맹 세력들 간의 대규모 전

---

7   에릭 홉스봄, 『제국의 시대』, 김동택 옮김, 한길사, 2018 참조.

쟁으로 확대되어 세계대전으로까지 치닫게 된다.[8]

이후 전체주의 및 군국주의와 결합한 독일과 이탈리아, 일본의 민족주의는 제2차 세계대전이라는 더욱 커다란 참상을 불러오면서 세계 전체는 또 한 번의 참혹한 전쟁과 파괴의 과정을 거듭하게 된다. 독일의 나치즘에서 확인되는 민족주의는 짙은 생물학적 인종주의의 성격을 띠고 있었다. 히틀러는 인종이 세계를 움직이는 원초적인 힘이라 생각했다. 그는 아리아인이 최상위에 위치한 인종의 위계질서가 있다고 믿었으며 지배권을 향한 인종 간의 투쟁을 당연시했다. 그에게 유대인은 아리아인을 약화시키는 투쟁 세력이었다. 1935년 나치 정부는 결혼을 원하는 모든 이들에게 인종 적합성 증명서를 요구하였고, 인종적 가치가 낮은 이들에게는 결혼 자금 대출이나 대가족 지원금을 지급하지 않았다. 전쟁이 시작되기 얼마 전부터는 우생학적 가치에 대한 신봉이 정치적 이데올로기로 더욱 확고히 작용하게 되면서 정신질환자들과 지적장애인들이 조직적으로 살해되는 일까지 벌어졌다.[9]

19세기 후반 정치 이데올로기로서의 민족주의가 더 공격적이고 급진적인 의미를 띠기 시작하던 시기에 통일을 이루게 된 이탈리아는 통일 이후에도 여전히 지역 간 격차가 심대하고 대중의 정치의식

---

8   황수현, 『독일제국과 제1차 세계대전의 기원』, 좋은땅, 2016 참조.
9   케빈 패스모어, 『파시즘』, 이지원 옮김, 교유서가, 2016 참조.

이 미숙하여 통일된 국가와 일치된 민족 구성체를 이루어내지 못하고 있었다. 이러한 상황에서 국가는 건설되었으나 민족이 국가에 온전히 통합되지 못한 것을 극복하기 위한 이념으로 파시즘이 등장하게 되었다. 이탈리아 파시즘은 하나의 의지를 지닌 민족이 주권자로 숭배되고 이러한 주권적 권력이 무솔리니라는 지도자로 표상되어 신성시되는 세속 종교로 발전되었다. 하나의 단일한 의지의 표명 아래 사회주의자, 유대인, 정신질환자, 소수종족 등은 모두 내부의 적으로 간주되었다. 이탈리아에서 이러한 전체주의 이데올로기는 시민 사회의 사적 영역을 국가의 공적 영역으로 완전히 흡수하면서 미완성된 주권적 민족국가의 건설을 완성하기 위한 토대로 기능하였다.[10]

일본의 경우 본격적인 국민국가의 틀을 갖추어 나가기 시작한 것은 메이지유신 때이다. 이 시기는 이전 시기 에도 시대에 애매한 위치를 차지했던 오키나와와 홋카이도를 일본의 영토로 복속하고 중국 및 러시아와의 국경이 확정된 시기이다. 메이지국가는 과거의 세습 신분제를 폐지하고 서구의 근대국가제도를 도입하여 법제 정비를 진행하면서 '국민'이라는 주체를 만들어갔다. 공교육 보급, 우편·통신·교통망 정비, 전국 규모의 경제적 거래 등은 국민 형성의 중요한 발판이 되었다. 메이지 초기에는 과거에 국민적 권위를 누리지 못했던 천황에게 지고의 권위를 부여하기 위해 제정일치가 추진

---

10   장문석, 『파시즘』, 책세상, 2010 참조.

되기도 하였으며, 1889년 메이지헌법이 발포되고 그다음 해에는 교육칙어가 발포되어 천황의 신민에 대한 명령들이 교육의 여러 덕목으로 가르쳐졌다. 일본은 메이지국가 발족 이후 얼마 지나지 않아 대만과 조선을 식민지로 포섭하는 등 국민국가의 형성과 식민지 제국화를 거의 동시에 진행해 나갔다. 대만과 조선 이외에도 보다 늦은 시기에 만주국과 중국 각지, 동남아시아 각지 등이 일본의 지배하에 놓이게 되었다. 일본은 서구 국가들에 대한 열등의식을 갖고 있는 한편, 더 후진적이라고 여기는 지역들에 대해서는 보호자적 태도를 취하며 식민지 지역에 일본어 교육을 보급하는 등 문화적 통합을 통한 국민적 일체성을 만들기 위해 분투했다. 그러나 법제도 측면에서는 내지와 외지의 원칙을 철저히 하는 등 일본 민족과 식민지 사람들 사이의 분리가 이루어졌고 이를 바탕으로 한 민족 간의 차별은 강화되었다.[11]

각국의 민족주의와 군국주의의 결합은 또 한 번의 세계대전을 가능케 했다. 미국 역시도 이러한 결합을 제거하기 위해 노력했다기보다는 그것에 무관심하거나 그것을 용인하는 편이었다. "제2차 세계대전 전야, 대부분의 미국인들은 단순히 파시즘 전반과 그것의 독일식 변형이라고 할 수 있는 히틀러의 국가사회주의(나치즘)에 대

---

11   시오카와 노부아키, 『민족과 네이션: 내셔널리즘이라는 난제』, 송석원 옮김, 이담북스,
       2015 참조.

항하는 성전에 임하는 분위기에 젖어 있지 않았다. 그들은 유럽의 이 '이념들'에 대해서 거의 혹은 전혀 모르고 있었으며, 그들 자신이 이 파시즘에 직접 위협받고 있지도 않았다. 독일이나 일본의 군국주의를 크게 신경 쓰지도 않았다. 무엇보다도 미국 자신이 군국주의와 폭력을 비난하기보다 영광스럽게 생각하는 전통 속에 있었다."[12] 1939년 독일의 폴란드 침공으로 유럽에서 전쟁이 개시되고, 1940년 9월 독일, 이탈리아, 일본은 미국이 전쟁에 개입하지 못하도록 견제하기 위해 삼국군사동맹을 체결한다. 삼국동맹을 체결한 일본의 선택은 유럽의 전쟁을 태평양으로까지 확대시키는 결과를 낳았다.

민족주의가 이렇듯 전쟁을 가능케 하는 중요한 이데올로기적 요소로 작용하게 되는 까닭은 그것이 배타성을 띤 타자와의 구별 의식에 토대를 두고 있기 때문이다. 민족주의는 타민족들과의 관계 속에서 우열 의식을 형성하며 선민의식의 연속선 상에서 전체주의와 제국주의로 발전할 여지를 지닌다. 또한 민족주의는 세대 간의 단절을 두려워하며 개인의 삶을 넘어 세대와 세대를 아우르는 초월적이고 종교적인 기능을 수행하는데, 이때 개인의 희생과 죽음이 민족의 영광과 영속을 위해 쉽게 정당화되기도 한다. 한국 안에서의 민족주의는 한편으로 일본 제국주의와 식민주의에 대한 저항적 의미를 다분히 지니고 있음도 사실이긴 하지만, 그렇다고 해서 앞서 언급한 민

---

12   자크 파월, 『좋은 전쟁이라는 신화』, 윤태준 옮김, 오월의봄, 2017, 25쪽 참조.

족주의의 문제점들이 발견되지 않는 것은 아니다. 베트남전 당시 한국군에 의해 이루어진 타민족에 대한 학살의 예에서 보듯이, 현대사 속에서 반공주의와 결합되어 전개된 한국의 민족주의 역시도 그것이 지닌 제국주의적 성격으로부터 완전히 예외가 된다고 말하기는 어려운 것처럼 보인다.

국가안보 및 자주국방이라는 허구

'국가안보'는 외부의 위협으로부터 자신의 영토를 보호해야 한다는 국민국가의 논리에서 도출된다. 고대와 중세 도시국가의 성벽이 분명한 정치적 경계선 없이 단지 주변의 배후지를 포함하고 있었던 것과 달리, 근대를 통해 형성된 국민국가는 정교하게 구획된 영역과 경계를 지니고 있다. 이러한 국민국가의 경계는 정치적 영토와 민족이라는 정체성이 서로 결합하여 일치됨으로써 형성된다. 전 세계 민족의 수는 200여 개에 불과한 국가의 수에 비해 훨씬 더 많기 때문에 이론적으로 보면 국민과 민족이 일치하는 국민국가의 형성은 불가능한 생각처럼 보인다. 그러나 지난 2세기 동안 세계 각국 정부는 민족주의 이데올로기를 활용하여 여러 국가를 건설하는 과정을 주도해 왔다. 유럽 근대국가 체제가 출범하는 계기를 이룬 1648년 베스트팔렌 조약은 근대국가가 갖는 영토의 배타적 경계와 통제를 원리로 하여 영토적 주권의 원칙을 처음으로 공식화하는 데 기여했다.

이에 따라 영토의 경계 내에 존재하는 것들에 대한 절대적인 통치권을 주장할 수 있게 됨으로써 선형적 차원의 '국경' 개념이 대두되었다. 영유권 주장이 겹치지 않도록 다분히 배타성을 띤 분명한 경계선으로서의 국경이 수립된 것이다. 1789년 프랑스 혁명을 계기로 유럽에서 보다 완전한 형태의 국민국가가 출현하기 시작하면서, 이전에는 지배 계층과 크게 구별되지 않았던 국가의 의미가 이제는 국경 내에 살고 있는 모든 사람들을 포함하는 의미로 변화되었다. 국가 그 자체가 국민화됨으로써 국가 영토에 대한 주권이 통치자 개인에게서 국민 전체로 이양되었다. 국민국가와 그 영토적 경계는 19세기와 20세기 초에 이르러 보편화되는데, 국가와 국민이 영토상 중첩되어야 한다는 사고는 나폴레옹 패전 이후 개최된 1815년 빈회의와 제1차 세계대전 이후 파리평화조약을 거쳐 점차 완성된 형태를 띠게 되었다.

사실상 모든 유럽국가들이 하나 이상의 민족으로 구성되어 있었던 까닭에 이렇게 국민과 국가가 일치하는 국민국가 개념을 뿌리내리기 위해서 경계 밖의 사람들을 타자화시키는 과정이 추가되었다. 국경은 국가 내부에 있는 '우리'의 우월함과 외부에 있는 '그들'의 열등함을 구분 짓는 차별과 배제의 논리 위에서 확고한 기능을 수행했다. 국경을 침범하는 것은 내부 사람들에 대한 위협이 되었고 또한 전쟁을 일으킬 수 있는 사유가 되었다. 국경을 기준으로 국민의 구분이 이루어지는 것이 '자연스러운' 현상이 되고, 국민국가라는 경계는 사회적 관계의 보편적 기준 틀로 자리 잡게 되었다. 국경은 세금 징수를 통해 국가 수입을 올릴 수 있는 물리적 기반이 되었기 때문에 국민국가는 대규모의 자본 축적을 가능하게 하는 안정적인 조직으로 기능하였다. 국민국가의 경계선을 따라 각 국가의 부를 축적하기 위한 과정은 식민지 건설 과정으로 이어졌다. 1880년대 독일, 영국, 프랑스, 벨기에, 포르투갈 등 유럽 열강은 자원 확보를 위한 경쟁 속에서 아프리카 대륙에 그들의 세력을 확장하고자 식민지 경계 만들기에 돌입한다. 그 결과 천여 개의 아프리카 부족들이 55개의 국가로 재편되면서 새로운 국경이 만들어졌다. 1880년에는 아프리카 국가 중 약 10퍼센트 만이 유럽의 지배를 받았으나, 1914년 제1차 세계대전이 발발했을 당시 아프리카의 거의 모든 국가가 식민 지배 아래 편입되었다.[13]

민족주의와 영토주의를 발판으로 하면서 타자와의 구별을 우선적 가치로 전제하는 작금의 국가 체제는 국가들 간의 배타적 경쟁 관계를 기초로 하여 작동하고 있다. 이러한 관계를 가장 뚜렷이 증명하고 있는 것이 바로 '국가안보'라는 개념이다. 제2차 세계대전이 막을 내리고 냉전이 개시될 무렵인 1947년, 미국에서는 국가안보법이 마련되고 펜타곤이 창설되면서 폭발적으로 증가한 정부투자를 통해 군수산업이 제도화된다. 국가안보라는 유사종교적 기치 아

---

13   가브리엘 포페스쿠, 『국가 · 경계 · 질서』, 이영민 외 옮김, 푸른길, 2018, 58~80쪽 참조.

래 군대와 민간, 산업과 대학이 긴밀하게 연결되고 전쟁 및 국방을 목적으로 한 새로운 과학기술 개발이 정부의 주요한 역할로 자리매김된다. 공산권 국가들이 몰락하고 자본주의의 승리와 확산이 진행된 21세기 현재에도 다수의 국민들이 의문시하지 않는 국가안보라는 확고한 신화는 미러 간, 미중 간 냉전 체제의 구도를 여전히 유효하게 지속시키고 있다. '자주국방'은 국가안보라는 이데올로기의 또 다른 면을 이루는, 평화로 나아가기에는 여전히 불완전하기만 한 신화이다. 자주국방은 안보딜레마와 국방의 딜레마를 야기한다. 안보딜레마란 위협으로부터 자신을 보호하기 위해 군사력을 도모하지만 인접국가에서는 이것을 오히려 자신에 대한 위협으로 받아들여 인접국 역시 군사력 증강에 나서게 됨으로써 위협을 오히려 더 증가시키는 모순에 처하게 되는 상황을 의미한다. 또한 국방의 딜레마란 국가의 한정된 자원을 군사분야에 지나치게 할당할 경우 국가 경제와 국민 복지가 희생당함으로써 내부의 사회 불안이 확대되어 국가의 안전을 오히려 위협하게 되는 상황을 말한다.[14]

보수정권의 탄핵 이후 등장한 문재인 정부는 자주국방의 기치 아래 앞으로 있을지 모르는 주한미군 철수와 한미 군사훈련 중단을 상쇄하기 위한 노력으로 첨단 군사장비를 계속 도입하고 국방비 예산을 더욱 증가시키는 퇴행적인 모습을 보여왔다. 문재인 정부는 전시

---

14 김열수, 『국가안보: 위협과 취약성의 딜레마』, 법문사, 2010 참조.

작전권 환수 조건의 하나로 한미연합훈련을 연계시켰던 박근혜 정부의 정책을 계승함으로써 한미연합훈련을 계속 시행하는 쪽을 택했다. 한국의 전작권을 미군이 보유하게 된 것은 한국전쟁 때이다. 당시 이승만은 전세가 급격히 밀리는 상황에서 맥아더 유엔군 사령관에게 작전지휘권을 넘겼다. 1978년 한미연합사령부가 창설되면서 전작권은 유엔군 사령관에서 한미연합사령관에게 이전되었다. 1994년 김영삼 대통령이 평시작전통제권을 환수하였으나 전시 상황에서 작전권을 갖지 못하는 한국 군대는 사실상 군대의 아무런 실질적인 권한도 갖추고 있지 못한 것이나 마찬가지다. 2007년 노무현 정부는 전작권 환수를 위한 미국과의 협상을 시작해 2012년 4월 17일까지 전작권을 돌려받는다는 '시간에 기초한' 전환계획을 진행했다. 전작권 환수에 강한 의지를 보였던 노무현의 참여정부 당시 보수진영은 천만인 서명운동을 벌여가며 정부의 계획에 강하게 반대했다. 이후 보수정권의 등장으로 전작권 환수는 정해진 시점에 따라 이루어지는 것이 아니라 '조건이 충족될 때' 결정되는 것으로 그 내용이 크게 변경되었다.

현재 한국은 세계 10위의 경제력과 6위의 군사력을 보유하고 있지만 한국의 군사적 권리는 미국에 철저히 종속되어 있다. 이명박 정권 당시 미국 일각에서는 향상된 한국의 국력을 고려하여 전작권 이양을 주장하는 목소리가 제기되었지만 이명박 정부는 이를 연기하기를 희망했고 그에 대한 대가로 오바마 정부는 한국에게 MD 참여를 요구했다. 박근혜 정부 들어서 오바마 행정부는 한국 정부와 전작권 전환을 사실상 무기한 연기하기로 약속하는 대신, 한미일 정보공유 약정, 한일군사정보보호협정(지소미아), 사드 배치 등의 조치를 통해 MD를 발판으로 하는 한미일 동맹 체제를 더욱 굳건히 했다. 한미가 합의한 전작권 전환의 조건은 세 가지다. 한국군이 연합방위를 주도할 수 있는 능력 구비, 북한의 핵미사일 위협에 대응할 수 있는 한국군의 초기 대응 능력 구비, 안정적인 전작권 전환에 부합하는 한반도 및 역내 안보환경 마련이 그것이다. 한국군의 연합방위 주도력은 한미연합훈련을 통해 검증하기로 하였는데 코로나로 인해 연합훈련이 미뤄지고 있는 한편, 주한미군 사령부는 '연합임무필수과제목록(CMETL)'을 기존 90개 항목에서 155개로 대폭 증가시켜 놓은 상황이어서 북한과 중국을 자극하거나 긴장시키지 않고 이 모든 연합훈련을 순조로이 마칠 수 있을지부터가 굉장히 우려할 만한 일이라 하겠다.

전작권 환수가 곧 자주국방을 실현시키고 한반도의 평화를 앞당길 것이라 예단하는 것은 어디까지나 의심스러운 사항이다. 전작권이 환수되면 한미연합사령부가 해체되는 것은 맞지만 이미 한미 양국은 '미래연합사령부'라는 이름의 새로운 지휘체제를 마련하는 데 합의한 상황이다. 한국이 사령관을 맡고 미국이 부사령관을 맡기로 합의되어 있어 한미동맹의 큰 틀에는 변화가 없다. 많은 한국 국민들은 북한의 위협만을 전쟁의 가능성으로 생각하지만 한반도에는 미국이 일으킬 수 있는 전쟁 가능성 역시 상존한다. 2017년 8월 1일 린지 그레이엄(Linsey Graham) 상원의원은 트럼프 대통령이 북한의 대륙간탄도미사일 실험이 계속될 경우 전쟁도 불사하겠다고 말했다고 방송 인터뷰에서 전했다. 트럼프는 전쟁이 일어나 수천 명이 죽더라도 한반도에서 죽을 것이지 미국에서 죽을 일은 없다고 말한 것으로 전해진다. 노무현 정부는 보수세력들의 비판을 의식해 전작권 환수와 더불어 한국군의 군사력을 높이기 위해 국방비를 늘리는 방향을 택했고 이러한 기조는 문재인 정부 들어서도 마찬가지로 유지되었다. 문재인 정부는 '2021~2025년 국방중기계획'에서 300조 원이 넘는 국방비를 책정했다. 자주국방이라는 이름 아래 국방비를 늘리고 군사력을 강화하는 것은 남북의 긴장 관계를 고조시키고 한미일 동맹의 늪으로부터 빠져나오지 못하는 결과를 초래할 뿐이다. 미국은 전작권을 한국에 이양한 후에라도 MD를 비롯한 한미일 군사 네트워크를 얼마든지 강화하는 방향으로 나아갈 수 있기 때문이다.[15] 국방비 감소와 군대 및 군수품 축소로 이어지지 않는 전작권 환수와 자주국방은 평화의 길로 나아가는 데 있어 사실상 아무런 소용도 되지 않는다. 이러한 사실은 자주국방이라는 명목 아래 일본의 자민당 정권이 시도한 평화헌법 개정에서도 마찬가지로 확인된

---

15 김준형, 『영원한 동맹이라는 역설』, 창비, 2021, 288~316쪽; 정욱식, 『한반도 평화, 새로운 시작을 위한 조건』, 유리창, 2021, 52~68쪽 참조.

다. 자주국방의 논리가 인접국과의 갈등 및 긴장 관계를 고조시키고 국방비 증가로 인한 국내의 경제적, 사회적 문제들을 심화시킬 따름 이라면, 그것은 국가안보의 신화 못지않게 세계 내에 전쟁과 불화를 양산하는 주요한 원인으로 작용할 소지가 다분하다고 하겠다.

21세기의 문제들과 군사주의의 연관 관계

　　인공위성과 인터넷 등 인류가 이룩해 낸 통신 기술의 발달은 이미 세계 대부분의 국가들을 하나로 연결한 지 오래다. 21세기 인류는 국가와 민족을 초월하는 공통의 문제들에 함께 직면해 있다. 지구 온난화와 기후 위기, 반복적으로 발발하는 전 지구적인 경제 위기, 해를 거듭하고 있는 팬데믹 위기, 빈곤과 전쟁 등으로 매년 증가하고 있는 난민들의 행렬, 언제 어느 국가에서 자행될 지 모르는 테러의 위협 등이 그것이다. 국가안보라는 이데올로기와 그 이데올로기를 물질적으로 뒷받침하는 대규모의 군대 및 군사시설, 군사 기술과 국방 산업을 통한 국가들 간의 대립과 경쟁은 이러한 인류 공통의 문제들을 신속히 해결하는 것을 지연시키거나 좌절시키고 있다.

　　인류가 생산해 내고 있는 에너지의 85퍼센트가 온실가스를 배출하는 화석연료를 연소한 것으로 이로 인해 매일 히로시마 원자 폭탄의 40만 배의 열에너지가 대기권 하부에 갇히고 있다.[16] 지구온난화로 인해 온도가 상승한 대양이 대기 중으로 증발하여 수증기의 양을 증가시키고 이는 폭풍의 강도와 규모를 증가시킨다. 또한 토양의 수분이 증발하면 사막화와 가뭄이 심화되고, 곡창 지대의 건조화로 인해 대규모의 식량 위기를 발생시킬 수도 있다. 불과 삼사십 년 전에 극지방에서는 여름에도 만년빙이 존재했다. 북극해에서 사라지고 있는 빙하 탓에 북반구의 기류와 해류 패턴이 변화하고 있으며, 수온이 상승한 해양에서 에너지를 얻은 사이클론이 높은 파도를 동반하게 되면 심각한 홍수 피해를 일으키기도 한다. 이러한 지구 온난화로 인한 해수면의 상승으로 남태평양의 섬나라 투발루는 국토가 이미 물에 잠기게 되었으며, 아시아 지역의 다른 나라들 역시 해양 주변의 저지대에 거주하는 상당수의 인구가 침수를 피해 거처를 옮기고 있다. 기후 위기로 인한 전 세계 기후 난민의 수는 금세기에 20억 명을 넘어설 것으로 예측하는 곳도 있다.

기후 변화로 인한 이상 기온 현상이 발생하면 이는 다시 에너지 부족 문제와 연결되어 에너지 자원을 둘러싼 국가 간 분쟁을 더욱 심화시킬 수 있다. 기후변화가 야기한 다르푸르 사태에 우리는 주목해야 할 것이다. 아프리카 중부 차드 호수의 고갈은 대다수의 주민들을 수단으로 이주하게 만들었고 이는 다르푸르 사태를 촉발한 계

---

16 앤서니 기든스, 『기후변화의 정치학』, 홍욱희 옮김, 에코리브르, 2009 참조.

기가 되었다. 수단 서부 다르푸르 지역은 아프리카계 농민과 아랍계 유목민의 부족들이 복잡하게 얽혀 있다. 정착 생활을 하는 농민들과 가축을 키우는 유목민들 사이의 갈등은 1970년대 이래 존속하고 있었는데, 1984년 파국적인 대가뭄이 있고 나서 농민들은 가뭄으로 목초지를 잃은 유목민들의 가축 떼들이 자신들의 들판에 접근하지 못하도록 막아섰다. 이에 유목민들은 농민들이 막아 놓은 목초 길을 점령하기 위해 전투를 시작했다. 땅과 물을 둘러싼 분쟁들을 해결하던 전통적인 조정회의들이 힘을 잃고 1989년 군사 쿠데타 이후에는 정부의 비호 아래 투입된 민병대가 갈등에 개입하기 시작했다. 민병대에 대항하는 20여 개의 반란군을 수단 정부가 대규모로 소탕하는 과정에서 정부는 마을들을 무차별적으로 폭격하고 민병대는 민족 학살을 자행하면서 폭력이 일상화되었다.[17]

다른 한편으로, 제3세계에 세계의 공장을 설립하여 거대한 수익을 거두는 초국적 기업들의 전 지구적 하청 시스템, 그리고 WTO, IMF, IBRD 등의 국제기구가 주도해 온 농업의 지구화와 금융의 지구화는 전 세계적인 불평등을 심화시키고 식량 위기와 금융 위기, 나아가 생태 위기까지 초래하고 있다. 서구의 국가들은 농산물 시장 개방을 요구하면서 아시아와 아프리카 국가들의 정부로 하여금 농

---

17 하랄트 벨처, 『기후전쟁: 기후변화가 불러온 사회문화적 결과들』, 윤종석 옮김, 영림카디널, 2010 참조.

업 보조금을 삭감케 하였고, 수입 농산물로 인해 경쟁력을 잃은 많은 농부들은 삶의 터전을 잃고 도시 빈민으로 전락하였다. 미국과 국제금융기구의 주도로 이루어진 일련의 경제적 조치들은 1980년 대 중남미와 아프리카를 심각한 외채 위기와 채무의 덫에 빠져들게 만들었고 1990년대 말 아시아에도 역시 커다란 금융 위기를 가져왔다. 북반구와 남반구의 경제적 격차는 더욱 심화되었고 북반구의 나라들에서는 민영화와 구조 조정 조치가 잇따르면서 21세기 초 전 세계적으로 이주 노동자의 인구는 17억 명을 넘어섰다.[18] 현재 글로 벌 자산 불균형은 그 수치로 볼 때 매우 극적이다. 2010년대 초 세계 상위 1퍼센트에 속하는 사람들이 세계 총자산의 50퍼센트를, 상위 10퍼센트의 인구가 80~90퍼센트 정도를 소유하고 있었으며, 하위 50퍼센트가 소유하는 것은 세계 총자산의 5퍼센트에도 미치지 못했다.[19]

각국의 전쟁, 기후 변화, 경제 위기로 인해 동시에 증가하고 있는 난민 문제 역시 인류가 함께 직면하고 있는 심각한 문제들 중 하나 이기는 마찬가지다. 2016년 말을 기준으로 볼 때 전 세계 강제 이주 민의 규모는 6560만 명에 달한다.[20] 이는 전 세계 인구 113명 중 한 명은 난민이거나 국내 실향민이거나 망명 희망자라는 사실을 뜻한

18   필립 맥마이클, 『거대한 역설』, 조효제 옮김, 교양인, 2013 참조.

19   토마 피케티, 『21세기 자본』, 장경덕 외 옮김, 글항아리, 2014 참조.

20   양성모 외, 『최소한의 국제 이슈』, 꿈결, 2021 참조.

다. 시리아, 레바논, 아프가니스탄, 이라크, 리비아, 소말리아, 콩고, 에리트레아 등 전쟁으로 인해 국가의 기능을 상실하여 수많은 난민들을 발생시키고 있는 나라들이 중동과 아프리카 지역에 넘쳐난다. 고무 보트에 몸을 싣고 지중해를 건너 유럽에 도착하기 위한 모험을 강행하다 목숨을 잃는 수천 명의 난민들이 발생하고, 유럽은 이미 몰려드는 난민들을 수용하는 문제로 인해 국내외적으로 갈등과 분열이 증폭되고 있다. 난민 발생 국가들과 인접해 있는 사우디아라비아와 아랍에미리트는 상당한 경제력에도 불구하고 정치적 이유로 난민들의 수용을 거부하고 있다. 국제정치적 차원에서 난민 문제의 해결이 효율적이고 형평성 있게 모색되고 있지 못한 까닭에 자국이나 인접 국가에서 유럽으로 들어가기를 희망하는 난민들의 처지를 악용한 브로커들이 엄청난 규모의 지하 경제를 양산하고 있다. 난민 문제는 더 이상 난민들이 발생한 국가와 그 인접 국가들만의 문제가 아니라, 중동 및 아프리카 국가들의 종족 간 분쟁 및 전쟁의 원인을 제공하였던 여러 강대국들을 비롯한 다른 모든 국가들이 다 함께 숙고해야 할 문제로 여겨져야 한다.

마지막으로 전 세계가 공동으로 대처해야 할 문제들 중 하나인 테러 문제가 있다. IS를 비롯한 이슬람 극단주의 단체들에 의해 자행된 대규모 민간인 학살과 강간, 외국인 납치 및 참수, 연이은 폭탄 테러 등은 전 세계를 공포에 떨게 했다. 그러나 이러한 테러가 반드시 이슬람 국가에 속한 이들에 의해서만 저질러진 것은 아니다. 서방 국가에서 발생한 상당수의 테러 사건들은 IS 세력을 추종하는 소위 '외로운 늑대'에 의한 것으로, 이들은 대개 자신들이 속한 사회 체제에서 차별받거나 소외되어 SNS나 인터넷을 통해 IS에 경도된 젊은 층으로 이루어져 있다. 프랑스의 샤를리 에브도 테러, 미국 텍사스 총격 사건, 보스턴 마라톤 테러, 호주 시드니 카페 인질 사건 등이 대표적이다. 외로운 늑대들에 의한 테러 문제는 세계적인 차원의 경제적 불평등과 청년층의 대량 실업 문제와 연관되어 있다. 또한 서방에서 중동 국가들로 수출되는 무기들 중 상당수가 테러 세력들에게 흘러 들어가 그들의 지원 도구로 활용되고 있음도 간과해서는 안 된다.

팬데믹 위기를 비롯하여 기후 위기와 경제 위기, 그로 인한 난민의 증가와 테러 문제까지 21세기 현 인류가 닥치고 있는 문제들은 전 세계가 국가와 민족이라는 틀에서 벗어나 초국적인 이해와 협력을 구할 것을 요청하고 있다. 그러나 불행히도 현재 우리의 세계는 해묵은 민족주의와 군사주의에 사로잡혀 국가 간의 대결과 경쟁을 당연한 것으로 전제하고 매년 국방비와 군수품 개발비를 증가시키며 전 지구적인 문제들 앞에서 무력한 채로 남아있을 뿐이다. UN에 따르면 연간 3천억 달러로 하루 1달러의 생계비로 연명하는 전 세계의 가난한 사람들을 구제할 수 있다고 한다. 그런데 전 세계 연간 군사예산은 그 액수의 무려 세 배에 달한다.[21] 문제는 이러한 단순한 사실뿐 아니라 국가 간의 군사적 대결로 인해 전 지구적 문제들이 점점 악화되고 그에 따라 그러한 문제들을 해결하기 위한 시간과 비용 역시 점점 증가하는 데에 있다.

---

21   비제이 메타, 『전쟁의 경제학』, 한상연 옮김, 개마고원, 2012 참조.

전 지구적 안보 장치와 군산복합체

　국가 안보라는 목적 아래 각국의 국방부와 정보기관을 중심으로 작동되고 있는 안보 시스템은 어떠한 국제법적 제재도 받지 않은 채 전 지구적 차원에서 국경을 넘나들며 초국가적 권리를 행사하고 있다. 초국가적으로 기능하는 이러한 안보 장치들은 각국의 국가권력이 표방하는 정치적 이데올로기와 군수기업들이 추구하는 경제적 이해관계의 끈끈한 결합 속에서 탄생하고 유지된다. 2020년 회계연도 기간 동안 미국에서 국내 안보를 포함하여 이라크, 아프가니스탄, 파키스탄, 시리아 전쟁을 위해 할당된 총예산은 적어도 6조4천억 달러에 이른다. 펜타곤으로부터 자금을 조달 받는 많은 군수 업체들은 합당한 세금을 지불하지 않는다. 또한 미국 근로자들이 내는 세금 중 훨씬 많은 부분이 군대보다 군수 업체들로 흘러간다. 군수 기업들은 군수품뿐 아니라 육군성(War Department)에 용병을 판매한다. 용병을 파는 이유는 전장에서 사망하는 용병들이 제복을 입은 군인들의 사망을 대신하고 이에 따라 육군성이 인용하는 군인 사상자 수를 줄여주기 때문이다. 또한 미국에서 용병 판매는 징병제 논란을 잠재우는 데에 기여하는데, 징병제 실시로 인해 엘리트 특권 계층의 자녀들이 징집될 수 있는 소지를 차단하기 위해 용병이 이용되는 셈이다.

9·11 테러 이후의 전쟁들에서 6,960명이 넘는 미국 군인들과 7,250명의 용병들이 사망했고 백만여 명에 달하는 이들이 상해를 입었다. 이러한 수치 외에도 미국으로 돌아와 자살로 생을 마감한 많은 퇴역 군인들이 있다. 퇴역 군인의 자살률은 2001년에서 2016년에 이르는 기간 동안 35퍼센트가 증가했다. 2018년은 현역 군인들의 자살 수가 최고치를 기록하여 321명의 현역 군인들이 스스로 목숨을 끊었다. 군수 산업의 폐해는 여기서 그치지 않는다. 미 육군성과 군수 기업들은 화석 연료 배출과 환경 오염의 최대 원인 제공자다. 이들은 군사 부지에서 발생시키는 발화 지연제 같은 오염물질을 통해 토양 및 지하수를 오염시킨다. 미국 전역에 적어도 3만9천여 개의 오염된 군사 부지가 있을 것으로 추정되며 미국 외의 해외 군사기지까지 포함한다면 그 수는 엄청나게 늘어날 것이다. 토양과 지하수의 오염뿐 아니라 군수 기업들이 군수품을 생산하고 군사 시설을 건설하며 내뿜는 온실가스의 양까지 고려한다면 군수 산업이 지구 생태계에 끼치는 악영향은 실로 지대하다.

미 군수 기업들이 정치적 영향력을 확대하기 위해 정부를 포섭하는 전략은 크게 다섯 가지 정도로 요약된다. 은퇴한 군 장교들을 군수 기업 안으로 끌어들이고, 군수 산업 관계자들을 펜타곤의 지도부에 앉힐 기회를 만든다. 또한 의회의 캠페인에 재정을 지원하고, 로비를 펼치며, 씽크 탱크와 미디어 기업에 자금을 조달하는 방법들이 그것이다. 펜타곤은 납세자들과 국채로부터 조달되는 여러 펀드를 이용하여 군수 산업의 상품들과 서비스를 사들인다. 이러한 펀드를 통하여 정부는 군수 기업들로부터 중단 없는 구매를 계속할 수 있다. 펜타곤이 최근 이용한 펀드에는 항공기 조달 펀드, 탄약 조달 펀드, 기지 재편성·폐쇄 펀드, 군 건설 펀드, 국방장관실 펀드, 우주 조달 펀드 등 여러 가지가 있다. 다른 정부 부처들에 비해 육군성은 중소기업들을 상대로 매우 많은 예산을 조달하는데, 많은 경우 비경쟁 입찰 방식을 통해 중소기업들의 전쟁 사업을 촉진한다. 이러한 방식으로 많은 중소 군수 사업체는 국가적인 전쟁 사업을 더욱 손쉽게 확대하는 데에 일조하게 된다. 미국 원주민 공동체 역시 펜타곤의 전쟁 사업을 도모하는 데 있어 예외가 아니다. 펜타곤은 신병 모집자들을 동원하여 원주민들의 군 입대 비율을 높이고 있는데, 여기에는 원주민 젊은이들의 대량 실업 문제와 구조적인 소외 문제가 그와 연관된 요인으로 작용하고 있다. 미국의 정보 기관과 기업들은 그간 원주민의 땅 위에서 화석 연료 기반의 인프라 시설 건설에 저항하는 원주민들의 운동을 폭력적인 방식으로 진압해 왔다. 미국의 전쟁 사업은 원주민 공동체의 삶을 계속 파괴하고 있다.

미 육군성의 재정을 담당하고 있는 국방재정회계국(Defense Finance & Accounting Service, DFAS)은 거짓 항목을 기입해 회계장부를 조작하는 일이 다반사다. 펜타곤은 막대한 양의 군수품들을 장부에 제대로 기록하고 있지 못하며, 필요하지도 않은 신무기들을 구입하고 낡은 무기들을 저장하는 데에 계속해서 많은 돈을 쓰고 있다. 1990년 미국 의회는 모든 연방 부서와 기관들에 매년 회계감사를 의무화하는 최고재무책임자법(Chief Financial Officers Act)을 통과시킨 바 있다. 그러나 펜타곤이 이 법안을 충실히 이행하지 않는 것은 매해 거듭되고 있는 일이다. 펜타곤의 감사관이 행하는 회계감사는 육군성이 소유한 자산의 일부분만을 대상으로 이루어진 결과가 마치 전체 자산에 대한 감사 결과인 것처럼 발표되고는 한다. 감사관들은 많은 수의 군사 부지들을 방문하지도 않고 많은 수의 무기들을 모두 포함시키지도 않은 채로 '통계적으로 중요한 샘플'로 간주된 사항들만을 감사 결과에 넣어 이를 정책 입안자들에게 제시한다. 또한 다른 한편으로 군수 기업들은 군 관료제 내에 마련된 자리 곳곳에 자신들의 직원들을 제공함으로써 군산복합체의 조직적 성격을 더욱 내밀하게 유지하고 있다. 미 해군의 주요한 부서를 이루고 있는 시스템사령부(Systems commands)는 군수 기업들에 의해 관료 조직이 성공적으로 장악된 대표적인 예에 해당한다.

군수 기업들을 규제하는 일과는 동떨어진 법적 조항들은 군산복합체의 이익을 도모하고 군사적 행위를 부추기는 데에 이용된다. 군수 기업들이 흔히 행하는 불법 행위는 군수품의 가격을 부풀려 요구하거나 일하지도 않은 시간에 대한 비용을 펜타곤에 청구하는 것이다. 하지만 그러한 불법 행위에 대해 부과되는 벌금은 그 기업들이 벌어들이는 수익에 비한다면 지극히 미미한 수준에 그친다. 한 예로 거대 군수 기업 록히드 마틴(Lockheed Martin)의 자회사 샌디아(Sandia Corporation)는 정부와의 계약 연장을 위한 로비를 하는 데에 불법 자금을 사용한 혐의를 얻어 법무부의 경고를 받았는데, 이 회사는 법무부의 조치를 대수롭지 않게 여기고 과잉 책정되었던 성과급으로 벌금을 납부하는 것으로 모든 법적 책임을 비껴갔다. 군수 업체들이 국민들에게 군대에 가입하라고 대규모 선전을 벌이는 것 역시 합법적으로 허용되고 있는 일이다. 미 육군성은 TV 광고나 소셜 미디어를 활용한 이러한 선전을 직접 벌이지 않고 기업들을 고용하여 해결한다. 기업들은 정부로부터 예산을 받아 대중들을 상대로 군대 가입을 권유하는 선전물들을 제작한다. 군수 기업들의 로고와 슬로건은 아이스하키장의 광고판에서, 스포츠 선수들의 셔츠 위에서, 웹사이트의 영상물이 시작하고 끝날 때 삽입되는 광고 클립 등에서 매우 다양하고 친근한 통로를 통해 대중들에게 제공된다. 펜타곤의 후원에 힘입어 군수 기업들은 펜타곤의 계획들을 미국 전역과 해외의 전쟁 지대에 확산시키고, 많은 사람들을 군에 입대하도록 독려함으로써 자신들의 상품과 서비스를 판매하기 위한 원천으로 활용한다. 그리고 미 법률은 이 거대한 군산복합체의 모든 선전 활동

들을 합법적인 것으로 허용하고 있다는 점에서 전쟁 행위를 사주하고 있다고 해도 과언이 아니다.[22]

'군산복합체'라는 말은 1961년 퇴임 연설에서 아이젠하워 대통령이 처음 언급한 말이다. 그는 오직 깨어있고 총명한 시민만이 군산복합체를 몰아내고 평화로운 수단과 목적을 지킬 수 있을 것이라 말했다. 1953년 4월에 있었던 한 연설에서는 "장거리 전략 폭격기 하나를 사는 돈으로 30개 이상의 도시에 학교를 하나씩 지을 수 있고, 전투기 한 대로는 50만 부셸의 밀을 살 수 있고, 구축함 한 대로는 8000명 이상이 살 수 있는 새 집을 지을 수 있다"[23]라는 말로 군수품에 낭비되고 있는 엄청난 양의 자원을 환기시켰다. 군수품의 생산과 개발로 이어지는 대학의 연구 활동 및 기업의 생산 활동에 참여하는 인구가 사라지지 않는 이상 인류가 평화를 향해 나아갈 수 있는 여지는 쉽게 마련되지 않을 것이며 국방부 없는 세계 또한 도달하기 어려운 꿈으로 남을 것이다. 우리가 경제적 목적으로 쉽게 용인하고 있는 일상 속의 군사주의가 실제로는 우리의 경제를 파괴하고 나아가 전쟁 가능성을 현실화함으로써 누군가의 삶 전체까지도 파괴할 수 있다는 사실을 결코 잊어서는 안 되겠다.

22　Christian Sorensen, *Understanding the War Industry*, Clarity Press, 2020, 1~8쪽, 46~47쪽, 92~132쪽 참조.

23　박한식·강국진, 『선을 넘어 생각한다』, 부키, 2018, 237~238쪽 재인용.

제2장

중국의 부상과 패권주의

제2차 세계대전 이후 세계의 패권 국가로 부상한 미국의 헤게모니는 20세기를 줄곧 지배해 왔다. 공산당의 개혁·개방 정책과 더불어 새로운 자본주의 국가로 진입하게 된 중국의 현재와 미래를 바라보는 많은 이들은 금세기 후반 중국이 세계의 새로운 패권 국가로 자리 잡게 될 것이라는 전망을 내놓는다. 또는 다가올 미래는 미국과 중국이라는 두 거대한 국가의 패권 전쟁의 시대가 될 것이라는 견해 또한 지배적이다. 미국을 곧 추격하게 될 중국의 경제력이 미국을 압도하게 될 상황이 도래할 수 있는 반면, 미국은 군사력에 있어서만큼은 세계 최강의 지위를 쉽사리 놓치지 않게 될 것이기 때문에 두 세력 사이의 팽팽한 긴장이 지속될 수 있으리라는 전망이다. 두 나라 각국은 자신의 헤게모니를 놓치지 않기 위해 미국은 미국대로 미래의 경제력을 뒷받침할 수 있는 첨단 과학 기술의 확보와 활용 면에서 선두를 유지하기 위해 애쓸 것이며, 중국은 중국대로 미국의 미사일 방어체제와 같은 군사적 고립 정책으로부터 탈피하기 위해 새로운 미사일 기술을 개발하거나 해군력을 증강하는 등 군사력 확장에도 힘을 쏟을 것이다.

우리는 이렇듯 흔히 한 나라의 국력을 크게 두 가지 힘, 즉 경제력과 군사력이라는 힘의 크기로 대체시켜 생각한다. 그러나 경제력이란 것이 생명을 기르고 유지하기 위해 필요한 힘이라고 한다면 군사력은 그와는 정반대의 것이다. 그것은 자신을 보호하기 위한 명목을 지니고 있다손 치더라도 어쨌거나 결국에는 다른 누군가의 생명을 파괴하거나 멸절시키는 폭력적 힘을 의미할 뿐이다. 어떠한 국가의 힘이 온전한 생명력으로 발휘될 수 있으려면 그것은 보다 많은 이들의 생명을 품어야 할 것이며, 국가라는 미명 아래 국가 바깥의 다른 생명체들을 향한 폭력이 되어서는 곤란하다. 많은 이들이 각국가가 지닌 군사력의 크기를 국력으로 간주하고 승인하는 한, 세계를 이루는 힘은 여전히 폭력적 힘이 되기를 그치지 않을 것이다. 그렇다면 새롭게 부상하고 있는 중국의 힘은 어떠한 성격의 힘일까? 그러한 힘의 성장은 앞으로의 세계를 어떠한 모습으로 변화시킬 것인가?

1979년부터 시작된 개혁개방 정책을 통해 중국은 놀라운 수준의 고도성장을 이룩했다. 1978년부터 2010년까지 중국 연평균 GDP 성장률은 거의 10%에 육박했다. 고도성장으로 인해 중국의 경제규모 또한 급속히 늘어났는데, 2010년 중국의 GDP 수치는 1978년에 비교해 볼 때 20배 이상 증가한 것이었다. 또한 전 세계에서 중국의 GDP가 차지하는 비중은 1980년 1.8%이던 것이 2010년에는 9.3%를 기록했다. 세계 교역량 순위에 있어서도 중국의 발전은 놀라운 수준이다. 개혁개방을 시작할 당시 세계 교역 순위 29위를 기록했던 중국은 2009년 일본과 독일을 추월하고 2대 교역국으로 성장한 후 2013년에는 미국을 제치고 세계 최대의 교역국으로 자리매김했다.

2001년 중국은 WTO에 가입하였는데 그 이후 동아시아 지역의 다국적 기업들이 중국에 직접투자를 늘리면서 동아시아 생산네트워크가 형성되기 시작했다. 중국과 지역 국가 간에는 상품 내 분업을 기초로 한 분업구조가 나타났는데, 일본의 핵심 부품이 중국, 한국, 싱가포르, 태국, 말레이시아, 인도네시아, 필리핀 등으로 유입되고 중국 외 국가에서 재가공된 부품들은 다시 중국으로 유입되어 중국이 이 부품들을 조립해 완제품을 생산한 후 미국과 유럽 등으로 수출하는 구조가 형성되었다.[1] 중국을 중심으로 한 동아시아 지역의 경제적 통합은 기존의 동아시아 국가의 대미의존도를 감소시키는 결과를 낳았다. 한편으로 중국의 값싼 노동력과 저가 상품의 대량 수출이 주변 아세안 국가들의 산업을 위협할 것이라는 우려가 있었으나, 투자와 교역 측면에서 중국과 아세안 국가들 사이에는 경쟁 관계보다

---

1   김영익 외, 『제국주의론으로 본 트럼프 등장 이후의 동아시아와 한반도』, 책갈피, 2017, 111쪽 참조.

는 공생 관계의 특징이 더 주요한 것으로 보인다.

중국의 경제적 부상과 더불어 1990년대 초반부터 시작된 군사 현대화 노력에 힘입어 중국의 군사력 역시 증대되었다. 중국의 국방비는 1993년부터 20년 동안 연평균 두 자릿수의 증가율을 보였다. 초창기에 중국은 러시아로부터 군수품 수입을 많이 하였지만 이후 중국 기업들은 외국의 군수 기술을 흡수하여 중국판 군산복합체를 탄생시킴으로써 외국으로부터의 수입 또한 크게 감소하게 되었다. 미국 국방부의 의회 보고서에 의하면 중국은 해군 함정 전력, 잠수함 전력, 공군력, 미사일 전력 등에서 모두 지속적인 현대화를 이룩했다. 중국은 2014년 이미 미국의 서부 지역까지 도달할 수 있는 사정거리의 탄도미사일을 탑재한 핵잠수함을 갖추었고, 유럽과 미국 서부해안을 사정권에 두는 장거리 미사일 DF-41의 배치도 준비하였다. 중국의 군사력 증강은 대만 등 연안 지역의 안보 문제에 대처하는 데 일차적 초점이 있지만, 미국의 군사적 개입에 대응하기 위한 목표를 지니고 있음도 사실이다. 잠수함과 미사일 능력은 물론, 우주 프로젝트와 위성정찰 및 통신 능력을 제고하고 위성파괴와 탄도미사일 요격 능력을 증강시키려는 중국의 시도들은 미국의 군사력과 경쟁하기 위한 의도를 지니고 있음을 부인할 수 없을 것이다.[2]

중국 공산당이 목표하고 있는 '새로운 시대'의 의미에는 2035년

---

2   김재철, 『중국, 미국, 그리고 동아시아: 신흥 강대국의 부상과 지역질서』, 한울, 2015 참조.

까지 중국이 사회주의 현대화를 실현하고 2050년까지 사회주의 현대화 강국의 반열에 오른다는 계획이 포함되어 있다. 이는 현재 미국 주도의 글로벌 질서 체제를 중국이 대신하여 주도해 나감으로써 인류의 운명 공동체에 중국이 적극적으로 참여하고 개입하려는 포부를 담고 있다. 2017년에 개최된 공산당 제19차 당 대회를 살펴보면 기존의 신형 대국 관계라는 용어 대신 신형 국제 관계라는 개념이 새로이 강조된 것을 볼 수 있다. 이는 미국과의 외교 관계뿐 아니라 주변 외교, 개도국 외교, 다자 외교에 모두 공을 들이겠다는 뜻으로 미국과의 세력 갈등을 피하면서 새로운 강대국으로서의 중국의 입지를 더욱 공고히 하겠다는 의미로 파악된다.[3]

트럼프 행정부의 출범 이후 미국은 환태평양경제동반자협정(TPP)과 파리 기후변화협약 탈퇴를 결정하는 등 미국 우선주의만을 외치며 협력적인 국제 질서를 수립하는 데에 퇴행적인 모습을 보였다. 그리고 이는 미국에 대한 다른 국가들의 동의와 신뢰 수준을 저하시키는 결과를 낳았다. "싱가포르 소재 연구기관인 ISEAS가 아세안 회원국의 정부, 학계, 경제계, 언론, 시민단체 등 300여 명의 다양한 분야 종사자들을 대상으로 실시한 여론조사 결과에 의하면 트럼프 행정부 출현으로 동남아지역에서 미국의 신뢰가 급락한 것으로

---

3   조영남 편집,『시진핑 사상과 중국의 미래: 중국 공산당 제19차 전국대표대회 분석』, 지식공작소, 2018 참조.

나타났다. 74%의 응답자가 동남아의 가장 영향력 있는 국가로 중국을 택하였으며 미국을 선택한 응답자는 3.5%에 불과했다."[4] 중국은 미국의 봉쇄정책에 맞서는 더욱 적극적인 다자주의적 접근을 위해 ASEAN 10개국과 일본, 호주, 뉴질랜드, 인도가 참여하는 역내 포괄적 경제 동반자 협정(RCEP)을 주도하고 있다.

MD를 비롯하여 중국을 겨냥한 미국의 군사적 봉쇄 전략들에 맞대응하기 위한 방편으로 중국은 미국의 봉쇄 작전을 뚫고 역으로 미국을 경제적으로 고립시키기 위해 일대일로 정책을 펼치고 있다. 대서양에 면한 세네갈에서 콩고와 에티오피아, 케냐를 거쳐 파키스탄과 미얀마, 인도네시아로 이어지는 거대한 경제회랑을 연결하고, 그곳에서 중국은 철도와 항만을 건설하며 석유, 철광석, 보크사이트, 리튬 매장지를 집어삼키고 있다. 육상의 실크로드는 신장에서 시작해 중앙아시아를 지나 이란과 캅카스, 러시아로 연결되어 유럽까지 이어지는데 이곳은 어마어마한 양의 천연가스와 석유가 매장되어 있는 곳이기도 하다. 시진핑은 취임 첫해에 카자흐스탄을 찾아가 실크로드 경제벨트 사업을 처음으로 언급하였고, 이어 인도네시아를 방문해 21세기 해상 실크로드 사업에 대해 이야기하였다. 이 두 사업은 2014년 일대일로라는 이름 아래 통합되었다. 일대일로 프로

---

4   제주평화연구원 편, 『2017 동아시아 평화와 협력을 위한 대화』, 두일디자인, 2018, 124~125쪽 참조.

젝트에는 60개 이상의 국가가 참여하고 있으며 이는 인구수로 치면 약 44억 명을 포괄하는 규모다.

중국의 일대일로 프로젝트는 아시아 지역에서의 미국 동맹 체제에 대비하고 에너지 공급선을 다변화하기 위한 네트워크를 창출하는 것은 물론, 생산 과잉 문제에 직면한 중국 국내의 국영 기업과 건설업체들의 새로운 활로를 모색하기 위한 목표도 지니고 있다. 중국 정부는 국내의 산업설비 과잉을 흡수하고 글로벌 상품수요를 회복하기 위한 방안으로 일대일로를 제시하고는 있지만 실제 일대일로 사업으로 인해 중국 철강업체가 거둔 수익은 그다지 높지 않았던 것으로 나타났다. 일대일로는 매우 장기적인 대규모 프로젝트인 까닭에 계획한 대로의 경제적 효과를 거두는 데에는 많은 시간이 걸릴 것으로 보인다. 중국의 막대한 외환보유고를 저수익의 미국 국채 대신 외국 인프라 건설에 투자함으로써 보다 높은 수익을 얻으려는 계획과도 연관된다. 중국의 정책 문서에서는 일대일로 프로젝트가 결코 어떤 특정 국가의 지정학적인 이익을 추구하기 위한 수단이 아니며 다른 나라들과의 공동 발전과 상호 번영을 위한 것이라고 명시되어 있지만, 보다 현실적으로는 시진핑 집권 이후 세계 강대국으로서의 중국의 지위를 국제적으로 보장받고 국내적으로는 정치적 정당성을 확보하기 위한 중국 정부의 의도가 다분히 반영되어 있다고 할

것이다.[5]

일대일로는 일본과 인도의 반중(反中) 연합을 초래하였으며, 라다크와 도클람에서 중국과 인도의 국경 분쟁을 수십 년 만에 재발시키기도 하였다. 일본은 과거 센카쿠열도 분쟁으로 인해 중국으로부터 희토류 금수조치를 당하였던 경험이 있고, 인도는 중국이 미얀마, 스리랑카, 파키스탄 등 인도 주변 지역에 항만을 건설하면서 일본보다도 더 큰 위협을 느끼고 있다. 그러나 다른 한편으로 일본과 인도의 경제가 아세안 지역 등지에서 중국 경제와 서로 의존적으로 맞물리면서 중국과의 긴장이 완화될 여지도 있다고 이야기된다. 일본과 인도가 미국과의 편향적 관계에서 벗어나 일본은 자유무역 문제와 관련하여, 인도는 개도국 문제와 관련하여 각각 중국과 협력할 가능성이 있다는 분석이 있다.[6]

중국은 미국과 일본 주도의 세계은행 및 아시아개발은행이 세계 여러 나라들에 끼치는 영향력에 대항하고자 아시아인프라투자은행(AIIB)을 설립하여 아시아 각국의 인프라 개발을 지원해 주고 있다. 아시아인프라투자은행에는 불과 18개월 만에 아시아 지역 대부분의 국가들과 상당수의 유럽 국가들을 포함한 57개국이 설립회원국으로 참여했다. 미국과 일본은 불참했지만, 필리핀과 베트남처럼 중

---

5 톰 밀러, 『신실크로드와 중국의 아시안 드림』, 권영교 옮김, 시그마북스, 2018 참조.

6 장성민, 『중국의 밀어내기 미국의 버티기』, 퓨리탄출판사, 2016; 임명묵, 『거대한 코끼리, 중국의 진실』, 에이지21, 2018 참조.

국과 분쟁 문제를 안고 있는 국가들까지 참여하기에 이르렀다. 아시아 지역에서의 일본의 경제적 이익을 위해 1966년 설립된 아시아개발은행에서 일본과 미국은 전체 자본금의 31%를 차지하고 있으며 전체 의결권의 26%를 쥐고 있다. 중국은 아시아개발은행에서 5%에 지나지 않는 자국의 지분을 증가시키고 더 많은 권리를 확보하기 위해 수년간 노력해왔지만 미국과 일본의 저지에 부딪혀 왔다. 아시아 인프라투자은행은 동일한 프로젝트에 대해 아시아 국가들에게 더 유리한 대출 조건을 제시함으로써 아시아개발은행의 경쟁 상대로 떠오르고 있다.[7]

전 세계 인구 중 절반가량의 인구가 아시아에 살고 있는 점을 고려하면 아시아 지역에서 중국이 확대하고 있는 이러한 경제적 영향력은 안보 측면에서도 중대한 의미를 지닌다. 아시아 국가들의 국방비 지출은 유럽의 나토 회원국들의 국방비 지출에 상당하는 규모이다. 무기를 가장 많이 수입하는 10개 국가들 중 여섯 나라가 아시아 국가들로 중국, 인도, 일본, 파키스탄, 한국, 대만이 이에 해당한다.[8] 일대일로 프로젝트를 지원하게 될 아시아인프라투자은행은 그러나 다른 다자개발은행들이나 중국의 거대 정책은행들의 대출 규모와 비교해 볼 때 매우 미미한 대출 금액을 지원할 뿐이다. 중국의 해외

---

7   톰 밀러, 같은 책 참조.
8   장성민, 같은 책 참조.

프로젝트를 지원하는 실질적인 기관은 중국개발은행과 중국수출입은행이다. 중국의 중심적 금융 자본은 다자금융기관보다는 중국 정책은행들을 기반으로 동원된다. 이러한 점에서 중국 주도의 아시아인프라투자은행이 미국 중심의 브레턴우즈 체제를 대신하게 될 것이라는 미국의 우려는 아직 현실화되지 않았다.

중국과 미국 간의 제국주의적 대결 구도를 강조하는 이들은 중국이 남중국해에서부터 인도양을 지나 중동과 아프리카에 이르는 해로를 따라 주요 거점 항구들을 연결하는 방식으로 진주 목걸이 전략이라 불리는 대규모의 군사 전략을 시도하고 있다고 파악한다. 시진핑 1기 중국 정부는 역사상 최초로 아프리카 지부티에 해군을 파병해 영구 주둔시키고, 파키스탄의 과다르 항을 장기 조차하여 군대를 파견함으로써 진주 목걸이 구상을 실현해 나가고 있다는 것이다. '진주 목걸이'라는 용어는 미국 국방성에 제출된 에너지 안보에 관한 보고서에서 처음으로 등장했다. 일부 인도인들은 이 용어를 적극 인용하여 중국이 인도를 포위하는 방식으로 해양 방위력을 구축하려 하고 있다고 설명한다. 그들은 중국의 해양 실크로드 프로젝트가 단지 진주 목걸이 전략을 위장하려는 것에 불과하다고 믿는다. 인도의 주변 국가들인 스리랑카, 방글라데시, 네팔, 미얀마, 몰디브, 파키스탄이 중국과 협력적 관계를 강화하고 있는 사실은 이러한 인도인들의 우려를 더 심화시키고 있다. 1960년대와 1970년대 중국과 인도는 국경 분쟁을 치른 적이 있다. 인도는 남서부 티베트 지역에 있는 약 4만 평방킬로미터의 산악지대를 자신들의 영토라고 주장하고 있고, 중국은 아루나찰프라데시의 약 9만 평방킬로미터의 지역에 대한 영토권을 주장하고 있다.

비록 1970년대 이후로 양국의 관계는 협력적인 방향으로 흘러왔지만 인도의 인구나 국내총생산 규모를 고려한다면 인도와의 교역량은 중국이 그보다 작은 국가들과 교역하고 있는 수치에 비해 많이 저조한 수준이다. 그러나 진주 목걸이에 대한 일부 인도인들의 우려는 좀 과장된 측면이 있다. 중국이 인도양에서 군사적 이해관계를 갖지 않는 것은 아니지만, 사실상 해양 실크로드 건설에 참여하고 있는 중국 기업들은 정부의 군사 전략보다는 기업의 경제적 이익에 훨씬 관심이 크다. 중국 정부 역시 인도양 지역에서 새로운 제국을 건설하려는 목표보다는 에너지 수입 루트를 확보하고 상업적인 해양 영역을 보호하려는 의도가 훨씬 더 큰 것으로 보인다. 그러한 하나의 예로 중국이 투자하고 있는 스리랑카의 콜롬보 항구 시설을 들 수 있다. 콜롬보의 컨테이너터미널에는 2014년 중국 잠수함이 두 차례 정박한 사실이 있지만, 이 터미널에 중국 기업이 진출한 원인은 무엇보다 인도양에서 증가하고 있는 무역으로 인한 것이다. 콜롬보의 터미널은 유럽, 중국, 미국으로 향하는 대규모의 인도 화물을 실어나르는 대형 선박들이 수용될 수 있는 세계적 규모의 항구이다. 콜롬보는 진주 목걸이를 완성하기 위한 군사기지에 앞서 중국의 상업적

이익 확보를 위한 효율적인 교역 루트이자 물류 인프라인 셈이다.[9]

중국은 전체 무역의 약 90퍼센트를 남중국해 항로에 의존하고 있다. 남중국해 항로는 일본과 한국 무역의 80퍼센트가 이루어지는 곳이기도 하다. 동북아 국가로 향하는 원유와 천연가스의 80~90퍼센트가 남중국해를 통과한다.[10] 남중국해에 속하는 시사 군도(파라셀 군도)와 난사 군도(스프래틀리 군도)는 중국과 주변 국가들의 영토 분쟁이 끊이지 않고 있는 곳이다. 시사 군도는 중국, 대만, 베트남이 서로 영유권을 주장하고 있는 지역인데, 시사 군도의 가장 큰 섬인 우디 섬에 중국은 인공부두 및 전투기와 여객기가 정박할 수 있는 활주로를 건설했다. 이 섬은 한때 사람이 살지 않았던 곳인데 중국은 이 섬을 자국의 영토로 만들기 위해 수천 명의 이 곳 주민들에게 건물과 시설들을 제공하고 있다. 베트남 남부와 말레이시아, 필리핀 해안에 펼쳐져 있는 난사 군도에서 중국은 자신들의 영유권 주장을 더욱 무리하게 펼치고 있다. 한 예로 난사 군도에 속하는 섬들 가운데 중국이 자신의 영토라고 주장하는 제임스 섬은 말레이시아 해안으로부터 80킬로미터의 가까운 거리에 있지만, 중국 영토의 하이난 섬에서 1,500킬로미터나 떨어져 있다. 중국은 난사군도에서 2014년 이후로 여러 개의 인공 섬들을 조성해 오고 있다. 이곳에서

9　톰 밀러, 『신실크로드와 중국의 아시안 드림』, 권영교 옮김, 시그마북스, 2018 참조.

10　김영익 외, 『제국주의론으로 본 트럼프 등장 이후의 동아시아와 한반도』, 책갈피, 2017 참조.

중국은 항구시설, 레이더시설, 대형 활주로 등을 건설하고 있다.

남중국해는 거의 2천 년 동안 해상 경계가 정해져 있지 않은 채 교역이 이루어지던 지역이었다. 남중국해의 현 경계선은 19세기에 동남아시아를 식민화했던 유럽 강대국들이 설정한 것이었다. 이후 1949년 중화인민공화국이 수립된 후 공산당 정부는 남중국해의 약 85%를 중국의 영토로 포함시키는 지도를 제작했고, 이 지도는 중국이 자국의 영토를 주장하기 위해 대륙붕 한계 유엔위원회에 제출되었다. 2009년에 들어서서 베트남 근해의 다른 나라 어선을 공격하는 등 중국의 영유권 주장이 더욱 강압적인 면모를 띠게 되면서 미국이 이 분쟁에 끼어들게 되었다. 중국은 남중국해 해상 분쟁에 대한 유엔의 중재를 따르지 않고 있다. 중국이 국제법적 절차를 준수하지 않음으로 인해서 중국과 동남아시아국가연합 회원국들 간에 불협화음이 일고, 이는 중국과 미국 간의 갈등으로까지 이어지고 있다. 중국이 남중국해에서 내세우고 있는 영유권 주장은 대만에 대한 영향력을 강화하기 위한 이유도 크다. 대만을 방어하는 것은 미국의 전략적 관점에서 매우 중요하다. 남중국해에서 중국이 누리고 있는 지위가 점차 더욱 높아지고 중국이 주변국들을 자극하거나 위협함에 따라 주변국들은 미국의 영향권으로 편입될 것이다. 하지만 미국과의 갈등은 아시아태평양 지역에서 중국이 노리고 있는 자국의 경제적 부상에 치명적인 요인이 될 것임이 분명하다. 미국의 보다 강경한 군사적 대응은 이 지역의 긴장 상황을 위험 수준으로 몰아갈 수 있다. 미국과 중국은 남중국해 모든 나라들의 이해관계를 반영하는 보다 조화롭고 합리적인 지역적 질서를 모색할 필요가 있다.[11]

트럼프 정부 출범 이후, 중국이 진단하는 세계 정세는 기존 서구 중심의 국제정치 상황이 근본적으로 변화하고 있다는 인식을 밑바탕으로 하고 있다. 미국은 환태평양 동반자 관계 협정, 파리 기후 협정, 이란 핵협정 등에서 탈퇴함으로써 국제 질서를 심각하게 훼손하였다. 중국은 트럼프 정부가 중국과 러시아를 주요 전략 경쟁 대상으로 확정함에 따라 미중 간, 미러 간 전략 경쟁이 심화되고 있다고 판단한다. 중국은 러시아와의 군사 협력을 위해 양국 해군의 해상 안보위협에 대한 공동 대응 능력을 신장시키기 위한 '해상연합-2019' 해상 군사훈련을 실시하기도 하였다. 2019년 6월 초 시진핑 주석과 푸틴 대통령은 모스크바에서 정상회담을 개최한 자리에서 천연가스 수송관의 연내 가스 공급 개시 및 항공우주, 디지털 경제, 과학기술 혁신 등의 분야에서의 경제협력 또한 약속했다.[12]

2019년 전국인민대표대회 개막 하루 전에 있었던 기자회견에서 장예수이 대변인은 중미 수교 40주년을 평가하며 중미 관계가 전반적으로 안정적이었고 역사적인 발전을 가져왔다고 언급했다. 그의 말에 따르면, 중국은 미국과 충돌도 대항도 하지 않고, 상호존중

---

11   톰 밀러, 같은 책 참조.

12   이상국, 『중국의 2019년 전반기 전략 동향 평가 및 함의』, 동북아안보정세분석, 한국국방연구원, 2019 참조.

하고, 협력 공영하는 관계를 실현하고자 노력하는 동시에 중국의 주권, 안전, 발전이익을 확고하게 수호할 것이라는 입장이다. 장 대변인은 중국의 국방 정책이 국가주권 및 영토의 안전을 보호하기 위한 것일 뿐 다른 국가들을 위협하기 위한 것이 아님을 강조하면서, 중국의 2018년 국방비는 GDP 대비 약 1.3%이지만 같은 기간 일부 선진국의 국방비는 GDP 대비 2% 이상임을 지적했다.[13]

그러나 중국 정부가 '하나의 중국'을 표방하며 국내에서 추진하고 있는 안보 정책은 비민주적 성격이 농후하다. 2015년 이후 중국은 군 개혁을 본격화하고 육해공군의 독자적인 사령부를 신설했다. 같은 해 7월 중국 정부는 한국의 국가보안법과 유사한 '국가 안전법'을 개정하고 이 법을 근거로 그해 7~8월에만 약 2백여 명에 달하는 인권 운동가를 구금하고 10여 명에게 '국가 전복죄'를 적용하여 5~10년에 달하는 중형을 선고하였다. 2016년에는 '반테러리즘법', '인터넷 안전법', '외국 비정부 조직 활동법' 등을 제정하여 인터넷 통제와 외국 사회 단체에 대한 통제를 강화해 오고 있다. 중국 정부의 강경한 사회 통제는 대만과 홍콩의 분리 독립 운동을 탄압하는 무력 행위로 이어졌다. 2008년 대만에 들어선 중국 국민당의 마잉주 정부의 친중국화 정책에 대한 대만인들의 반발은 2014년 말 실

---

13   김한권, 『2019 중국 양회 결과의 외교 · 안보적 함의』, IFANS 주요국제문제분석, 2019 참조.

시되었던 지방 선거에서 대만 독립을 당 강령으로 하는 민주진보당의 압승을 불러왔고 2016년 차이잉원 정부를 출범시켰다. 2017년 홍콩에서는 행정 장관 선거를 둘러싼 민주화 시위가 격화되기도 하였는데 시진핑 정부는 어떤 분리 독립의 움직임도 좌시하지 않을 것임을 분명히 하였다. 미국은 공식적으로는 하나의 중국 원칙에 대한 입장을 피력하고 있기는 하지만 대만과의 비공식적 관계를 강화하는 등 미국의 양안 정책은 이중성과 모호성을 지니고 있다. 한 예로 2017년 5월 대만 해군의 해병대는 대만 육해공의 연합 작전 훈련인 한광 훈련을 마친 후 한 소대가 미국 하와이로 가서 미군 태평양 사령부의 해군 해병대와 함께 훈련을 갖기도 하였다.[14] 2017년 6월 미국 상원 군사 위원회에서는 '2018 국방 수권' 개정안을 통과시켰는데 여기에는 대만 내 여러 항구에 미 해군 함정의 기항을 허용하는 내용이 담겼다. 이에 대해 중국 외교부 대변인은 이 법안이 중국에 대한 내정 간섭이라고 미국을 비난했다.[15]

---

14 성균중국연구소 편저, 『시진핑 사상과 중국의 미래: 중국 공산당 제19차 전국대표대회 분석』, 지식공작소, 2018 참조.

15 송영우, 『동아시아 국가의 국제정치』, 교우미디어, 2018 참조.

신냉전 체제와 6개국의 역학 관계

미중 관계

중국의 급속한 군사력 증강에도 불구하고 중국이 태평양 지역에서 미국의 군사력에 필적할 만한 능력을 갖추고 있는지는 아직 의문이다. 중국군은 병력 규모에서 미국에 앞서기는 하지만, 중국의 해군력이나 핵 능력 및 전략무기들의 수준은 미국보다 현저히 떨어진다. 미국이 보유한 핵탄두는 중국의 21배, 대륙간탄도미사일은 19배, 잠수함 발사 탄도미사일은 24배에 달하며, 여기에 미사일방어체제까지 고려한다면 중국에 대한 미국의 군사적 우위는 의심할 여지가 없는 것처럼 보인다. 중국의 국방비가 지속적으로 증가하고 있기는 하지만, 미국과의 국방비 격차는 여전히 현저하다. 미국이 아세안 국가들과 맺고 있는 광범위한 동맹관계 또한 중국을 단연 앞선다. 미국은 전 세계 59개국에 군기지와 군기지권을 갖고 있으며 170개 국가에서 매년 미군이 참가하는 군사훈련을 벌이고 있다. 미국이 전 세계에 보유하고 있는 해외군사기지는 800여 개에 이르며, 이는 다른 모든 국가의 군사기지를 합한 수가 30여 개에 해당한다는 사실을 고려해 보면 실로 비교가 불가능한 막대한 수치이다.[16] 전 세계 95%에 달하는 엄청난 규모의 해외군사기지를 운용하고 있는 미국과 달리, 중국은 해외 기지를 갖고 있지 않고 대사관 보호와 평화유지활동을 위해 소수 병력만을 배치하고 있던 상황이었다. 2017년 중국은 동아프리카 지부티에 첫 해외군사기지를 설립한다. 또한 2011년 파키스탄 당국은 자국의 과다르항에 해군 기지를 건설해 줄 것을 중국 정부에 요청한 바 있는데, 이에 중국은 2015년부터 43년간 과다르항을 임차하여 해군기지 건설을 추진 중에 있다. 이러한 조치는 미국과의 관계가 소원해진 파키스탄이 중국의 힘을 입어 인도에 대한 견제력을 보완하기 위한 목적에 중국의 이해관계가 부합하여 행해진 결과로 보이나, 미국은 이러한 중국의 발걸음을 자국의 안보에 대한 심대한 도전으로 풀이하고 있는 듯하다.

2021년 12월 5일 자 월스트리트저널에 따르면 중국은 아프리카 중서부 적도기니 연안에 새로운 해군기지를 건설할 계획이라고 알려져 있다. 중국은 이미 일대일로 정책을 통해 아프리카 일대에 막대한 액수의 개발 정책들을 시행해 왔고 아프리카를 경유하는 중국 선박들을 보호하기 위한 해군기지 설립을 추진 중인 것으로 보인

---

16 〈해외 주둔 미군〉, 나무위키, 인터넷 검색 참조.

다. 이러한 조치들에 대해 미국 당국은 중국이 해군기지 건설을 통해 자국의 안보를 위협하고 있다고 판단을 내리고 있는 상황이기 때문에 미국과 중국 간의 군사적 경쟁 양상은 더욱 심화될 것으로 보인다. 현재 미중 사이에서 군사적 충돌의 씨앗이 될 수 있는 사안에는 한반도 문제 이외에 대만 문제, 사이버-우주 안보 문제, 남중국해 문제, 댜오위다오 영유권 분쟁 문제, 중국과 인도 간 국경 분쟁 문제 등이 있다. 중국의 군사력은 현재 미국의 군사력에 필적하기 어려운 것이기는 하지만, 동아시아 지역만을 놓고 볼 때는 기존에 미국이 누려온 군사적 지위를 어느 정도 제약할 가능성은 충분하다. 미국의 군사력이 전 세계에 분산되어 있는 반면 중국의 군사력은 동아시아에 집중적으로 배치되어 있고, 이는 남중국해나 동중국해의 분쟁 시 장거리에서 전력을 투입해야 할 미국에 비해 중국이 지리적인 이점을 활용할 수 있는 가능성을 확대한다.

미국과 중국 간의 군사적 긴장 관계에도 불구하고 양국 간의 경제적 연계는 양국의 상호 의존성을 심화시켰다. 중국과 미국은 경제적으로 서로 긴밀히 얽혀 있어 협력하지 않으면 상생하기 힘든 구조를 띠고 있다. 한편으로 미국 경제는 중국 제품에 대한 의존도가 매우 높은 모습을 보이고 있고, 다른 한편으로 중국은 미국의 최대 채권국으로서 미국을 제외한 나라들 중 미국 달러를 가장 많이 보유하고 있다. 대미수출의 증가와 더불어 지속적인 경제 성장을 구가할 수 있었던 중국은 미국과의 교역에서 얻은 흑자를 활용하여 다시 미국의 채권을 구매했다. 중국의 채권 구매는 미국의 소비를 촉진시키는 데에 기여했고, 이러한 미국의 대량 소비는 다시 중국 상품의 수입을 촉진시키는 것과 맞물렸다. 일부에서는 중국이 채권을 투매함으로써 미국 경제를 위축시킬 우려가 있을 것을 언급하지만, 중국 입장에서 미국 채권을 투매하는 것은 쉬운 일이 아니다. 중국이 채권을 처분할 경우 채권 가치가 하락하면 중국은 막대한 손실을 입게 될 뿐 아니라, 미국 경제가 어려움에 처하게 되면 중국의 대미 수출역시 어려워지게 될 것이기 때문이다. 중국 상품의 최종 소비의 상당 부분을 차지하는 미국 시장을 축소시키지 않기 위해서라도 중국은 미국 채권을 구매할 수밖에 없는 상황이다. 중국에 비해 압도적인 군사적 우위를 점하고 있음에도 불구하고 미국 역시 중국을 경제적으로 봉쇄하는 것은 현명한 처사가 아니다. 중국은 이미 세계적인 소비 시장으로 등장했으며, 중국과의 교역은 미국의 수출 확대와 일자리 창출에 연결되기 때문이다. 중국과의 교역을 제한할 경우 유럽이나 일본과 같은 경쟁자들이 미국이 누려온 혜택을 앗아갈 가능성을 배제할 수 없다.[17]

미국과 중국은 1979년 수교를 성립시킨 이래로 1989년 미중 간 해군 함정 상호방문과 같은 낮은 차원의 군사교류를 시작했다. 1990년대 후반에는 군사적 차원의 고위급 대화가 본격화하기 시작

---

17   김재철, 『중국, 미국 그리고 동아시아』, 한울, 2015 참조.

했으며 2001년에는 9 · 11 테러 이후 미중 간 대테러 협의가 추진되었다. 미국과 중국 간의 협력적 관계에 있어 미중 수교가 이루어진 이래 눈에 띄는 사항은 2005년 이후부터 시작된 미중 간의 전략대화이다. 이를 바탕으로 양국은 정치, 경제, 사회, 군사, 안보 문제를 포괄적으로 논의하는 장을 마련하게 되었으며, 특히 2012년 열린 전략경제대화에서 중국은 미국에 대한 자국의 위협론을 불식시키려는 의도에서 C2 개념을 제시하였다. C2란 협조(Coordination)와 협력(Cooperation) 또는 공동체(Community)를 의미한다.[18] 미국과 중국이 서로 협력하지 않는다면 기후위기와 에너지 안보 문제는 악화 일로를 걷게 될 것이고 이는 세계의 미래에 치명적인 결과를 초래할 수도 있다.

과거 오바마 대통령의 재임 기간 동안 미국과 중국 사이에는 많은 군사협력이 있었다. 2014년 미국 국방장관은 중국의 항공모함 랴오닝호를 방문했고, 중국군 총참모장은 미국 항공모함인 레이건호를 방문했다. 또한 같은 해 중국은 미국이 주도하는 림팩훈련에 해군 1100명과 미사일 구축함 등 미국에 이어 두 번째로 큰 규모의 병력을 참가시켜 해상안전을 위한 공동 훈련을 시행했다. 이는 림팩훈련이 중국을 겨냥한 훈련이라는 우려를 해소시킬 수 있는 계기가 되었

18　이상국 외, 『미중 '소프트 패권경쟁' 시대 한국의 전략적 선택』, 한국국방연구원, 2013 참조.

으며, 미중 양국의 관계 개선 노력을 확인시키는 자리가 되었다.[19]

트럼프 행정부가 들어선 이후 미중 간의 외견상 우호적이었던 관계는 무역전쟁을 둘러싼 갈등적 관계로 변모했다. 중국의 부상과 중국 기업들의 경쟁력 향상은 트럼프가 제시하는 미국 우선주의에 도전하는 커다란 걸림돌로 간주되었다. 중국이 2015년 발표한 '중국제조 2025'라는 프로젝트는 2025년까지 중국을 제조업 강국으로 변화시키고, 2035년에는 제조업 선두 주자인 독일과 일본을 추월하며, 2049년에는 미국을 제치고 세계 1위의 첨단 제조국이 되는 것을 목표로 하고 있다. '중국제조 2025'가 중점적으로 고려하고 있는 분야는 빅데이터, IT, 항공 산업, 신소재, 인공지능, 생명과학 등 현재 미국이 선두를 달리고 있는 첨단 산업 분야들이 그에 해당한다. 미국은 중국의 이러한 첨단 산업 분야의 경쟁을 경제적 영역을 넘어선 패권 경쟁의 일환으로 인지하고 있다. 드론이나 인공지능, 안면인식 기술 등은 정찰 위성이나 무인 정찰기 등 군사 기술에 응용될 수 있는 까닭이다. 또한 중국이 이러한 기술을 해킹이나 산업 스파이, 그리고 중국 시장에 진출하는 미국 기업들에 대한 핵심 기술 이전 요구 등을 통해 획득하고 있는 것에 대한 미국의 불만이 높다.[20]

---

19 김재철, 같은 책 참조.

20 이성현, 『미중전쟁의 승자, 누가 세계를 지배할 것인가?: 중국편』, 책들의정원, 2019 참조.

미국이 중국과의 무역수지 불균형에 대해 민감해진 까닭은 이렇듯 중국이 부가가치가 크지 않은 기존 산업 구조에서 첨단 산업으로의 발전으로 빠르게 이행하고 있기 때문이다. 중국의 대미 투자는 2005년 이후 기술 흡수를 위한 인수합병 방식으로 변화되었고 2010년 이후에는 자동차, 항공, 전자, 정보기술, 에너지, 바이오, 로봇 등에 대한 투자가 급증하였다. 중국 정부는 보조금이나 금융 및 세제 혜택들을 스스로 기술개발을 도모하고 있는 기업들에 제공하기보다는 주로 국유 기업들을 통해 외국 첨단 기업들을 인수하는 데에 사용하고 있다. 미국은 중국 측에서 행하고 있는 이러한 정부 주도의 외국 기술 획득과 그로 인해 야기될 수 있는 미중 간의 전략적 지위 변화를 크게 우려하고 있다. 미국은 무역분쟁을 통해 중국 경제가 국가자본주의를 벗어나 중국정부에 의한 시장 개입이 차단되기를 기대하고 있다. 또한 외국 기업들이 중국에 기술 이전을 강요당함이 없이 중국 시장에 진출 가능하도록 하고, 중국 정부가 기술 획득을 위해 외국기업 인수를 지원하지 못하도록 하는 것이 미국이 의도하는 바다. 미국은 애초에 중국이 아닌 동맹국들에도 철강과 알루미늄에 관세를 부과하기로 발표했지만, 이후 이를 면제시킴으로써 동맹국들이 중국 편에 서서 미국에 대항하지 못하도록 조처했다.[21]

---

21   최진백, 『미중 무역분쟁의 내용과 전망: '중국제조 2025'를 중심으로』, IFANS 주요국제
      문제분석, 2018-30 참조.

바이든 정부 출범 이후 2021년 3월 3일 발표된 백악관의 '국가안보전략 잠정 지침(Interim National Security Strategy Guidance)'을 보면, 중국은 현 국제질서에 지속적으로 도전할 잠재력이 있는 유일한 경쟁자로 명시되어 있다.[22] 또한 미국은 중국과 러시아가 미국의 이익과 동맹국의 방어를 방해하기 위해 힘쓰고 있다고 인식하고, 미국은 동맹 없이는 독자적으로 국가안보를 확보할 수 없음을 강조하고 있다. 미국은 많은 분야에서 중국 지도자들이 불공정한 이익을 추구하며, 개방적이고 안정적인 국제 시스템의 규칙을 훼손하고 있다고 평가한다. 미국은 중국의 불법적인 무역 관행과 사이버 절도, 그리고 미국의 첨단기술과 신흥기술 및 국가 경쟁력을 약화시키려는 행위에 맞설 것임을 분명히 하고 있다. 트럼프 행정부 시기부터 이미 강화되어 왔던 중국에 대한 수출제재, 수입제재, 투자제재가 바이든 행정부에 이어서도 계속되고 있으며 이에 더해 금융제재와 관련한 추가적인 움직임도 엿보이고 있다. 이와 같은 미국의 제재 움직임에 대응하기 위해 중국은 외부 리스크를 감소시키기 위한 방안으로 국내 경제의 순환을 중심으로 국제 순환 발전도 촉진한다는 '쌍순환 전략'을 내걸고, 기술혁신을 통해 2035년까지 2020년 대비 2배 수준의 GDP를 달성하겠다는 목표를 세우고 있다.

---

22 연원호, 『미국 바이든 행정부의 대중국 정책 전망과 시사점』, KIEP 세계경제 포커스 제4권 15호, 대외경제정책연구원, 2021 참조.

바이든 행정부의 '중국 올인' 정책은 외교보다는 군사, 협력보다는 경쟁과 대결 쪽으로 치우쳐 있다는 것이 전문가들의 비판이다.[23] 중국에 비해 압도적인 핵전력을 보유하고 있음에도 불구하고 바이든 행정부는 1조 2천억~1조 7천억 달러를 들여 대륙간탄도미사일, 전략핵잠수함, 장거리 폭격기로 구성되는 3대 핵전력을 현대화하는 트럼프 행정부의 계획을 이어받아 실행에 옮기고 있다. 또한 중국을 겨냥한 바이든 행정부의 군사적 조치로 미크로네시아 연방공화국에 미군기지 신설, 괌 주둔 확대, 파푸아뉴기니에 오스트레일리아와 공유하는 새 기지 건설, 팔라우에 새 레이더시스템 설치 등이 계획되고 있는 것으로 알려져 있다. 세계 최고의 군사력과 국방 예산 규모를 기록하고 있는 미국이 급속히 성장하는 중국의 경제력에 추월당하는 것을 모면하기 위해 경쟁 구도 속에서 군사적 조치를 더욱 확대한다면 중국 역시도 군비 지출을 늘리고 군사력을 강화시키는 방향으로 나아갈 가능성이 높아질 것이므로 세계 안보의 위험과 불안정성은 더욱 더 증가할 수밖에 없다. 중국과의 군사적 대결을 목표로 한 미국의 동맹 체제를 파기하고 중국을 겨냥한 미국의 군사 정책 전반에 수정을 가하며, 경제 정책에 있어서도 중국과의 경쟁적 관계에서 탈피하여 호혜적이고 협력적인 관계를 수립할 수 있는 새

---

23 이용인 기자, 〈바이든의 '중국 올인'과 군사중심주의, '트럼프 닮은 꼴'〉, 2021.12.07. 한겨레 인터넷 기사 참조.

로운 정치적 세력이 미국 내에 등장하지 않는다면 전 세계에 흐르는 군사적 긴장도는 점점 더 고조될 것으로 보인다.

미러 관계

러시아의 푸틴 정부는 2001년 9 · 11 테러 이후 미국의 오사마 빈 라덴 체포와 알카에다 본거지 분쇄를 위한 대아프가니스탄 군사 작전에 적극적으로 협력한 바 있다. 미국과 러시아는 반테러와 북핵 문제 등에서 협력 관계를 유지해 오다 2003년 미국이 러시아의 반대에도 불구하고 이라크 침공을 강행한 이후 관계가 점차 악화되기 시작하였다. 이후 미국은 2004~2005년에 우크라이나와 조지아에서 발생한 시민혁명을 지원하고 친미 정부를 수립하여 우크라이나와 조지아의 NATO 가입을 추진하는 한편, 폴란드와 체코에 유럽 MD를 추진하고 2008년에는 조지아와 전쟁을 벌인 러시아를 비판함과 동시에 대러 제재를 주도함에 따라 미국과 러시아의 관계는 최악의 관계로 치달았다. 소련 해체 후 구소련의 10개 공화국으로 결성된 독립국가연합(CIS) 지역을 러시아는 자국의 배타적 이익이 보장되어야 하는 지역으로 인식하고 있는데 미국이 CIS에 속하는 우크라이나와 조지아의 시민혁명을 돕고 이들의 NATO 가입을 추진함으로써 러시아는 심각한 위기의식을 느끼고 조지아를 침공하기에 이르렀다. 최악으로 치닫던 미러 관계는 2009년 오바마 행정부가 출범하고 대러 관계 재조정정책이 시행된 이후 점차 협력관계로 회복되었다. 2010년 오바마 정부는 미러 협상을 재개하여 부시 정부 시기 중단되었던 군비통제조약인 New START를 체결하였으며, 러시아가 반대하는 우크라이나와 조지아의 NATO 가입을 추진하지 않겠다고 선언했다. New START 체결을 통해 미러 양국은 지금까지 가장 낮은 수준의 전략핵 보유를 약속하였으며 합의 사항이 이행될 경우 양국은 각각 1,550개의 전략핵탄두와 700기의 발사·운반체의 전략핵 능력을 보유하게 된다. New START 협정은 2021년 2월 양국이 5년을 더 연장하기로 합의한 상태이다.

2011년 미국과 영국이 주도하는 NATO의 리비아 공습이 일어나고 카다피가 체포됨으로써 미국에 대한 러시아의 불신이 다시 심화되었다. 같은 해 9월, 러시아의 격렬한 반발에도 불구하고 미국은 루마니아와 MD 기지 설치 협정을 체결함으로써 양국 간의 관계는 더욱 급속도로 냉각되었다. 또한 2013년에도 미러 양국은 시리아 사태, 유럽 MD, 추가 전략핵 감축 등의 문제를 둘러싸고 이견을 보여왔다. 중동에 위치한 나라들 중 러시아의 유일한 군사동맹국은 시리아다. 시리아에는 러시아의 유일한 해외 해군 기지인 타르투스 항이 자리하고 있으며, 시리아 정부군 무기의 절반가량은 러시아로부터 공급된 것이다. 시리아 사태에 더해 전직 미 중앙정보국(CIA) 직원 에드워드 스노든의 러시아 망명 사건은 오바마 행정부가 예정된 미러 정상회담을 취소하게 만드는 커다란 갈등 요인으로 작용했다. 미러 양국 관계가 다시 최악의 관계로 치달은 것은 2014년 발생한 러시아의 크림반도 합병으로 인해서다. 미군을 중심으로 한 나토군이 우크라이나 크림반도에 군사기지를 설립하려 한 시도는 러시아의 흑해 진출을 가로막는 위협으로 작용했다. 크림반도의 세바스토폴 항은 러시아의 유일한 부동항으로 잠수함 기지를 두고 있는 곳이기도 하다. 우크라이나가 친서방의 행보를 보이자 러시아는 우크라이나를 무력으로 침공하여 크림공화국을 강제로 병합하였다.[24]

2018년 트럼프 대통령은 러시아가 여러 해 동안 양국이 체결하였던 '중거리핵전력조약(INF)'을 위반하고 있다며 조약을 탈퇴할 예정이라고 선언하였다. 이듬해 미러 양국은 INF조약을 파기했다. INF조약은 지난 30년간 미국과 러시아의 지상발사 중·단거리 핵미사일 폐기와 보유 금지를 통해 양국 간 탈냉전을 진전시키고 유럽과 전 세계의 전략적 안정에 기여해왔다. 탈냉전기에 들어서 미국은 러시아가 INF조약을 위반하는 미사일을 실험 및 배치하고 있다는 주장을 계속해왔다. 러시아는 이에 맞서 미국이 오히려 러시아와 체결한 군비통제조약을 위반한 사례가 더욱 많다고 주장했다. 미러 간 군비통제조약을 둘러싼 정책에는 양국의 입장 차이가 있다. 오바마 정부가 추가 핵감축을 러시아에 제안하였을 당시 미국은 핵 강국인

24 장성민, 『중국의 밀어내기 미국의 버티기: 기로에 선 한반도 운명과 미중패권 충돌』, 퓨리 탄출판사, 2016 참조.

미국과 러시아가 추가 핵감축을 통해 다른 국가들의 핵감축 동참을 유도하자는 입장이었던 반면, 러시아는 다른 핵무기 보유국들이 함께 동참하는 다자적 형태의 추가 핵감축협정을 추진하자고 주장한 바 있다. 미국이 INF 탈퇴를 선언한 배경에는 중국이 보유하고 있는 많은 핵미사일이 INF조약의 대상에 해당된다고 판단한 까닭이 크게 작용한다. 러시아의 입장에서는 미국이 유럽 내 NATO MD를 추진함으로써 러시아의 군사적 입지를 약화시키고 러시아 주변국들의 미사일 능력을 제고시키는 결과를 초래한다고 보는 까닭에 INF조약을 유지하기 어렵다고 판단하고 있다.[25]

미국의 바이든 대통령은 대선 후보 시절부터 푸틴과 김정은에게 공개적으로 호의를 보였던 트럼프의 정책을 강하게 비판해 왔다. 바이든은 푸틴 정부를 인권 탄압, 사이버 테러, 불법선거 개입 등을 일삼는 국제질서의 교란자로 인식하고, 그러한 정권과 우호적 관계를 맺는 것은 미국의 외교 규범을 거스르는 행위로 보았다. 바이든은 다자주의에 바탕을 둔 자유주의적 세계질서 설립을 주도하기 위한 미국의 리더십을 회복하기 위해 집권 직후 트럼프가 탈퇴하였던 파리기후변화협약과 세계보건기구(WHO)에 복귀하는 행정명령에 서명했다. 푸틴은 2016년 미 대선 때부터 민주당에 적의를 드러냈으며 공화당 트럼프 후보에게는 공개적으로 지지 의사를 보냈다. 푸

---

25   고재남, 『러시아 외교정책의 이해』, 역사공간, 2019, 322~383쪽 참조.

틴 자신은 부정하고 있지만 그가 힐러리 후보를 낙선시키기 위해 러시아 정보기관을 동원해 조직적인 선거개입을 자행한 것은 이미 밝혀진 사실이다. 푸틴은 과거 미국 민주당 정부가 러시아 내의 반푸틴 세력을 배후 지원한 데에 따른 보복으로 미 대선에 개입한 것으로 보인다.

바이든 행정부가 러시아의 핵심 이익지대인 CIS 지역에서 개입주의 정책을 재개할 경우, 현재 대치전선이 형성되어 있는 시리아, 우크라이나, 동유럽, 중동, 아프리카, 동북아, 북극 지역의 미러 간 갈등이 더욱 고조될 가능성이 있다. 미국과 러시아는 유럽과 동북아를 중심으로 한 세계 천연가스 소비 시장을 둘러싸고 치열한 수출경쟁을 벌이고 있는 관계이다. 미국은 러시아산 천연가스가 유럽으로 향하는 두 개의 PNG 건설사업, 즉 러시아-발트해-독일로 향하는 'Nord Stream II'와 러시아-터키-그리스로 이어지는 'Turkish Stream' 건설을 막고 있어서 이에 대한 러시아의 반발이 매우 크다. 미국은 이 건설사업이 완공될 경우 러시아의 영향력이 유럽 안보를 위협할 것이라고 주장하면서 NATO 동맹국들에 사업 철회를 강력히 요구하고 있다. 러시아에게 석유와 가스 산업은 전체 수출의 54%를 차지할 정도로 매우 중차대한 사안이다. 유럽은 천연가스의 약 70%를 수입하고 있는데 이 중 절반이 넘는 부분이 러시아산에 해당되는 것으로, 미국이 러시아를 압박하는 데에는 자국산 천연가스 수출을 유럽에 확대하려는 의도가 담겨 있다고 볼 수 있다.

바이든 시대 미러 간의 관계는 갈등 국면이 심화될 요인들이 많이 발견된다. 2021년 1월 바이든 대통령은 푸틴 대통령과의 첫 전화통화 정상회담을 통해 러시아의 우크라이나 주권 침탈, 미국 네트워크 관리 솔루션 기업 '솔라윈즈(SolarWinds)' 해킹, 2020년 미 대선 개입, 아프가니스탄 주둔 미군 살해 사주 등의 양국 간 문제들을 제기하면서 강력한 추가 제재가 가능함을 내비쳤다. 하지만 다른 한편으로 미국에는 러시아 역시 중국 못지않은 핵심적인 국제관계 행위자이기 때문에 러시아와 공조해야 할 국제적인 외교안보 사안들이 상당하다. New START 연장, INF조약 재건, 이란 핵 및 북핵 문제, 아프가니스탄 문제, 이슬람 극단주의 테러세력 척결과 같은 문제와 관련해서 러시아는 미국의 매우 중요한 이해상관자다. 바이든 행정부가 러시아에 대해 전향적인 태도를 보일 가능성은 높지 않지만, 중국의 부상과 미국 국력의 약화 속에서 미국이 중국과 러시아를 동시에 견제하고 봉쇄하는 것이 어렵다고 판단할 경우 러시아와의 관계 개선을 전략적 목표로 삼게 될 수도 있다. 미국이 중국에 대항하는 연대세력으로 러시아를 포섭할 경우 미국은 러시아의 크림반도 병합에 대한 암묵적 묵인과 대러 제재 해제라는 카드를 제시할 가능성이 클 것으로 보인다.[26]

---

26 홍완석, 『'신 냉전 2.0'으로의 질주? : 바이든 행정부의 대외정책과 미·러 관계』, 슬라브 학보 제36권 1호 207~236쪽, 한국슬라브유라시아학회, 2021 참조.

중러 관계

중국의 부상과 소련의 몰락이 교차한 1990년대 초 이후 양국의 관계는 서로 가까워지기 시작했다. 부상하는 중국의 입장에서 러시아를 경계할 이유가 줄어든 까닭이다. 또한 두 나라는 미국이라는 공통의 위협에 직면해 공조를 강화했다. 러시아는 미국의 동진이라는 위협, 중국은 미국의 봉쇄전략이라는 위협 앞에서 중러 양국의 관계를 더욱 긴밀히 할 필요성을 갖게 되었다. 미국이 구축하는 MD 체제는 중러 관계를 더욱 밀착시켰다. 2000년 7월 장쩌민과 푸틴은 'MD 반대 공동성명'을 채택했고, 중러 양국이 전략적 균형과 안정을 유지하기 위해 MD 문제에 대해 공동으로 노력할 것을 분명히 밝혔다.[27]

중국은 미국이 구축하고 있는 MD로 인해 미국 본토에 대한 중국의 핵 억제력이 무력화될 것을 염려하고 있다. 미국은 북핵을 빌미로 동북아 지역에서의 MD의 필요성을 주장하고 있지만, 2013년 중국이 미국의 요구대로 대북제재 결의에 동의한 후에도 미국은 MD 배치를 가속화하는 행보를 보였다. 2014년 중국과 러시아는 북핵 문제 해결을 위해서는 사드와 같은 MD 배치가 아니라 6자 회담 재개가 더 필요하다는 입장이었지만, 미국은 MD 명분을 강화

---

27   정욱식, 『핵과 인간』, 서해문집, 2018 참조.

하기 위해 6자회담을 회피하는 태도를 취했다. 평택기지와 오산공군기지에는 이미 PAC-3가 배치되어 있고, 필요시 ABMD가 투입될 수도 있으며, 여기에 사드까지 배치될 경우 미국은 중간단계 및 종말단계 고고도와 저고도를 모두 요격할 수 있는 3중 요격 시스템을 갖추게 된다. "그런데 이러한 3종 세트는 북한보다는 중국을 염두에 둔 측면이 강하다. 해상에 배치되는 ABMD가 북한 미사일 요격에 나설 경우, 측면에서 시도해야 하기 때문에 요격 성공 가능성은 크게 떨어진다. (…) 반면 ABMD를 서해에 배치하면 중국 동부에서 날아오는 탄도미사일 요격을 시도할 수 있게 된다. 사드 역시 저고도로 날아오는 북한 미사일보다 서해를 사이에 둔 중국으로부터 날아오는 미사일 요격에 더 적합하다. 미국의 3종 세트는 중국을 겨냥한 '맞춤형 MD'라고 해석해도 과언이 아닌 것이다."[28]

1967년부터 미국은 MD 개발에 본격적으로 나섰다. 당시 미국은 MD 시스템 배치의 명분을 3년 전에 핵실험에 성공한 중국의 위협이라고 내세웠지만, 이는 소련을 직접 거론함으로써 군비 경쟁을 심화시키는 사태를 피하기 위함이었다. 당시의 이와 같은 상황은 현재 미국이 MD 시스템을 구축하면서 중국이라는 상대를 직접 지목하지 않고 북한만을 위협 상대로 거론하는 것과 비슷하다. 1980년대 후반 미국의 군수산업은 냉전종식으로 인해 거대한 무기 시장을 상

---

28   정욱식, 『MD본색: 은밀하게 위험하게』, 서해문집, 2015, 169~170쪽.

실할 위기에 처하다가 1991년 걸프전을 통해서 다시 호황을 누리게 되었다. 그러나 걸프전 효과가 사라지고 군수산업이 내리막길을 걷게 되자 인수합병 과정을 거쳐 살아남게 된 록히드 마틴, 보잉 등 거대 군수기업들에 MD 계획은 엄청난 규모의 수익을 보장했다. 미국이 더 넓은 지역에 MD를 구축할수록 더 많은 국가들이 미사일 무기를 필요로 할 것이고, 더 나아가 우주 무기를 생산하고 배치하는 데에까지 시스템이 확장되면 그로 인한 군수업체들의 수입은 엄청나게 증가할 것이었다. 이러한 이유들로 인해 미국의 메이저 군수업체들은 MD의 필요성을 주장하기 위해 정치권에 치밀한 로비를 펼치고 보수적 싱크탱크를 후원하며 정책결정 과정에 개입했다.[29]

중앙아시아를 둘러싼 중국과 러시아의 관계는 서로 경쟁적이면서도 협력적인 모습을 보인다. 지난 10여 년간 중국의 석유 및 천연가스 기업들은 러시아의 국영기업들을 제치고 중앙아시아의 최대 에너지 공급원으로 등장했다. 중국은 카자흐스탄과 투르크메니스탄의 주요한 에너지 사업 분야의 파트너일 뿐 아니라, 타지키스탄과 키르기스스탄의 주요한 대규모 전력 네트워크를 건설 중이다. 또한 중국 기업들은 이들 지역의 고속도로 건설에도 참여하고 있으며, 이를 위한 건설 자금은 상당 부분 중국의 정책은행들로부터 대출을 받아 조달되고 있다. 중앙아시아 지역에서 이루어진 중국의 부상에 대

---

29 정욱식, 같은 책 참조.

응하여 러시아의 입지를 다시 확보하려는 노력은 푸틴 대통령의 유라시아연합 구축에서 잘 드러난다. 우크라이나에서 코카서스와 중앙아시아를 거쳐 러시아 극동지역까지 이르는 지역 연합을 만들고자 하는 러시아의 시도는 2015년 유라시아경제연합이 출범하면서 얼마간 현실화되었다. 유라시아연합은 1994년 카자흐스탄의 나자르바예프 대통령이 처음 제시한 것으로, 유라시아 지역에 경제적으로 통합된 교역시장을 마련하는 것이 일차적인 목표였다. 하지만 러시아는 유라시아연합이 유럽연합과 중국에 경쟁할 수 있는 초국가적인 정치적 연합으로까지 발전하기를 기대했으며, 나자르바예프 대통령은 이러한 러시아의 정치적 의도를 견제하기 위해 유라시아연합 대신 유라시아경제연합이라는 용어를 사용할 것을 주장했다.

중앙아시아 국가들은 많은 경우 경제적으로는 중국에 더욱 의존하고 있지만, 안보 측면에서는 러시아에 대한 의존성이 더 강하다. 중국이 주도하는 상하이협력기구는 재원과 기능 면에서 러시아가 주도하는 집단안보조약기구보다 중앙아시아 지역에서의 군사적 효율성이 떨어진다. 키르기스스탄의 이민족 간 폭력 사태나 아프가니스탄과 타지키스탄의 국경 순찰 등에 러시아의 군대가 동원되어 치안 활동을 벌이고 있다. 그러나 경제적인 면에서 러시아는 중앙아시아 지역에서의 중국의 경제적 우세를 인정하고 중국과의 경제 협력을 위해 노력하고 있다. 2015년 5월 모스크바 정상 회담에서 만난 푸틴과 시진핑은 유라시아경제연합과 실크로드 경제벨트 사업을 조화시키는 공동의 경제적 공간을 창설하는 데 합의하고 유라시아 경제연합과 중국 간의 자유무역협정을 체결하였다. 중국은 러시아의 모스크바와 남부 도시 카잔을 잇는 770킬로미터의 고속철도 건설을 위해 60억 달러 규모의 대출 자금을 지원하는 계획도 갖고 있다. 러시아는 서구의 제재 압력 이후 기존의 유럽 시장을 대체할 대안적 시장으로 자국의 가스 등을 수출할 수 있는 중국 시장에 눈길을 돌리고 있는 것이다.[30]

현재 중국은 러시아의 제1수출국이며, 2021년 중국과 러시아의 교역액은 팬데믹 이전인 2019년의 교역액보다 더 높은 수치를 기록하고 있다.[31] 2022년 2월 개최 예정인 베이징 동계올림픽에 미국이 선수들 외에 정부 사절단을 보내지 않기로 하는 외교적 보이콧을 발표한 후 영국, 호주, 캐나다, 뉴질랜드 등 미국의 동맹국들이 비슷한 움직임을 보이자 2021년 12월 15일 시진핑 주석과 푸틴 대통령은 화상 회담을 열고 베이징 올림픽을 위해 양국이 협력할 것을 약속하였다. 푸틴 대통령은 대만 문제와 관련하여 중국 정부의 입장을 지지할 것을 밝혔으며 시진핑 주석 또한 우크라이나 사태에 대한 러시아의 입장을 지지한다고 밝혔다. 앞선 12월 9일 미국 주도로 개최된 '민주주의 정상회의'에는 110여 개국이 참석하였지만 중국과 러

---

30 톰 밀러, 같은 책 참조.

31 김민성 특파원, 〈미·서방에 맞선 중국·러시아…'밀월'은 언제까지?〉, 2021.12.17. KBS 인터넷 기사 참조.

시아는 이 자리에 초청받지 못했다. 중국과 러시아는 미국이 '민주'나 '인권'의 이름으로 자신들의 내정을 간섭하고 있다고 반발하고 있다. 중국과 러시아 사이에 갈등의 소지로는 인도와 관련된 문제가 있다. 중국과 인도는 인도 북부 라다크 지역의 국경 문제로 오랜 기간 충돌을 겪고 있는데, 최근 푸틴 대통령이 인도 수도 뉴델리에서 모디 총리를 만나 국방, 무역, 에너지, 우주기술, 문화 등 다방면에서 협력을 확대할 것을 약속하자 중국 내에서 이를 우려하는 목소리가 나오고 있다.

중국과 러시아는 2012년 이래로 한반도 주변의 동·서해, 남중국해, 동중국해, 지중해 등에서 거의 매년 해상 연합 훈련을 실시하고 있다.[32] 최근에 양국은 앞으로도 양군의 전략적 협력을 지속적으로 강화하고 전략훈련, 연합 순항비행 등에서의 협력을 확대하기로 한 바 있다. 중국과 러시아의 군사 협력 강화는 한국에도 영향을 미친다. 2019년 7월 중국과 러시아의 군용기가 한국방공식별구역(KADIZ, 카디즈)을 넘나들다가 러시아 군용기 한 대가 한국 영공인 독도 상공까지 날아와 한국 공군이 실탄으로 경고 사격을 한 적이 있다. 또한 2021년 11월에는 중국 군용기 2대와 러시아 군용기 7대가 동해 독도 북동쪽 카디즈에 사전 통보 없이 각각 10분가량 진

---

32 최현준 기자, 〈'서방의 올림픽 보이콧 신경 안 써'…중국, 러시아와 협력 강화〉, 2021.11.25. 한겨레 인터넷 기사 참조.

입한 후 빠져나갔다. 중러에 대한 미국과 동맹국들 간의 적대적인 외교적·군사적 정책은 중국과 러시아 간의 군사협력을 증대시키고 이는 다시 한반도에 위기와 긴장감으로 돌아오게 된다. 신냉전 구도의 영향 아래에서 한국이 안전과 평화를 지키는 길은 미국과 중러 양측과의 군사적 협력을 최소화하고 양측 간의 군사적 대결을 중지시킬 수 있는 새로운 외교적 해법을 적극적으로 모색하는 것이 되어야 할 것으로 보인다.

한일 관계

아베 정권의 등장과 문재인 정부의 수립이 맞물리면서 한일 관계는 긴장 국면이 지속되어 왔지만 21세기 이래 일본 정부가 현재와 같이 과거의 침략적 역사를 부정하고 역사 교과서를 왜곡하는 등의 모습을 항상 견지해 왔던 것은 아니다. 1998년 10월 김대중 대통령과 오부치 게이조 수상은 '21세기의 새로운 한·일 파트너십 공동선언'을 함께 발표했다. 이 선언은 양국 간의 경제 협력을 통한 평화 체제를 구축하려 한 내용을 담고 있긴 하지만, 일본의 과거사 문제에 대한 사죄나 미국의 안전보장 체제를 문제 삼지 않은 채 북한의 미사일 발사 문제에 공동으로 대처하려 하였다는 점에서 한계를 안고 있었다. 그러나 일본에 의한 조선의 주권 침탈 이후 100주년을 맞이한 2010년 당시 일본의 집권당인 민주당 정권의 간 나오토 수상은 일본 정부의 한국에 대한 식민지 지배의 강제성을 인정하고 그에 대한 반성과 사죄의 뜻을 표명하였다. 간 담화의 내용이 과거사에 대한 일본 측의 반성과 사죄의 행위로서 충분한 수준의 것이었는지에 대해서는 그 평가가 엇갈리기는 하지만, 한국을 특정하여 침략의 강제성을 인정한 부분은 한일 관계에 있어 나름 진일보한 측면이 있다고 하겠다.

한일 관계의 역사 청산 문제는 1965년 양국 간에 체결된 한일협정의 많은 문제점들로 인해 지금까지 지속되고 있다. 1910년 강제 병합과 식민 지배에 대한 평가, 일본군 '위안부' 문제, 강제동원 관련 피해자 보상 문제 등과 관련한 양국 간의 갈등이 많은 부분 한일협정 체결로부터 비롯된다고 할 수 있다.[33] 태평양 전쟁의 패배 이후 일본은 1952년 연합국과 일본의 강화조약인 샌프란시스코 강화조약의 발효와 더불어 주권을 회복했다. 한국은 샌프란시스코 강화조약에 참여하려 했지만 영국과 일본의 반대로 참여할 권리를 얻지 못하여 일본의 식민 지배에 대한 책임을 묻고 배상을 요구할 기회를 가질 수 없었고 조약은 일본과 교전국 간의 전쟁 처리에 관한 사안으로만 그 내용이 한정되었다. 식민지 피해로 발생한 배상 문제를 처리하기 위해 한국 정부는 한국전쟁의 시기인 1951년 미국의 중개를 통해 일본과 국교 정상화 교섭을 개시했다. 한일국교정상화 교

---

33   남상구 편,『20개 주제로 본 한일 역사 쟁점』, 동북아역사재단, 2019, 333~354쪽 참조.

섭은 시작된 이래 7차례나 중단과 재개를 반복한 끝에 14년여 만인 1965년 한일협정 체결에 이르게 되었다. 1965년 박정희 정권 하에서 이루어졌던 한일협정 체제는 한국과 일본이 미국과 동맹관계를 유지한 채 소련, 중국, 북한의 공산 진영에 대항하면서 한국과 일본의 경제 협력을 약속하는 구도로 이루어졌다.

한일협정 체결 당시 한국은 일본에 의한 주권 침탈이 이루어진 1910년 병합조약이 처음부터 불법이고 무효였다는 입장이었던 반면, 일본은 병합조약과 한국에 대한 식민지배 모두가 합법적인 것이었으며 합법적으로 체결된 과거의 조약이 1965년 한일협정 체결을 통해 무효가 된 것이라고 주장했다. 당시 박정희 정권은 일본과의 국교를 정상화하여 경제 분야의 협력을 도모하는 것을 우선의 과제로 삼았기 때문에 일본에 의한 병합과 식민 지배의 불법성을 완전히 관철시키지 못하고 애매한 해석의 여지를 남기는 '이미 무효'라는 문구가 협정 안에 반영되었다. 또한 한국전쟁 이후 북한과 대립하고 있던 상황에서 한국 정부는 북한을 불법단체로 규정하고 한국을 한반도에 있어서의 유일한 합법 정부로 인정하는 내용을 한일협정 안에 담았다. 한일협정이 정식으로 조인된 이후 북한은 협정의 무효를 주장하는 성명을 발표하고 일본 정부에 대한 배상 청구권을 금후 언제라도 행사할 수 있음을 분명히 했다. 1991년 남북한이 각각 유엔에 동시 가입함으로써 북한을 대하는 한국의 입장은 1965년의 입장과는 크게 달라졌고, 2002년에는 김정일 국방위원장과 고이즈미 준이치로 수상이 북일 국교정상화를 위해 일본의 식민지 지배에 대한 사죄, 북일 간의 경제협력, 북한의 미사일 발사 보류 등을 내용으로 담은 '조일평양선언'을 함께 발표함으로써 북일 관계 역시 한일협정 체결 당시와는 변화가 있었다.

한국은 해방 이후 연합국에게 일본과의 교전국이라는 지위를 인정받지 못했다. 이러한 이유로 일본 정부는 한국에게 '배상'의 의무가 없다고 판단하였으며, 한일협정을 통해 일본이 제공하는 자금은 식민 지배의 피해에 대한 배상금이 아닌 경제 협력의 형태를 띤 '청구권' 자금의 성격을 띠게 되었다. 청구권 협정의 핵심 내용은 일본이 한국에 10년에 걸쳐 무상 3억 달러와 유상 2억 달러를 제공하고, 양국 국민의 재산권리 및 이익과 청구권에 관한 문제가 완전히 그리고 최종적으로 해결된 것을 확인한다는 내용으로 이루어져 있다. 박정희 정부는 청구권 자금을 받은 후 정부의 열악한 재정 형편을 근거로 삼아 경제 건설에 먼저 자금을 투입하고 민간 보상은 1975년에 이르러서야 매우 소극적인 형태로 실시하기 시작하였다. 이후 노무현 정권은 2005년 국무총리실 산하에 설치한 '한일수교회담문서공개등대책기획단'을 통해 한일 청구권 협정이 일본의 식민지배 배상을 청구한 것이 아님을 명확히 하고, 일본군 '위안부' 문제, 사할린 동포, 원폭 피해자 문제 등의 반인도적 불법행위는 청구권 협정에 의해 해결된 것으로 볼 수 없다는 공식적인 입장을 밝혔다. 그러나 일본 정부는 이러한 한국 정부의 해석에 동의하지 않고 청구권 문제는 완전히 그리고 최종적으로 해결됐다는 입장을 견지하고 있다.

1990년대 중반부터 일본 사회 내에서는 역사수정주의 세력이 본격적으로 활동하기 시작한다. 역사수정주의란 '난징대학살'이나 일본군 '위안부' 문제와 같이 역사적으로 실재한 사건을 없었던 것이라고 주장하거나 '대동아전쟁' 긍정론과 같이 침략 행위와 군대가 개입한 조직적인 범죄 행위 등을 정당화하는 주장을 일컫는다.[34] 자민당 일당 우위 시대가 38년 만에 막을 내린 후, 1993년 호소카와 모리히로 연립내각과 1994년 무라야마 도미이치 연립내각이 들어서면서 일본의 침략과 식민 통치를 반성하는 분위기가 일고 일본에 의한 전시 성폭력과 일본군 '위안부' 문제가 중학교 검정 교과서에서도 기술되게 되었다. 그러나 이후 일본 내 보수 세력의 성장으로 헌법 개정과 더불어 교육기본법 개정 논의가 일어나고 2006년 아베 신조 내각 하에서 교육기본법의 개정이 이루어진 후 이러한 내용을 담은 교과서들은 거의 자취를 감추게 되었다. 일본군 '위안부' 문제는 1991년 김학순 씨가 자신이 일본군 '위안부' 피해자라는 사실을 밝힘으로써 세상에 알려졌다. 이후 2014년에는 인도네시아에서 일본군 '위안부' 피해를 당했던 네덜란드인 얀 루프 오혜른(Jan Ruff-O'Herne) 씨의 증언이 이어졌다. 김학순 씨의 이야기를 듣고 자료 발굴에 나선 일본의 요시미 요시아키 교수는 일본군이 위안소를 설

---

34 같은 책, 418~421쪽 참조.

치하고 '위안부'를 모집하는 데 관여한 문서를 처음으로 발굴하여 공개하였다. 2007년 미국 하원은 일본 정부에게 일본군 '위안부' 문제에 대한 책임을 공식적으로 인정, 사과하고 교육할 것을 요구하는 결의안을 채택하기도 하였다.[35]

일본군은 1932년부터 1945년 패전 때까지 점령지와 전쟁 지역에 위안소를 설치하고 여기에 동원된 여성들을 '위안부'라 불렀다. 일본군이 당시 위안소를 설치한 까닭은 전쟁 각지에서 일본 군인에 의한 강간사건이 확산되어 이로 인해 생겨난 엄청난 반일감정 때문에 치안 유지와 군 전반의 작전행동이 저해를 받는 상황에 이르러서였다. 또한 전쟁 당시 일본 군인들이 놓여 있던 상황이 매우 열악했기 때문에 전쟁터에서 받는 스트레스로 인해 군인들이 군의 질서에 불복종할 가능성을 차단하고 이를 해소할 목적으로 인한 까닭도 있었다. 1993년 고노 요헤이 관방장관은 담화를 통해 위안소는 당시 군 당국의 요청으로 설치된 것이며 위안소의 관리와 '위안부'의 이송에 일본군이 직접 혹은 간접적으로 관여했다는 사실을 명백히 밝혔다. 그러나 2007년 아베 내각은 정부가 발견한 자료에서는 군과 관헌에 의한 '위안부'의 강제연행 사실이 기술된 적이 없다며 강제연행을 부인했다. 하지만 일본군 '위안부' 피해자가 일본 정부를 상대로 사죄와 배상을 요구한 소송 판결 10건 가운데 8건에 해당하는

---

35 같은 책, 393~412쪽 참조.

35명의 원고 전원에 대해 그들이 본인의 의사에 반하여 '위안부'가 되었다는 사실을 일본 법원 역시도 인정한 바 있다.

아베 정권의 '위안부' 문제를 기술한 역사 교과서의 수정과 소녀상의 철거 요구에 대해 일본 역사학연구회위원회는 일본 정부의 퇴행적인 역사인식과 무책임한 자세를 비판하는 성명을 발표했다. 2015년 일본 역사학연구회위원회의 성명에 공감하는 국제사회 역사학자 187명이 '일본의 역사가들을 지지하는 공개서한'이라는 제목의 공동성명을 발표하며 이러한 일본 역사학자들과의 연대를 표명하기도 하였다. 2015년 12월 박근혜 정부는 한국 정부가 '위안부' 피해자의 지원을 목적으로 하는 재단을 설립하고, 일본 정부 예산으로 자금을 거출하여 위안부 피해자의 명예 회복과 상처 치유를 위한 사업을 행한다는 내용으로 일본 정부와 '위안부' 문제에 합의했다.[36] 이후 2016년 한국 정부는 '화해·치유재단'을 설립하였고 일본 정부는 10억 엔을 송금했다. 이로써 일본의 자민당 정부는 일본군 '위안부' 문제가 모두 종결되었다는 입장을 취했다. 일본 정부는 2015년의 합의 이후 소녀상 철거와 '위안부' 문제를 더 이상 거론하지 말 것을 요구하는 태도를 보여왔다. 한국 내 '위안부' 피해자 단체와 시민 사회의 반발로 인해 '위안부' 합의와 화해·치유재단의 설립은

---

36 박철희 엮음, 한일비전포럼 지음, 『갈등에 휩싸인 한일관계: 현안, 리스크, 대응』, 늘품플러스, 2020 참조.

커다란 비판에 직면하게 되었고 문재인 정부의 수립 이후 화해·치유재단의 졸속 운영이 드러나면서 이사진의 사퇴가 일어나고 2018년 재단은 해산 절차에 들어갔다.

태평양전쟁 강제징용 배상 문제와 관련하여 한국과 일본 정부는 1965년 청구권 협정으로 이미 해결되었다는 태도를 보여왔다. 그런데 2018년 10월 한국 대법원이 '강제동원 위자료청구권 인정 판결'을 내리게 된 후 양국 간의 갈등이 불거졌다. 1965년 청구권 협정 당시 한국은 강제징용 문제를 조사하여 인원수를 파악한 뒤 일본에 12억 달러를 요청했는데, 이에 대해 일본은 구체적 설명 없이 3억 달러만을 제공했다.[37] 대법원은 청구권 협정이 국가 간 채무에 관한 사항이었을 뿐 개인의 청구권에 적용된 내용은 아니었다고 판단하고, 피고인 일본 기업은 강제징용 피해자들에게 1억 원씩의 위자료를 지급해야 한다고 판시했다. 한국 정부는 사법기관의 법적 판단에 임의로 개입할 수 없으며 따라서 대법원의 판결을 존중하겠다는 입장을 표명하였고, 일본 정부는 한국 정부가 국가 간의 약속을 위반한 것이라고 정면으로 맞섰다. 2019년 한국 대법원이 강제동원 위자료 청구권 인정 판결을 집행하려 하자 일본 정부는 한국에 대한 수출관리를 강화하고 한국을 수출관리 우대 국가, 이른바 화이트 리

---

37   동북아역사재단 한일역사문제연구소 편, 『일본 지식인에게 듣는 한일 관계와 역사 문제』, 동북아역사재단, 2020, 105쪽 참조.

스트에서 제외하는 조치를 취하였다. 일본 정부의 이러한 수출 제재 조치 이후 한국에서는 해방 이후 유례없는 일본 제품 불매운동이 확산되었다. 불매운동의 기간과 규모 면에서 과거에는 쉽게 찾아볼 수 없는 수준이다. 2019년에 시작된 불매운동으로 인해 일본산 맥주, 의류, 자동차 등의 기업들이 커다란 경제적 타격을 받았으며 일본 여행객 수가 급감하고 일본 제품을 보이콧하는 여러 앱까지 만들어졌다. 또한 아베 정권을 규탄하는 수천 명 규모의 촛불집회가 600여 곳 이상의 시민단체의 연대 아래 수차례 개최되기도 하였다.

일본에 대한 한국의 경제적 의존도가 과거 수준보다 크게 낮아짐에 따라 한국은 일본의 수출규제 정책에도 불구하고 심각한 위기 없이 어려운 상황에 잘 대처할 수 있었던 것으로 보인다. '위안부' 문제나 강제징용 문제 등과 관련하여 일본 정부와 군에게 직접 피해를 입은 이들에게는 합당한 수준의 배상금 지급이 이루어져야 하겠으나, 일본이 과거 폭력적인 식민 정책을 통해 저지른 문제들에 대한 해결이 금전적 배상으로만 모두 끝날 수 있는 일은 아니다. 일본이 한국의 주권 침탈을 정당하고 합법적인 행위로 규정하고, 전쟁을 비롯하여 식민 통치 기간 동안 저지른 무수한 잘못들을 단지 부정하거나 은폐하려는 태도만을 견지한다면 앞으로의 일본이 과거의 잘못과 폭력적 행위를 되풀이하지 않으리라는 보장은 어디에도 없다. 일본 국민들 다수가 과거 일본의 침략과 수탈의 역사를 진심 어린 반성을 통해 올바르게 이해하고 기억하며, 참된 역사 교육을 통해 이를 미래 세대에 분명히 전달하고자 하는 노력과 의지를 갖추지 않는 다면, 일본은 식민 통치의 피해국들과 진정한 평화를 위해 결코 함께 나아갈 수 없을 것이다. 만일 미국 정부가 한국과 일본 간의 이러한 역사적 문제에 대한 올바른 청산을 지지하려는 노력 없이 자국의 이해관계에만 매달려 한미일 동맹을 강화하려 든다면, 그러한 미국의 태도 역시 폭력적 힘을 향한 것이기는 마찬가지일 것이므로 그와 같은 틀 안에서 이루어지는 한국과 일본 간의 경제협력이나 안보협력은 언제든 다시 닥칠 수 있는 폭력과 전쟁의 가능성을 늘 동반할 수밖에 없는 것이라 하겠다.

북일 관계

2017년 아베 총리는 "북한과의 대화는 필요 없다. 필요한 것은 압력이다"라고 말하며 북한에 대한 적대적 입장을 분명히 했다. 그러나 2018년 6월 싱가포르에서 김정은 위원장과 트럼프 대통령 간의 역사적인 북미정상회담이 성사된 이후, 같은 해 9월 UN 연설에서 아베 총리는 "북한과의 상호 불신의 벽을 깨고 새로운 출발점에 서서 김정은 위원장과 직접 마주할 용의가 있다"라고 이야기하며 북한에 대해 경제적 조력을 선뜻 지원할 용의가 있음을 밝힌 바 있다. 북한과 일본 사이에는 핵미사일 문제뿐 아니라 일본인 납치 문제가 항상 주요하게 거론된다. 북일 관계에서 유독 납치 문제가 중요시되는 까닭에 대해 일본의 정치학자 시라이 사토시는 매우 흥미로운 견해를 펼치고 있다.[38] 북한은 납치 행위를 십여 개국에서 벌인 것으로 알려져 있으며 그 중 한국과 중국의 경우에는 납치된 인원이 세 자릿수에 달한다고 한다. 그러나 일본과 달리 한국과 중국은 납치 문제를 공식적으로 거론하지 않으며 핵무기와 미사일 문제를 더욱 심각한 것으로 받아들인다. 1970년경부터 1980년 무렵까지 벌어졌던 북한의 납치 사건과 관련하여 일본 정부가 공식적으로 인정한 납치 피해자는 모두 17명인데, 북한은 13명이라고 주장하며 그 중 귀국한 사람이 5명이고 남은 8명은 사망했다고 주장한다. 일본 정부는 납치 문제의 해결 없이 북일 국교 정상화는 이루어질 수 없다는 입장이다.

2002년 일본의 고이즈미 총리는 사상 처음으로 북한을 방문하여 김정일 위원장과 정상회담을 갖고 양국의 국교 정상화와 경제 원조를 규정한 조일평양선언에 함께 조인하였다. 북한은 일본과의 협상에서 이 평양선언을 매우 중요하게 여기고 있다. 평양선언 제2조의 구조를 보면 양국의 경제협력 약속을 기술한 문구 앞에 일본 측이 과거 식민지 지배에 대한 '통절한 반성과 마음에서 우러나온 깊은 사죄'의 뜻을 밝힌다고 기술되어 있다. 이는 일본이 국교 정상화 후에 실행할 것으로 약속한 북한에 대한 경제 원조는 사실상 과거 식

---

38   시라이 사토시, 『영속패전론』, 정선태 옮김, 이숲, 2017, 105~127쪽 참조.

민 지배에 대한 배상이라는 의미가 담겨 있는 것으로 이해될 수 있다. 일본 측이 표명한 이러한 사죄의 표현은 1965년 한국 정부가 일본과 맺었던 한일협정에서는 미처 얻어내지 못했던 사항이다. 평양선언의 이러한 성과에는 북한 측의 양보의 뜻도 담겨 있다. 일본의 경제 원조를 받겠다는 것은 공식적인 배상금을 청구하지 않겠다는 것이며 일본이 저지른 과거 식민지 지배의 역사를 더 이상 탓하지 않겠다는 뜻이다. 평양선언의 제3조에서 북한은 납치 문제를 '유감스러운 문제'라고 이야기하며 차후 그러한 문제가 다시 발생하지 않도록 조치를 취할 것이라는 사죄의 뜻을 표명하고 있다. 시라이 사토시의 해석에 따르면 이처럼 이루어진 평양선언의 조문 구성은 북한 입장에서 볼 때 식민지 지배와 납치 사건이라는 각각에게 불편한 과거사는 서로 사죄하고 청산한 다음 이를 바탕으로 국교 수립을 해나가자는 약속을 다짐한 것과 같다.

시라이는 일본이 만일 평양선언을 존중한다면 납치 문제의 우선순위를 조절하여야 한다고 지적한다. 납치 문제를 최우선시하며 평양선언을 이행하려는 태도는 일본이 패전 국가라는 것을 부인하고자 하는 욕망에서 연유한다는 것이다. 요지는 북한이 일본의 사죄를 받아들여 경제 원조를 받되 공식적인 배상 청구를 포기한 것은 납치 문제의 청산을 대가로 선택한 것이라는 점이다. 시라이에 따르면 패전 사실을 부정하려는 일본의 정치 세력들은 이러한 점을 전혀 인지하지 못하고 북한과의 관계 개선에 실패하고 있다. 자신이 과거 식민지 시대의 가해자였음을 인정하지 않으려는 일본인은 납치 문제를 통해 일본인 역시도 피해자라는 카타르시스 효과를 체험하고 패전 사실을 무의식 속에 은폐한 채 겉으로만 이웃 나라들과 '평화적' 관계를 유지하며 식민지 시대의 권력 구조를 그대로 이어나가고 있는 것이다. 태평양 전쟁의 패배를 인정하지 않은 까닭에 패전 이후에도 끊임없는 패배를 이어가고 있는 일본의 모습을 시라이는 '영속 패전'이라는 말로 특징짓는다. 아베와 같은 정치인에게 북한의 납치 사건은 헌법 개정의 빌미가 되고 영속패전 체제를 강화하기 위한 유용한 소재가 된다.

2020년 9월 아베의 뒤를 이어 취임한 스가 총리의 집권 이후 1년여 만에 2021년 10월 새로운 총리 자리에 오른 기시다 총리 역시도 납치 문제를 대북 문제에 있어 가장 중요한 과제라고 언급하고 이 사안과 관련하여 조건 없이 김정은 위원장을 직접 마주할 각오가 되어 있다고 발표한 바 있다. 아베에 이어 스가와 기시다에 이르기까지 이렇게 일본 총리들이 김정은 위원장과의 직접 대면에 대한 의지를 밝히게 된 것은 트럼프와 김정은의 만남이 이루어진 이후의 일인 것으로 보아 일본 자민당 세력이 지니고 있는 미국에 대한 종속적 태도가 어느 정도인 것인지 짐작케 한다. 기시다 내각이 구성한 새 각료 명단을 보면, 과거에 일본군 '위안부'에 대한 일본 정부의 책임을 부정한 바 있고 중고등학교 사회 과목에 독도를 일본 고유의 영토라고 교육할 것을 의무화하는 학습지도요령을 확정한 바 있는 마쓰노 히로카즈가 내각의 이인자인 관방장관으로 발탁되었으며, 일본군 '위안부' 강제 동원을 인정하고 사죄하였던 '고노 담화'를 수정해야 한다고 주장해 온 하기우다 고이치가 문부과학상에서 경제산업상으로 자리를 옮기는 등 아베 전 총리와 아소 다로 부총재의 최측근들이 요직을 대부분 차지하고 있는 모양새다.[39] 북한과 일본의 외교 관계가 과거 일본의 식민 통치에 대한 반성과 사죄의 문제와 분리될 수 없는 사안인 이상, 식민 지배의 불법성을 인정하지 않고 A급 전범들이 합사되어 있는 야스쿠니 신사에 참배를 이어가고 있는 이들이 일본 내각의 주요 인사를 구성하고 있는 상황에서 북일 관계의 개선은 쉽지 않을 것으로 보인다. 미국을 비롯한 서구 제국주의에 대한 일본의 이데올로기적 종속성과 그로 인해 과거 일본이 주변국에 저지르게 된 침략적 행위들을 적극적으로 문제 삼고 공론화하는 정치 세력이 일본 내에서 주류로 자리 잡게 된 이후에야 신냉전 체제를 강화하고 있는 미일 동맹에 대한 반성과 더불어 비로소 북한과의 관계 개선에도 의미 있는 진전이 가능할 수 있을 것이라 생각된다.

---

39 이영희 기자, 〈기시다 "김정은과 조건 없이 마주할 것"〉, 2021.10.05. 중앙일보 인터넷 기사 참조.

한미일 동맹의 문제점

모든 동맹이란 전쟁이라는 상황을 염두에 두고 맺어진 국가 또는 집단 간의 특수한 관계이다. 그것이 전쟁이라는 상황을 전제로 하는 관계인 한, 모든 동맹은 반드시 적을 갖고 있기 마련이다. 아무리 좋은 미사여구를 동원한다 해도 한미일 동맹은 단적으로 말해 공산권 국가들을 적으로 간주하여 맺어진 지나간 냉전 시대의 산물에 지나지 않는다. 한미일 동맹을 마치 깨뜨릴 수 없는 신성한 불가침의 영역으로 간주하는 것은 한미일 삼국이 여전히 중국 및 러시아라는 확고한 공동의 적에 대항하고 있으며 북한 역시도 그러한 적의 편에 고립시켜야 할 대상으로 여기고 있는 것과 마찬가지이다. 또한 그러한 동맹 관계를 여전히 유지하고 있다는 것은 언제라도 공동의 적에 대항하여 전쟁에 돌입할 수 있는 가능성을 항상 배제하지 않고 있음을 의미한다.

동아시아에 미국 중심의 동맹체와 그에 대항하는 북한, 중국, 러

시아의 동맹체가 공식적으로 결성된 것은 1951년 '미일 안보조약'
과 1953년 '한미상호조약', 그리고 1961년 '조중우호조약'과 '조소
우호조약'의 체결을 통해서다. 1951년 체결된 미일안보조약은 미국
의 요구를 일본에게 강요하는 성격이 강했으며, 당시 미국에도 일본
에도 이것이 동맹이라고 생각하는 사람은 많지 않았다. 미일안보조
약 제1조의 내용에는 미국이 육·해·공군을 일본에 배치할 권리
를 일본으로부터 얻어 극동의 평화와 안전을 유지하며 일본에서 일
어나는 내란 및 소동을 진압하기 위해 군대를 사용하는 것이 가능하
다는 것이 담겨 있을 뿐, 일본의 실질적인 방위에 대한 사항은 들어
있지 않다. 1960년 개정된 미일안보조약에는 처음으로 미국에 의한
일본의 방위가 언급되어 있는데, 조약 제5조에 따르면 일본에 대한
무력공격이 있을 경우 공동의 위험에 대처하듯 행동할 것을 선언한
다는 내용이 포함되어 있다. 이 조항의 실제적 의미는 사실상 일본
의 방위를 미국이 책임진다는 의미라기보다는 일본에 있는 미군 기
지를 보호하기 위한 의도로 파악하는 것이 더 타당할 것이다.[40]

태평양 전쟁 말기 1945년 3월 26일 일본 오키나와의 중심지에서
서쪽으로 약 40km 떨어진 동중국해의 게라마 제도에 미군이 상륙
한 이후 약 3개월간 오키나와는 미일전쟁의 격전지가 되었다. 미군
은 1,500척의 함선과 18만여 명의 대부대를 투입해 오키나와 상륙

---

40   김성철, 『미일동맹의 정치경제』, 세종연구소, 2018, 7~8쪽 참조.

작전을 펼쳤고 주민들은 암벽 위에서 투신하거나 숨어 있던 참호 속에서 집단 자살을 하는 등 처참한 상황이 펼쳐졌다. 1945년 6월 23일 오키나와전은 끝나고 일본의 패전이 확실시된 후 미국은 오키나와의 항구적인 미군기지화를 구상하고 있었다. 1947년 9월 오키나와에 관한 일본 천황의 메시지가 미군 쪽에 전달되었는데, 미국이 오키나와 및 기타 류큐 제도에 대한 군사점령을 계속하기를 천황이 희망하고 있다는 내용이었다. 당시 일본 주변에서는 소련을 중심으로 한 국제 공산주의 운동 세력이 확대되고 있었고 중국 대륙에서도 마찬가지로 중국 공산당이 우세를 펼치고 있었다. 그러한 상황 속에서 천황은 자신의 사적 이익을 위해 미국 군대의 오키나와 주둔을 원하였을 가능성이 크다. 1951년 일본이 연합국들과 체결한 샌프란시스코 강화조약에는 천황의 의향이 반영된 결정이 포함되었고 이후 미군은 오키나와에 계속 주둔하면서 광대한 미군기지를 건설하게 되었다.

1945년 미국에 의해 건설된 오키나와현의 후텐마 미군기지는 인구밀도가 높은 기노완 시의 도심 주택가 한복판에 위치해 있다. 1995년 오키나와현의 미군 병사 세 명이 12살 소녀를 성폭행한 사건이 일어난 후 미군기지에 반대하는 주민 여론이 크게 일었다. 그로 인해 2006년 미국과 일본 정부는 후텐마 기지를 같은 오키나와현의 나고 시 헤노코로 이전한다고 합의했다. 2009년 처음으로 정권교체에 성공한 민주당의 하토야마 정권은 후텐마 기지를 오키나와현 바깥 또는 최종적으로 국외로 이전하겠다는 방침을 표명했지만, 미군기지의 이익을 얻어 온 일본과 미국의 관련 세력들의 반대로 좌절되었다. 2010년 5월 하토야마 정부는 후텐마 기지를 헤노코로 이전한다는 내용의 미일공동성명을 발표했다. 1972년부터 1999년까지 오키나와에서 미군 관계자가 일으킨 형법상의 범죄는 약 5천여 건에 달하며 그 가운데 523건은 살인, 강도, 강간, 방화 등 흉악범죄에 해당한다. 2004년에는 후텐마 기지 소속의 미군 헬리콥터가 오키나와국제대학 캠퍼스에 추락해 화재가 난 사건이 일어났는데, 미군은 사고 현장을 일방적으로 봉쇄하고 대학 관계자, 현지 소방서, 오키나와 경찰의 출입 및 현장 검사를 금지했다. 일본 정부는 이에 대해 어떠한 항의 표시도 하지 않았다. 오키나와의 식민지적 상황이 미일 양국 정부에 의해 정당화되는 근거의 바탕에는 '미일동맹'이라는 최우선적 가치 아래 강요당한 희생을 '소중한 희생'이라는 이름으로 미화하는 위선적 논리가 숨어 있다.[41]

일본 언론들은 일본을 향한 북한의 핵미사일 공격의 가능성을 염려하는 보도들을 일본 국민들에게 심심치 않게 발표한다. 일본에는 핵무기와 요코스카를 모항으로 하고 있는 미군함이 500기에 달하는 순항미사일 발사관을 장착한 채 북한을 조준한 상태로 배치되어 있고, 그것이 북한을 향해 발사될 준비태세를 갖추고 있지만, 그러

41 　다카하시 데쓰야, 『희생의 시스템 후쿠시마 · 오키나와』, 돌베개, 2013, 141~167쪽 참조.

한 사실은 일본 언론들을 통해 잘 보도되지 않는다.[42] 일본은 겉으로는 핵무기를 보유하지 않고 만들지도 않고 반입하지도 않는다는 '비핵 삼원칙'을 내세우고 있지만, 실제로는 오키나와에 미군의 핵무기를 반입하고 있었던 사실이 2010년 민주당 정권 하에 일반인에게 알려졌다. 주일 미군의 압도적 존재감에 기댄 일본의 대미 종속은 일본이 아시아의 여러 국가들에 대해 배타적 애국주의를 행사하고 이로 인해 아시아 국가들과 화해하지 못한 채 고립을 자초하는 결과를 이끈다.[43] 일본 국민들의 미국에 대한 추종과 종속적 태도는 다른 아시아 국가들에 대한 일본 국민의 우월감과 동전의 양면을 이루고 있다.

일본 정권은 지역 차원의 보다 적극적인 비핵화를 모색하고 있기보다는 미국의 핵우산에 의존할 것인지, 아니면 스스로 핵무장을 할 것인지 하는 양자택일의 협소한 안보정책만을 고려하고 있는 듯보인다. 제4차 아베 내각은 2019년 4월 19일 미국 워싱턴에서 미일 외교·국방장관회의를 갖고 크게 네 가지 쟁점을 논의하였다. 첫째는 미일동맹의 심화이다. 여기에는 우주, 사이버 등 신영역에서 미일 군사협력을 강화하는 내용이 포함되는데, 일본이 심각한 사이버 공격을 받을 시 미일안보조약 제5조를 적용하여 미일 양국이 공동

---

42   이삼성 외, 『동북아시아 비핵지대』, 살림, 2005 참조.
43   시라이 사토시, 같은 책, 40~43쪽 참조.

으로 이에 대처한다는 방침을 밝히고 있다. 둘째, 북한 문제와 관련하여 북한은 유엔 안보리 결의를 이행해야 하며, 대북 제재를 유지하는 데에 있어 미일 협력이 중요하다는 데에 뜻을 같이했다. 셋째, 인도태평양 지역에서 미국의 지속적인 관여에 대한 중요성이 재확인되었다. 미일안보조약 제5조는 무력공격을 받을 시 미군의 개입을 보장하는 내용으로 이루어져 있는데, 이 조항이 센카쿠 열도에도 적용됨을 재확인했다. 넷째, 양국은 '자유롭고 열린 인도태평양'이라는 공동 비전을 제시하면서, 인도태평양 지역에서 에너지 시장, 디지털 경제 인프라 건설 등의 분야에서 협력할 것을 다짐했다. 일본은 더욱 굳건한 미일동맹 유지를 위해 자위대 역할을 확대하고 미국으로부터 F-35를 비롯한 군수 물품을 도입할 예정이다.[44]

미일동맹뿐 아니라 한미동맹의 심화 역시도 남북한의 대립과 동북아시아의 긴장을 고조시키기는 마찬가지다. 한국전쟁이 끝난 2년 후인 1955년부터 남한에서는 한미연합훈련이 실시되기 시작했는데, 1960년대 중반까지만 해도 방어적 성격이 짙었던 한미연합훈련은 이후 미국의 역외전력을 한반도로 신속히 전개하는 연습이 추가되는 등 공격적 성격이 점점 더 강화되었다. 1970년대 중반 유럽의 데탕트가 본격화되면서 미국 주도의 북대서양조약기구(NATO)

---

44 조은일, 「트럼프-아베 시대의 미일동맹: 미일 외교·국방장관 회의와 트럼프 대통령의
방일」, 동북아안보정세분석, 2019 참조.

와 소련 주도의 바르샤바조약기구는 당시 유럽에서 실시하던 군사 훈련을 대폭 축소하게 된다. 그에 따라 유럽에서 대규모 군사훈련을 할 수 없게 된 미국은 1976년부터 매년 봄마다 한반도에서 20~30만 명의 병력이 동원되는 세계 최대 규모의 '팀 스피릿' 훈련을 실시하기 시작했다. 이러한 대규모의 군사 훈련에 위협을 느낀 북한은 훈련의 중단을 요구했지만 받아들여지지 않았고, 이는 북한이 그에 대한 대응책으로 핵무기를 포함한 '비대칭' 무기개발을 본격화하게 된 계기로 작용했다. 현재 진행되고 있는 한미연합훈련은 3월과 8월에 전면전을 상정하고 실시되는 한미 연합 및 육해공 합동훈련이 있고, 이외에도 한미공중훈련과 한미연합해병대훈련, 한미미사일방어통합훈련이 있다. 코로나-19의 확산으로 인해 대규모 훈련이 축소되거나 취소되면서 대대급 소규모 연합훈련의 수가 크게 늘어났다. 2018년에는 91회이던 것이 2019년에는 186회로 늘어났고 2020년 상반기에만 100회 이상이 실시되었다.

한미연합훈련이 북한 지도부의 심기를 불편하게 하는 데에는 그 이유가 있다. 2015년 연합훈련이 연동된 한미연합사의 작전계획 5015의 핵심적인 내용을 살펴보면 북한의 핵무기 사용 징후 포착 시 선제타격과 북한 급변사태 발생 시 한미연합군 투입이 포함되어 있다. 또한 2015년 8월 27일 국방부의 조상호 군구조개혁추진관은 북한의 핵무기 사용 징후가 보일 시 승인권자를 제거하는 '참수작전'까지 언급한 바 있다. 이듬해 실시된 역대 최대 규모의 연합훈련은 이 작계 5015를 적용하는 내용으로 실시되었다. 참수작전은 박근혜 정부 때 주로 거론되었지만 문재인 정부 들어 그 군사적 능력이 갖추어지고 있다. 2017년 12월 유사시 북한 전쟁지도부 제거 임무를 수행하는 '특수임무여단'이 창설되었고, 박근혜 정부 때 결정되었던 북핵 선제타격의 핵심전력인 F-35의 도입도 문재인 정부 들어 본격화되고 있다. 한미연합훈련은 MD(미사일방어체제)의 범위로 연결되면서 그 작전 범위가 한국을 넘어 일본과 미국 본토로까지 확대될 가능성이 있어 한반도의 불안과 위험을 심화시키는 측면이 있다. 실제로 과거 한미일은 '퍼시픽 드래곤'이라는 해상 MD 훈련을 함께 실시한 바 있다. 중국 및 러시아의 커다란 반발을 사고 있는 MD를 기반으로 한미일 삼각 공조를 유지하려는 이러한 미국의 안보 정책은 바이든 행정부에 들어서도 그다지 커다란 변화는 없다.

1992년 1월 노태우 대통령과 조지 부시 대통령이 팀 스피릿 훈련의 중단을 발표한 후 북한은 남북기본합의서와 한반도비핵화공동선언을 체결하고 IAEA(국제원자력기구) 안전조치협정에 가입하였던 사례가 있다. 그러나 같은 해 10월 팀 스피릿 훈련이 재개되고 나서 북한은 이를 비난하며 핵확산금지조약(NPT)에서 탈퇴하였고 이후 북핵 위기가 초래되었다. 한미연합훈련 실시가 북한을 자극하여 남북 관계와 북미 관계를 경색시킨 것은 근래에도 마찬가지다. 2019년 판문점에서 김정은을 만난 트럼프는 한미연합훈련의 중단을 약속하였으나 이후 존 볼턴 백악관 안보보좌관과 정의용 청와

대 안보실장이 연합훈련을 실시하기로 합의함에 따라 트럼프의 약속은 물거품이 되었다. 한미연합지휘소훈련이 실시되고 대규모 국방비 증강이 포함된 국방부의 2020~2024년 국방중기계획이 발표되자 한반도 평화경제론을 역설하였던 문재인의 8·15 경축사를 향해 북한은 '삶은 소 대가리도 앙천대소할 노릇'이라며 남한 당국자들과 더 이상 마주할 생각이 없음을 분명히 했다.[45] 문재인 정부는 전시작전권의 환수를 위해 한미연합훈련을 필수적인 것으로 여기는 듯하다. 그러나 이는 참으로 어리석은 생각이다. 한미연합훈련을 통해 북한 지도부의 불안을 심화시키고 한반도의 긴장을 고조시키면서 동시에 남북 관계를 개선하려 한다면 그러한 노력이 결실을 맺지 못할 것은 뻔한 노릇이기 때문이다. 한국 정부가 북한과 진정한 신뢰의 관계를 구축하고 미중 간의 평화적이고 협력적인 상호 관계를 수립하는 데에 일조하고자 한다면 한미연합훈련은 즉각 중단되어야 함이 마땅하다.

한미일 동맹의 강화는 미중 간의 대결 구도를 심화시키고 북한 문제의 해법을 더욱 어렵게 한다. 미국은 중국에 대한 견제와 봉쇄 정책을 추진하려 할 때마다 북한의 비밀 핵개발 의혹을 제기하며 북핵 문제를 과장함으로써 한반도의 위기를 심화시켰다. 2000년대 초반 부시 행정부는 중국을 '전략적 경쟁자로'로 명명하며 중국을 견

---

45   정욱식,『한반도 평화, 새로운 시작을 위한 조건』, 유리창, 2021, 26~51쪽 참조.

제하기 위해 미사일방어체제 및 한미동맹을 재조정하고 미일동맹 일체화를 추진하였다. 이 과정에서 북한의 위협은 미국 정부가 내세웠던 가장 큰 구실로 작용했다. 2018년 싱가포르 북미정상회담 직후에 트럼프 대통령은 한미연합군사훈련의 중단과 종전선언, 주한미군 철수가 가능함을 언급했다. 이후 미국의 의회와 언론, 싱크탱크가 이에 대해 거세게 반발하고 나섰고, 일부 정보기관과 언론은 북한이 영변 시설의 2배 이상이나 되는 핵 시설을 비밀리에 보유하고 있다는 의혹을 제기했다. 북한은 과거에 공식적으로 두 차례 핵 신고를 하였다. 첫 번째는 1992년 국제원자력기구에 신고한 때였는데 미국의 정보기관은 이를 신뢰하지 않았으며, 2007년 두 번째로 북한이 플루토늄 보유량을 신고했을 때에는 부시 정부가 이를 수용하였음에도 불구하고 딕체니 부통령을 비롯한 네오콘들이 북한의 우라늄 농축 프로그램 등이 포함되지 않았다는 이유로 북한에 대해 강력히 반발했다.

종전선언이라는 이슈가 처음 등장한 시점은 2006년 한미정상회담에서였는데, 이때 조지 부시 대통령은 북한의 핵 포기를 전제로 하여 한국전쟁의 종전을 선언할 수 있다는 입장을 내놓았다. 2018년 싱가포르 1차 북미정상회담 이후 종전선언의 추진은 진척되지 못했다. 북한이 핵 신고 이전에 북미 간의 상당한 신뢰관계가 구축되어야 함을 주장한 반면, 미국은 북한의 비핵화 조치 이후에나 종전선언이 가능하다는 입장을 보였다. 북한에 대한 유엔 안보리 차원의 경제 제재는 북한의 미사일 발사와 1차 핵실험 이후 2006년 채택된 결의안 이후 6차 핵실험과 미사일 발사에 따른 2017년의 결의안을 거처 현재까지 지속되고 있다. 미국 주도의 대북 제재는 북한의 경제 상황을 매우 어렵게 할 뿐 아니라 중국과 러시아의 상황까지 염두에 둔 것으로 풀이된다. 중국은 낙후 지역들을 중심으로 한 동북 3성 진흥계획을 통해 북중경협에 노력을 쏟았지만 미국 주도의 대북 제재로 인해 활발히 추진되지 못했고, 남북한을 잇는 천연가스 파이프라인과 철도 사업을 희망하는 러시아의 경우 역시도 그와 마찬가지다. 싱가포르 북미정상회담을 전후하여 북한은 핵실험 중단과 풍계리 핵실험장 폐쇄, 탄도미사일 시험발사 중단과 엔진 시험장 해체, 미군 유해 송환 등 선제적인 일련의 조치들을 취했지만, 미국은 한미군사훈련의 중단 이외에는 북미공동성명에 부합하는 북미 간의 어떠한 직접적인 조치도 이행한 것이 없다. 종전선언의 이행이나 연락사무소 설치와 같은 초보적인 단계의 조치도, 북미 간 신뢰구축의 중대한 열쇠가 될 대북 제재의 완화 조치도 어느 하나 이루어지지 않았다.

미국의 보수 세력들이 과연 한반도의 비핵화를 원하고 있는지는 의문이다. 한반도에 비핵화가 추진되고 평화적 분위기가 조성될수록 미국은 최대 무기 수출국 중 하나인 한국의 무기시장을 위축시킬 염려에 직면하기 때문이다. 국방기술품질원이 발간한 '2019 세계 방산시장 연감'에 따르면 미국은 2009년부터 2018년까지 10년

간 총 109조 원 이상에 상당하는 931억 달러어치의 무기를 다른 국가들에 판매했다. 이 기간 동안 한국은 미국산 무기를 가장 많이 구매한 국가들인 사우디아라비아, 호주, 아랍에미리트에 이어 4위의 자리를 차지하고 있다.[46] 한국이 구입하는 대부분의 무기가 모두 미국산인 까닭에 무기 구입 협상 자체가 유명무실해지고 방산 산업과 관련한 부정부패와 예산 낭비 논란이 끊이지 않는다. 위키리크스가 폭로한 미국 국무부 외교문서에는 미국산 무기를 판매하기 위해 주한 미국대사까지 나서서 한국 정부에 회유와 압력을 가하는 내용이 드러나 있다.[47] 2020년 트럼프 대통령은 한국 측의 주한미군 방위비 분담금을 1조 원에서 6조 원으로 증액할 것을 요구했다. 하지만 미국은 매년 2~3천억 원의 불용액을 남길 정도로 한국이 주고 있던 방위비 분담금도 다 사용하지 못하는 상황이었다. 트럼프 정부는 '작전 지원비'라는 항목을 신설하여 미국의 전략자산 전개 비용 역시 한국 정부가 부담해야 한다고 주장했는데, 여기에는 핵추진 항공모함 및 잠수함, 이지스함, 전략 폭격기, 최신예 전투기, 사드와 같은 MD와 관련된 비용들이 포함된다.[48]

문재인 정부 임기 초 큰 논란을 일으켰던 사드는 사실상 북한만

46 김귀근 기자, 〈한국, 10년간 미국산 무기수입 랭킹 4위…7조 3천억 원 규모〉, 2019.12.16 연합뉴스 인터넷 기사 참조.

47 박한식·강국진, 같은 책, 242쪽 참조.

48 정욱식, 『비핵화의 최후』, 유리창, 2018 참조.

을 겨냥한 장치라기보다는 미국의 미사일방어체제(MD) 전체와 관련된 무기체계다. 미국의 미사일방어체제 구축 이전까지 핵보유국들은 서로 간의 핵전쟁을 막기 위해 '공포의 균형'에 의한 억지 체제를 유지해왔다. 상대국의 핵무기 공격에 대해 반격할 수 있는 2차 공격 능력을 확보함으로써 그 상대국의 선제적 핵무기 사용을 어렵게 만드는 억지 체제를 통해 핵보유국들은 나름의 국제질서의 안정을 도모해왔다. 그러나 오랜 기간에 걸쳐 개발되어 온 미국의 미사일방어체제는 급진전되고 있는 기술력을 바탕으로 상대국의 2차 공격 능력을 무력화할 수 있는 수준에 이르면서 과거의 억지를 통한 공포의 균형을 깨뜨리는 커다란 위험 요인으로 기능하게 되었다. 미사일방어체제의 방어 기술을 이용해 선제타격 후 보복공격으로 날아오는 핵미사일을 요격할 수 있게 되면 핵 선제공격을 통해 핵전쟁의 승리를 용이하게 할 수 있다는 신념으로 이어질 가능성이 커지기 때문이다. 이는 미사일방어체제의 핵심인 사드를 한국에 배치하는 것에 대해 중국과 러시아가 위협을 느끼고 반발하는 이유와 직접 연결된다. 중국의 핵미사일 공격이 시도될 때 미국은 사드를 통해 발사 단계에서부터 이를 탐지하고 다층적 지점에서 미사일로 타격함으로써 중국의 핵억지력을 무너뜨릴 수 있다. 중국의 핵과 미사일 전략은 미국의 대중국 봉쇄전략에 대응하는 '반(反)접근·지역 거부 전략(Anti-Access Area Denial, A2AD)'인데 이는 미국과 공포의 균형을 이루기 위한 경쟁 전략이라기보다는 미국의 선제공격을 막는 최소한의 억지 전략에 가깝다. 미국이 사드를 아시아에 집중적으로 배치하고 계속해서 미사일방어체제를 강화해 나간다면 중국이 미국과의 핵무기 경쟁에 나설 가능성 역시 더욱 커진다고 할 수 있다.

한국의 MD 체제 편입은 박근혜 정부의 등장과 더불어 본격화되었다. 박근혜 정부는 전시작전권 환수 연기 직후에 패트리엇 PAC-3 구매와 한반도 내 사드 배치를 결정했다. 이후 북한과의 긴장 국면이 형성되었고 한중 간의 관계 역시 크게 악화되었다. 2017년 5월 새로이 출범한 문재인 정부가 성주 사드 기지에 대한 환경영향평가가 끝날 때까지 발사대 추가 배치를 연기하는 결정을 내리자 미국은 이에 대해 강력히 반발했다. 이후 한국 정부는 한미동맹에 근거해 사드 배치에 동의하는 쪽으로 입장을 바꾸었고 2016년 말부터 한국에 대한 경제보복을 단행했던 중국 정부는 한국 상품에 대한 불매운동과 수입 불허 조치, 여행금지국가 지정, 중국인들의 단체관광 전면 금지, 한류 콘텐츠 방영 금지 등 더욱 강도 높은 보복조치를 강행했다. 당시 현대경제연구소의 보고서에 의하면 사드로 인해 한국 경제가 입은 피해액은 약 8조 원에 이를 것으로 추산되었다. 2017년 4월 말에는 취임 백일을 맞이한 트럼프 대통령이 사드 배치 비용을 한국 측에 부담시켜야 한다는 발언을 함으로써 논란이 일어나기도 하였다. 한국의 미사일방어체계는 방어 임무, 지휘통제체계, 비용 부담 등의 모든 측면에서 미국의 일방적인 요구로부터 결코 자유롭지

못한 모습을 띠고 있다.[49]

한미동맹의 폐해는 여기에서 그치지 않는다. 2015년 5월 미군이 살아있는 탄저균을 한국 정부에 알리지 않고 한국에 반입해왔다는 사실이 배달업체 페덱스의 배달 사고로 세상에 알려졌다. 살아 있는 탄저균을 반입하는 과정에서 균이 유출됐고 연구 관계자 22명이 균에 노출되어 실험실이 임시로 폐쇄되는 사고가 있었다. 탄저균은 대도시 상공에서 100kg을 저공으로 살포할 경우 100만 명에서 300만 명을 죽일 수 있을 정도로 살상력이 매우 강한 세균으로 알려져 있다. 생물학무기를 개발하기 위한 실험을 비밀리에 수행하기 위해 주한미군은 2013년부터 용산과 오산 미 공군기지, 충남 미 육군 공중보건국의 미군기지 내 연구실에서 생물학전 대응 실험을 하는 '주피터프로그램'을 진행해 왔다. 이것은 미국이 전 세계 국가들 간의 생물무기금지협약(BWC)을 심각하게 위반한 것이다. 2015년 5월 7일 미국방산협회에서 진행한 '화생방어능력 증강에 대한 포럼'에서 발표된 자료에는 미군의 탄저균 실험실이 위치한 기지로 용산, 오산, 평택, 군산 미군기지가 특정되어 있다. 2020년 10월 더불어민주당 이재정 국회의원은 미군이 2017년, 2018년, 2019년 세 차례에 걸쳐 보툴리눔, 포도상구균, 리신 등 독극물을 부산 8부두, 군산 미군기지, 오산 미군기지, 평택 미군기지 등에 반입량을 점점 늘

---

49 김준형, 『영원한 동맹이라는 역설』, 창비, 2021, 380~409쪽 참조.

려가며 반입하였던 사실을 폭로했다. 한국에 주둔하는 미군 제23화
학대대는 전 세계에서 유일하게 전선에 배치된 생화학 관련 부대이
다. 해당 부대는 최근 몇 년간 한국의 실탄사격장 및 야외 캠프에서
한국 군대와 함께 고위험 생물학 훈련을 벌여왔다. 또한 미국의 생
물무기 군사기지 포트 데트릭(Fort Detrick)은 고려대에 미군 출신
의 상주인력들을 파견해 미국 스탠퍼드 대학과 협약을 체결한 고려
대 'KU-MAGIC 연구소'를 지원하고 있는데 이 역시 예사로운 일
은 아니다. 2013년부터 한국 땅에서 주한미군에 의해 펼쳐진 생화
학 프로젝트인 주피터프로그램은 2019년 '센토' 프로그램으로 변경
되었고 이후 2020년부터 새로운 생화학무기 통합조기경보체제인
'IEW'로 다시 바뀌었다. 한국정부는 미국과의 불평등조약인 SOFA
협정 때문에 미국이 그 사실을 축소하고 은폐하여도 주한미군의 생
화학 프로젝트를 감시하고 조사할 마땅한 권리를 행사하고 있지 못
하다.[50] 미군이 이렇게 일반 국민들에게 치명적인 고위험성 세균과
바이러스를 한국에 버젓이 반입하면서 실험과 훈련을 강행하고 있
어도 한미동맹이 우리의 평화를 지켜준다는 신화 아래 이 모든 위험
들은 계속해서 허용되고 있다.

---

50   박정대 기자, 〈시민단체들 "미군기지 탄저균 실험실 폐쇄-불평등 SOFA개정 결의촉
      구"〉, 2021.03.03. 브레이크뉴스 인터넷 기사; 하용성 기자, 〈부산항 미군 세균실험실 폐
      쇄 주장 계속되는 까닭〉, 2021.08.17. 일요신문 인터넷 기사 참조.

제3장

한국전쟁과 남북 분단

한국전쟁은 미국이 국방비 지출을 네 배로 늘리게 된 주요한 계기이자 미국이 일본, 남한, 대만, 남베트남, 필리핀, 태국 등과 상호 방위조약을 체결하게 된 발판이 되었던 사건이다. 일본 역시 한국전쟁 당시 미국의 병참기지 역할을 하며 그로 인한 막대한 전쟁 특수를 누렸다. 한국전쟁은 동북아시아는 물론 동북아시아를 넘어선 넓은 지역에까지 냉전적 정체성을 창출했다. 미국은 한국전쟁을 통해 당시 그 세력이 확대되던 공산주의에 대한 적대적 대응을 바탕으로 세계적인 양극체제와 그것을 지탱하는 이분법적 시각을 더욱 공고히 할 수 있었다. 패전 후 일본은 한국전쟁을 통해 막대한 정치적, 경제적 이득을 획득하며 전화위복의 기회를 얻게 되었다. 전쟁 후 일본은 미국과의 공동 방위 부담을 줄이면서도 일본에 대한 미국의 보호 의무 규정을 약속하는 새로운 상호 안전보장조약을 타결하는 데에 성공했다. 미국에 한반도는 일본이 전쟁에서 항복함에 따라

덤으로 얻게 된 변방에 지나지 않았지만, 한국전쟁 이후 남한은 공산주의 세력의 팽창을 저지해줄 수 있는 최전선의 국가로 탈바꿈되었다. 적대적인 냉전 체제의 세계화가 이루어지게 된 덕분에 일본은 미국 편에 서서 제국주의 과거의 청산 절차를 모면할 기회를 얻었다. 한국전쟁이 끝나고 4년 후 일본에서는 기시 노부스케가 총리로 재등장하였는데, 기시 노부스케는 만주국 철도 책임자를 역임하고 1941년 대미 전쟁 선포에 서명하였던 사람으로 이러한 이력의 소유자가 총리로 복귀하였다는 것은 같은 패전국인 독일의 경우에는 결코 상상할 수 없었던 일이었다.[1]

한국전쟁의 실질적인 기원은 제국주의 시절 일본 관동군이 중국 동북3성을 침공하여 만주사변을 일으킨 후 만주국을 세웠던 1931~1932년에 있다. 만주사변 당시 일본은 규모가 상당했던 유격부대와 비밀결사조직의 대항에 직면했는데 그 구성원 중 한국인의 수는 압도적 다수를 이루고 있었다. 만주국의 설립 이후 항일 유격대의 약 80%, '중국공산당' 당원의 90% 이상을 모두 조선인이 차지하고 있었다. 당시의 미국 정보부에 의하면 대략 200만 명에 달하는 만주 거주 조선인 중에 5% 정도에 해당하는 협력자들을 제외하면 나머지 95%의 조선인은 일본에 반대하는 세력이었다. 그 저항 세력 중에는 강력한 유격대 지도자였던 김일성이 있었다. 김일성은

1   새뮤얼 킴, 『한반도와 4대 강국』, 김병로 옮김, 한울아카데미, 2016 참조.

1932년 봄부터 만주에서 일본에 맞서는 줄기찬 항일투쟁을 전개했다. 김일성은 중국어가 유창했기 때문에 만주의 유격전에서 중국인과 조선인의 협력을 도모하는 데 주요한 역할을 담당했다. 1936년 2월 출현한 동북항일연군에서 김일성은 여러 명의 중국인 연대장들을 거느리고 제3사단을 지휘했다. 당시의 김일성은 항일 운동으로 만주 동부에서 큰 명성을 지닌 조선 공산주의자들의 지도자였을 것으로 생각된다. 김일성은 만주국 영토에서 벌어진 냉혹한 투쟁에서 살아남아 1945년 평양으로 건너가 정권을 장악했다.

미국은 1905년 일본에 의한 조선의 외교권 침탈 이후 일본의 한국 지배에 아무런 이의도 제기하지 않았다. 러일전쟁을 끝낸 포츠머스조약을 주선했다는 이유로 1905년 노벨평화상을 받은 루스벨트 대통령은 일본의 한국 '근대화' 노력을 칭찬하기도 하였다. 그러나 1941년 일본이 미국 하와이의 진주만을 공격함으로써 태평양 전쟁을 개시한 이후 1942년 중반 미국 국무부의 정책 입안자들은 일본의 패망 뒤에 한국을 군사적으로 점령할 계획을 수립했다. 루스벨트는 한반도에서 일본 세력을 몰아내고 미국, 소련, 영국, 중국이 참여하는 신탁통치를 실시하는 정책을 세웠다. 일본의 패전 이후 38도선을 기준으로 열강에 의한 한반도의 분단이 이루어지고 북한에는 소련군이, 남한에는 미 군정이 들어섰다. 1946년 9월 미 군정이 남한 인구 8천여 명을 대상으로 실시하였던 '미래 한국 통치 구조에 관한 여론 조사'에 따르면 당시 응답자의 70%가량은 사회주의를 희망하고 있었다.[2] 미 군정은 남한에 좌파 정권이 수립되는 것을 막기 위하여 일제 치하에서 친일 행각을 벌였던 총독부의 관리나 경찰직을 수행했던 이들을 대거 동원하여 좌파 세력을 탄압하는 정책을 펼쳐나갔다. 미 군정의 경제 정책 역시 당시 남한의 농민들이나 노동자들이 희망하는 개혁적 조치들과는 동떨어진 친일 세력의 이익을 도모하는 방향으로 이루어졌다. 북한이 한국전쟁을 일으킨 주요한 이유는 당시 이러한 미국 정책의 영향으로 과거 일본이 한국에서 지니고 있던 지위가 되살아나는 것을 우려한 점이 컸고, 오랫동안 일제에 부역했던 친일 세력이 당시 남한의 집권 세력을 이루고 있었기 때문이었다. 김일성은 한국전쟁에 미국이 개입할 가능성을 고려하긴 하였지만 스탈린과 마오쩌둥이 자신의 침공을 적극적으로 지지한다고 생각했기 때문에 미국의 전쟁 개입을 그다지 심각한 문제로 받아들이지 않았던 것 같다.

김일성의 예상과 달리 한국전쟁은 미국에 전례 없는 규모의 군산복합체를 탄생시키는 계기로 작용했다. 한국전쟁의 발발은 점증하는 공산세력의 봉쇄를 위한 군사적 케인스주의에 기반을 둔 미국의 비밀 군사정책이 담긴 국가안전보장회의 문서 제68호가 승인되는 결과를 가져왔고, 이후 미국 국방비를 네 배로 늘리는 예산안이 미

---

2 〈분단으로 가는 길, 그것을 막아선 사람들〉, 살아있는 한국 근현대사 교과서, 네이버 지식백과 인터넷 검색 참조.

국 의회를 통과하게 되었다. 그 전까지 미국은 대규모 상비군을 유지하고 있지 않았고 군대는 미국의 역사와 문화에서 그다지 중대한 요소가 아니었다. 한국전쟁은 여전히 끝나지 않은 전쟁이다. 1945년 9월 미군은 처음 남한에 도착했지만 냉전이 끝나고 소련이 몰락한 지 오랜 시간이 흐른 지금까지도 3만여 명에 달하는 미군이 남한에 주둔해 있다. 2003년 미국 고위 관료들은 이라크 전쟁 이후 북한 정권을 무력으로 무너뜨리는 계획을 이야기했다. 도널드 럼즈펠드는 이라크 침공 이후 한국을 위한 기본적인 전쟁 계획(작전계획 5030)의 수정을 요구했고 의회로부터 지하 벙커를 파괴하는 핵폭탄을 위한 자금을 얻어내려 했다. 그 계획은 북한 군대를 동요시켜 김정일 정권을 무너뜨리는 전략을 담고 있었다. 당시 부시 행정부의 몇몇 고위 관료는 이러한 계획이 너무 공격적이어서 전쟁을 유발할 가능성이 있다고 판단했다.

한국전쟁은 20세기의 극히 파괴적이고 참혹한 전쟁들 중 하나이다. 한국전쟁을 통해 3백만 명에 달하는 한국인이 사망하였고 그 중 최소한 절반가량이 민간인이었다. 태평양전쟁에서 사망한 일본인이 230만 명 정도라는 것을 고려해 보면 한국전쟁의 인명 피해가 얼마만큼 커다란 규모였는지 짐작할 수 있다. 한국전쟁 당시 미국은 2차 대전 때 전 세계에 사용한 폭탄과 맞먹을 만큼의 양을 한반도에 쏟아부었다. 특히 북한 지역은 전 국토가 원시 시대로 돌아간 것처럼 보일 정도로 매우 극심한 폭격 피해를 입었다. 1950년 후반의 여섯 달 동안 미국의 방위비는 거의 네 배로 증가하였고 이후 미국은 광범위한 해외 기지를 구축하고 세계의 경찰국가로 탈바꿈하는 거대한 군사화의 길로 들어섰다. 한국전쟁 기간 동안 미국에게 엄청난 고통을 겪으면서도 미국에 결코 패하지 않았다는 사실은 북한 사람들이 철저한 민족주의를 간직하게 되는 영향을 낳았다. 미국의 많은 정치 세력과 국민들에게 북한 군 지도부는 대화가 통하지 않는 '깡패'나 '악마'와도 같은 이미지로 그려진다. 그러나 북한의 국방위원회를 책임지던 12명의 위원들은 남한에서의 일본 제국주의 세력의 부흥을 저지하기 위해 한국전쟁에 참여했던 명예로운 용사들이다. 그들 편에서 본다면 미국은 한국전쟁에 개입하여 북한을 초토화시키고 그들로부터 전쟁의 영광스러운 승리를 빼앗아간 장본인이다.[3] 미국의 군사적 개입이 한반도 내의 일본 제국주의의 청산을 회피하고 그것의 생명을 연장시키는 가운데 성립된 것이라는 점에서, 미국이 한반도 안에서 현재 도모하고 있는 군사화는 2차 대전의 폭력성을 배가시키는 더욱 상승된 폭력성을 함축하고 있는 것이라 하겠다.

---

3   브루스 커밍스, 『브루스 커밍스의 한국전쟁: 전쟁의 기억과 분단의 미래』, 조행복 옮김, 현실문화, 2017 참조.

북한과 미국

북한과 미국의 군사력 격차는 사실 비교할 만한 상대가 되지 않는다. 세계 인구의 4.4%밖에 안 되는 미국의 국방 예산은 전 세계 국방 예산의 37%에 해당하며, 94개국 국가 또는 조직에 무기를 수출하는 미국은 전 세계 무기 수출에서 차지하는 비중이 30%에 이르는 세계 최대의 무기 수출국이다. 게다가 미군은 기술적으로도 가장 진보했으며 최첨단 기술 수준을 유지하기 위해 수십억 달러가 넘는 돈을 쓰고 있다. 북한의 국방 예산은 북한 GDP의 4분의 1에 가깝지만, 남한의 국방 예산만 해도 북한 예산의 5배에 근접한다.[4]

2018년 싱가포르에서 1차 북미정상회담이 개최된 이후 지속되던 교착상태는 2019년 2월 2차 하노이 북미정상회담을 앞두고 완화되는 분위기였으나 하노이 회담의 성과는 불발로 그쳤다. 하노이 회담이 열리기 전부터 미국에서는 북한이 제재 완화를 얻어내면

---

4   글린 포드, 『토킹 투 노스 코리아』, 고현석 옮김, 생각의날개, 2018, 248~249쪽 참조.

서 영변만 폐기하고 이미 보유하고 있는 핵무기와 핵물질은 포기하지 않을 것이라는 주장이 제기되었다. 북미정상회담에 이를 수 있게 된 북한은 과거 수준의 북한과는 그 모습이 크게 달라진 상태였다. 1994년 북미 제네바 합의 때에는 북핵 초기 단계였고, 2005년 9·19 공동성명이 발표되었을 당시에는 북핵 중간 단계였다면 북미정상회담 당시 북한은 북핵 완성 단계에 이른 상황이었다. 북한이 하노이 회담에서 핵무기와 핵물질 폐기 협상은 뒤로 미룬 채 영변 핵시설 폐기만을 약속한 협상안을 제시하자 회담 둘째 날 트럼프는 '노딜 문서'를 김정은에게 건넸다.

2019년 6월 트럼프의 제안과 김정은의 수락으로 판문점 회동이 이루어졌으나 미국 측은 북한이 대량파괴무기(WMD)의 동결 조치를 취해도 비핵화 이전에는 제재를 완화할 생각이 없다는 입장이었다. 그러나 이러한 '선 비핵화, 후 제재 해결'이라는 미국의 입장은 북한이 결코 받아들일 수 없는 사안이었다. 같은 해 10월 스웨덴에서 열린 북미 실무회담에서 북한 측은 "미국은 아무것도 들고 나오지 않았으며 우리를 크게 실망시키고 협상 의욕을 떨어뜨렸다"라고 비난하면서 협상 결렬을 선언하였다.[5] 김정은 위원장은 2018년 3월 북한을 방문한 대통령 특사단에게 남측을 향해 핵무기는 물론 재래식 무기도 사용하지 않겠다고 이야기한 바 있다. 미국의 선 비핵화

---

5   정욱식,『한반도의 길, 왜 비핵지대인가?』, 유리창, 2020, 165~195쪽 참조.

조치에 강한 불만을 품고 있는 북한은 핵무기를 가진 채로 미국과 관계 개선을 이루었던 인도와 파키스탄 모델을 선호하는 것이 아닐까 여겨진다.[6]

2021년 1월 북한은 당대회에서 공개적으로 전술핵개발 의사를 처음 밝혔다. '전략'핵무기는 적대국의 전쟁 자체를 불가능하게 만드는 파괴력이 엄청난 핵무기다. 이는 사용 부담이 너무 커서 혹자는 전략핵을 '사용할 수 없는 무기'라 부른다. 이와 달리 '전술'핵무기는 '사용 가능한 무기'라 불릴 정도로 실전에서 사용할 가능성을 염두에 두고 만들어진다. 따라서 전술핵의 파괴력은 전략핵보다 작지만 그 위험성은 더 크다고 볼 수 있다. 김정은은 남한의 첨단무기 도입을 비난하면서 전술핵무기 개발의 필요성을 이야기한 바 있다. 북한이 당대회에서 언급한 초대형방사포, 신형전술미사일, 중장거리순항미사일 등에 핵탄두를 장착하는 전술핵무기 개발은 비교적 단시간에 적은 비용을 들이고도 가능하다. 미국은 한국전쟁을 계기로 처음 전술핵무기를 개발했다. 한국전쟁에서 미국은 핵공격을 고려에 넣었지만 기존의 핵무기는 소련의 대도시를 대상으로 삼은 것이었기 때문에 이미 대규모 공습을 통해 파괴할 것이 별로 남아있지 않았던 북한에 사용할 필요성이 크지 않았다. 그래서 미국은 공산군의 병력과 물자가 집중되어 있는 개성을 타깃으로 전술핵을 만들었

---

6   김열수 · 김경규, 『한국안보, 위협과 취약성의 딜레마』, 법문사, 2019, 119쪽 참조.

다. 미국은 1954년 5월을 기점으로 전술핵공격을 계획했지만 다행스럽게 1953년 7월 정전협정이 체결되어 핵공격의 위험을 피할 수 있었다.

미국은 현재에도 북한을 주된 타깃으로 하여 주요 군사시설과 지하 요새를 타격하기 위한 신형 전술핵개발을 계속하고 있다. 2021년 2월 미국의 고위관료 출신들이 발간한 보고서에 따르면 바이든 행정부는 한국, 일본, 호주와 함께 '아시아 핵 계획 그룹' 창설의 필요성을 언급하면서 북한, 중국, 러시아의 핵 능력이 강화될 경우 미국 역시도 동맹국들과 함께 전술핵무기의 전진 배치를 고려해야 한다고 주장한 바 있다. 참수작전의 핵심전력으로 언급되었던 전투기 F-35를 도입하고 엄청난 국방비를 투입해 MD와 공격력을 크게 강화시킨 문재인 정부는 스스로 한반도와 동북아의 긴장을 고조시키는 커다란 우를 범하고 있음을 깨달아야 한다. 한미동맹의 군비증강이 계속 이어진다면 북한의 전술핵개발 역시 더욱 진전될 것이고 이는 한국에 미국의 전술핵을 재배치하려는 움직임으로 연결되어 한반도 내의 불안과 긴장은 최고조에 이를 수 있다.

바이든 행정부는 중국을 최대의 경쟁 국가로 인식하고 중국을 견제하기 위해 한미일 동맹을 강화하려 한다는 측면에서 대북 정책 역시도 이전 정부들과 큰 차이는 없을 것으로 보인다. 오바마 재임 시기 동안 미국 민주당은 북미 대화나 6자 회담을 한 번도 개최하지 않았고 대북제재만을 강화하며 북한이 굴복하기를 바라는 '전략적

인내' 정책을 펼쳐왔다. 바이든 행정부 역시도 오바마 행정부의 이러한 전략적 인내 정책을 계승할 것으로 예상된다. 바이든 진영은 트럼프 집권 시기 트럼프가 김정은과의 친분을 우선시하면서 동아시아 동맹을 약화시켰다고 비난해 왔다. 북한뿐 아니라 중국에 대한 경계심을 증가시키고 있는 미국의 상황을 고려해 볼 때, 바이든 행정부는 적극적인 대북협상을 시도하려 한다기보다는 한미일 동맹 강화와 군사협력 복원에 더욱 힘을 쏟을 것으로 보인다. 대북억제력 강화를 명목으로 MD 구축을 강조하는 것 역시 바이든 행정부가 이전 정부들과 별다른 차별성을 갖지 않는 대목이다. 핵미사일 능력을 고려한다면 MD는 우선적으로 중국과 러시아를 겨냥한 것이라 할 수 있지만 미국은 전략적 안정성을 위해 중국이나 러시아를 직접 거명하기를 꺼린다. MD의 필요성은 누군가가 미사일을 이용해 미국을 공격할 가능성이 있어야 성립한다. 미국은 그에 대한 명분을 마련하기 위해 그러한 국가가 바로 북한임을 일찍부터 거론해왔다. 그러나 미국 정보기관을 포함한 대부분의 전문가들은 북한이 핵무장을 한 이유가 '생존'을 위한 것임을 이야기한다. 북한이 미국이나 미국의 동맹국을 향해 핵미사일을 쏠 것이라는 가정은 북한이 '생존'을 위해 마련한 핵무기로 '자살'을 선택할 것이라는 앞뒤가 맞지 않는 모순적인 생각에 불과하다고 하겠다.[7]

---

7   정욱식,『한반도 평화, 새로운 시작을 위한 조건』, 유리창, 2021, 106~126쪽, 182~196쪽 참조.

북한만이 깡패국가인가

　미국의 주류 언론이 생산해 내는 북한의 이미지는 한편으로 자국의 국민들을 폭압적인 방식으로 통치하며 다른 한편으로 핵을 무기로 서방 세계를 위협하는 비이성적인 악마 국가처럼 묘사된다. 많은 사람들은 흔히 북한 정권이 김정은 국방위원장을 중심으로 한 1인 독재 체제라고 생각하는 경향이 있으나, 북한을 더 자세히 들여다보면 1인 독재라기보다는 360만여 명이라는 거대한 수의 당원을 거느린 조선노동당을 중심으로 한 통치 체제가 정권의 중심에 있음을 알수 있다. 2013년 장성택 처형 사건 역시 김정은의 독단적인 선택이었다기보다는 당 차원에서 내린 결정일 가능성이 크다.

　탈북자들에게서 듣는 북한 이야기는 많은 경우 편향되고 과장된 내용일 가능성이 많다. 탈북자들은 언론 인터뷰에 응할 때 돈을 건네받는 경우가 많고, 그들의 이야기가 끔찍하고 선정적일수록 국제 행사에 초청받는 경우가 늘어나 그에 따른 수입도 늘어날 수 있기 때문이다. 2000년대 초, 탈북자 김운철은 북한 내 강제수용소와 고문이나 처형 등 북한 인권 문제를 증언하였다. 당시 르몽드와 뉴스위크 등 세계 주요 언론이 그것을 보도하여 큰 이슈가 되었으나, 나중에 김운철이라고 주장하였던 그 사람은 박충일이라는 전혀 다른 사람이었다는 것이 밝혀졌다. 그는 러시아에 체포되어 북한으로 송환된 김운철과 닮았다는 소리를 듣고 김운철 행세를 하다 강제수용소 관련 거짓 증언을 하고 한국에 입국하는 데 성공하였다. 이러한 탈북자들의 위증은 미국에서 북한인권법을 마련하는 데 큰 영향을 미쳤다. 미국 의회 청문회에서 이순옥이라는 탈북자는 생체 실험과 쇳물 주입 살해 등의 과장되고 비현실적인 증언을 하였는데, 이러한 근거 없는 증언에 충격을 받은 미국 의회가 만장일치로 북한인권법을 통과시켰다.[8]

북미 간의 협상 역시 미국 언론의 편향적인 보도 행태와 이를 아무런 검토 없이 그대로 전달하는 한국 언론의 태도 탓에 한국 국민들이 북한에 대해 갖는 오해와 불신은 더욱 심화된다. 2005년 북미 간의 합의를 이루었던 '9·19 공동성명'은 미국의 일방적인 파행으로 인해 성과를 보지 못했다. 합의 직후 미국 재무부는 마카오의 방코델타아시아에 있는 북한 정부 예금 2500만 달러를 동결시켰고 북한의 인권 문제를 들먹였다. 미국의 조치에 반발한 북한은 제1차 핵

---

8   박한식 · 강국진, 같은 책 참조.

실험으로 대응했다. 많은 한국 국민들에게 북한의 핵실험은 각인된 사건으로 남아있지만 정작 핵실험을 야기한 원인은 양국 간 합의를 먼저 무너뜨린 미국의 행태에 있었다는 사실은 그다지 많이 알려져 있지 않다. 2000년대 들어 부시 행정부는 북핵 문제의 미해결이 마치 중국의 책임에 있다는 논리를 퍼뜨려 자신들의 책임론에서 벗어나려는 자세를 취하였다. 미국은 중국을 견제할 목적으로 필요할 때마다 북핵 문제를 앞에 내세워 이를 이용해 북한과 중국을 압박해 오고 있다. 2000년대 초반 부시 행정부는 중국을 '전략적 경쟁자'로 이름하고 중국을 봉쇄하기 위한 일환으로 미사일방어체제 및 한미동맹 재조정, 미일동맹 일체화를 추진했다. 이를 위한 가장 큰 구실은 북한의 핵 위협이었다. 이러한 미국의 입장은 이후 오바마 정부 때에도 비슷하게 반복되었다.[9]

한국 국민들은 누구나 1987년 북한에 의한 대한항공기 폭파 사건을 기억하고 있을 것이다. 그러나 이보다 십여 년 전인 1976년 미국 중앙정보부의 지원을 받은 쿠바인들이 쿠바나 항공을 폭파시켜 북한 고위관리 5명을 살해하였던 사실은 잘 알지 못한다.[10] 1994년 북미 간 체결된 제네바 협상의 이행 과정은 미국에 대한 북한의 불신을 더욱 심화시켰다. 협상에서 북한은 미국으로부터 경수로 2기

---

9   정욱식, 『비핵화의 최후: 보이지 않는 전쟁』, 유리창, 2018 참조.
10   글린 포드, 같은 책 참조.

를 2003년까지 제공받기로 하고 그 대가로 영변 원자로의 동결과 새로 짓던 원자로 2기의 건설 중지를 약속했다. 그러나 미국은 북한의 붕괴만을 바라고 있었을 뿐, 경수로 지원 약속을 이행하지 않았다. 제네바합의에 따르면 북한은 경수로가 가동되기 전까지 원자로를 해체할 의무가 없었다. 또한 합의에서 미국은 핵무기 사용이나 위협이 없을 것을 북한에 공식적으로 보장하기로 약속했지만, 사실상 클린턴 시기에도 북한에 대한 핵무기 선제 사용이 미국의 어젠다에 남아 있었다. 1998년 말 북한에 30개의 핵탄두를 투하하는 미국의 비상 계획이 시뮬레이션으로 훈련되기도 했다. 2002년 부시는 제네바합의를 파기했고 북한은 계속 테러지원국 리스트에 남아 있었으며 계속되는 경제 제재로 인해 북한은 고립되었다.

제네바 합의가 파기된 경위를 둘러싸고 국제 언론은 북한의 입장을 충분히 전달하지 못했다. 2002년 동아태담당 차관보였던 제임스 켈리가 평양을 방문한 후, 미국은 북한이 핵 무기 개발을 위해 농축 우라늄 프로그램을 가지고 있음을 알리는 정보를 최근 입수했으며 북한 당국이 그런 프로그램이 있다는 것을 시인했다고 공식적인 입장을 발표했다. 그러나 사실상 북한의 농축 우라늄 프로그램에 대한 신뢰성 있는 증거들을 미국은 제시하지 않았고, 북한 당국이 그러한 프로그램의 존재를 시인했다는 켈리의 말은 더욱 더 믿을 만한 사실이 아니었다. 미국은 북한의 '시인'을 근거로 하여 중유 지원을 중단한다고 발표했고, 이어 북한은 전력 생산을 위해 핵발전소를 재가동하겠다고 대응했다. 미국은 2003년 11월 중유수송을 중단시켰고 결국 북한은 1개월 후 영변 원자로를 재가동했다. 북한은 자신들의 핵개발에 대한 의도가 타국에 위협을 가하는 것이 아닌 재래식 무력 감축을 통한 경제건설과 인민생활 개선에 있음을 알렸지만 미국은 이러한 북한의 입장을 전혀 고려하지 않았다.[11]

오토 웜비어 사망 사건과 관련하여서도 미국 정부의 책임 역시 묻지 않을 수 없게 된다. 보수 언론들은 마치 북한을 외국 사람을 인질로 하여 돈을 요구하는 테러 집단과 같은 국가처럼 다루지만, 이는 사실이 아니다. 2009년 오바마 집권 시기 미국인 여기자 유나 리와 로라 링이 북한에 억류된 사건이 있었다. 이들은 탈북자 취재 도중 두만강을 넘어 북한에 밀입국을 하였다가 북한 당국에 체포되었는데, 당시 북한의 제의에 응한 빌 클린턴이 북한에 방문한 후 두 기자는 특별 사면되어 무사히 미국으로 돌아올 수 있게 되었다. 그러나 오토 웜비어의 경우 오바마 정부는 일년이 넘도록 한 번도 북한과 공식적인 접촉을 시도하지 않았고 그러는 동안 사망 사건이 발생했다. 미국 정부가 이 사건에 대해 무관심으로 일관하는 동안 웜비어는 정신적인 고통으로 인해 신체적인 건강까지 해치게 되었을 가능성을 무시할 수 없다.

북한 정권이 핵무장을 하게 된 것은 그들이 비이성적이기 때문에

---

11   팀 빌, 『북한과 미국: 대결의 역사』, 정영철 옮김, 선인, 2010 참조.

그러한 것이 아니라 그들의 국제적 입장과 처지를 생각했을 때 다분히 합리적이고 이성적인 판단의 결과였다. 한국전쟁 당시 미군의 폭격에 의해 거의 전 지역을 무참히 파괴당한 북한은 1961년 구소련과 군사동맹을 체결한 후 핵우산을 보장받았다. 하지만 구소련이 몰락하고 러시아와 중국이 한국과 수교를 맺게 되면서 북한은 국제적으로 심각한 고립 상태에 처하게 되었다. 1990년대 초 러시아 옐친대통령은 북한을 완전히 배제하는 남한 중심의 외교를 선택했다. 이는 북한의 경제에 악영향을 끼쳤다. 러시아와 북한의 무역은 1999년에는 십 년 전의 거의 100분의 1 수준인 4천만 달러로 떨어졌고, 북한이 원조 성격의 식량과 에너지를 확보할 수 있었던 길이 차단됐다. 중국도 러시아의 선례를 따르면서 북한의 경제적 상황은 더욱더 악화되었다.[12]

이후 부시 대통령의 악의 축 발언과 선제공격 천명, 그리고 미국에 의한 사담 후세인과 무아마르 카다피의 최후를 지켜보면서 북한은 더욱 더 생존의 위협에 직면하게 되었을 것이다. 후세인은 원래 미국의 지지를 등에 업은 독재자였는데도 불구하고 10여 년간 미국에 의해 경제 제재를 당한 뒤 테러 세력을 지원하는 대량 살상무기를 지니고 있다는 누명을 쓰고 미국의 침공을 받았다. 카다피는 미국의 경제 제재 해제 약속을 받고 핵 개발을 포기했지만, 이후 미국

---

12   글린 포드, 같은 책 참조.

의 지원을 받은 반군들에게 처형당했다. 이러한 사건들을 지켜보고 있던 북한에게 먼저 스스로 핵 억지력을 포기하라는 미국의 요구는 북한 정권의 생존을 포기하라는 이야기와 다름없는 것으로 들릴 것이다. 북한은 재래식 무기 경쟁에서 남한에 패한 지 오래다. 북한이 자국의 GDP 중 4분의 1을 지출하는 국방비 규모는 북한 경제력의 50배가 넘는 남한 국방비의 5분의 1 수준밖에 되지 않는다. 만일 북한의 국방비를 한미일이 지출하고 있는 국방비 총액에 비교한다면 북한의 국방비는 한미일 국방비의 2% 수준으로 그 격차는 더욱 엄청나게 커진다. 따라서 북한의 핵개발은 정권의 안전을 도모하면서 북한의 노동력과 자원을 군으로부터 해방시켜 경제 발전에 투입하기 위해 마련한 북한 나름의 전략적인 선택이다.

만일 미국 편에 서서 북한은 동북아와 세계의 평화를 위협하고 있는 국가라는 생각에 찬성하고 있는 이들이 있다면 그들은 다음과 같은 팀 빌의 이야기를 경청하여야 할 것이다. "분명히 인종주의를 넘어선 많은 외국의 분석가들은 북한의 정책이 이해하기 어렵고, 불투명하고, 설명이 불가능할 정도로 신비하다고 주장한다. 이와 반대로, 단지 선택지가 너무 제한적이기 때문에, 북한의 정책은 상대적으로 직설적이고 일관성을 지닌다. 북한이 경제를 재활성화하고, 부유하고 번영하는 국가가 되길 원한다면, 반드시 미국이 '적대적' 정책을 폐기하고 평화로운 공존을, 좀 더 낫게는 우호적인 관계를 받아들이도록 설득해야만 한다. 물론 이러한 평화공존은 북한의 적법

성과 자주성을 확인하고 북한을 파괴하려는 계획을 포기하는 것을 함축한다."[13]

북한은 수십 년 동안 이란, 파키스탄, 시리아, 리비아, 아랍에미리트, 예멘 등의 국가에 화성 미사일과 로동 미사일을 수출해왔다. 그러나 북한 무기가 세계 시장에서 많은 부분을 차지하고 있다는 이야기는 과장된 것이다. 북한의 무기 판매는 미국에 비해볼 때 0.4%가 채 되지 않으며 호주, 캐나다, 스웨덴 같은 나라들보다도 적다. 북한의 무기 판매가 내전으로 분쟁이 악화되고 있는 지역들을 상대로 이루어지는 것은 사실이나 이는 사우디아라비아에 엄청난 액수의 무기를 팔고 있는 미국이나 영국과 같은 나라들의 경우도 예외는 아니다. 국제 무기시장 전체를 고려한다면 북한의 무기 판매는 세계를 위협하는 정도는 아니다.[14]

박한식의 말에 따르면 북한 문제의 해결을 악화시키는 것은 미국이 가진 패권의식 및 기독교 선민의식과 상당 부분 관련되어 있다. '미국은 선하고 북한은 악이다'라는 이분법적 선악의 논리는 미국의 외교정책에 아무런 오류도 없다는 착각을 만들어낸다. 그러한 사고의 바탕 위에서 북한의 붕괴만을 희망하는 이야기만을 수십 년 동안 반복한다거나 북한에 대한 중국의 태도만을 문제 삼으며 책임의

---

13   팀 빌, 같은 책, 10쪽.

14   글린 포드, 같은 책 참조.

소재를 중국에 떠넘기는 관행을 되풀이한다. 미국은 일방적으로 38 선을 획정하고 한반도의 분단을 초래한 것에 대해 아무런 사과도 한 적이 없으며, 제네바 합의와 9 · 19 공동성명을 휴짓조각으로 만들 어 놓은 것에 대한 유감 표명도 제대로 한 적이 없다.[15] 이와 같은 시 각은 미국의 공화당 행정부는 물론 오바마 같은 민주당 정부에서도 마찬가지로 드러난다. 부시 행정부의 대북 정책을 비판하던 오바마 행정부도 중국의 급부상이 가시화되자 '전략적 인내'라는 이름 하에 대북 협상은 피하면서 동시에 북한의 위협을 빌미로 한미일 삼각동 맹에만 몰두하였다. 오바마 임기 동안 6자회담은 한 번도 개최되지 않은 반면 한미일 군사정보보호 약정, 한일 군사정보보호 협정(지소 미아), 사드 배치 결정 등이 이루어졌다.[16]

　태평양을 사이에 둔 미국과 중국 간의 힘겨루기 안에서 한국이 견지해야 할 태도와 나아가야 할 방향은 어떠해야 할까? 한국인들 이 입버릇처럼 말하듯 한국은 강대국들의 틈바구니에 끼인 힘없고 보잘것없는 하나의 약소국에 불과할 뿐이므로 미국과 중국의 입맛 에 따라 국익을 지키기 위해 때로는 미국의 사드를 한반도 안에 배 치하고 때로는 중국의 전승절 기념식에 참가하여 그것을 축하하며 군사적 줄다리기의 폭력적 놀이 안에서 배제되지 않기 위해 분투하

15　박한식 · 강국진, 같은 책 참조.

16　정욱식, 『한반도의 길, 왜 비핵지대인가?』, 201쪽 참조.

여야 하는 것일까? 6자 회담 참가국들이 공통으로 외치는 동북아 안보의 슬로건은 한반도 비핵화이다. 그러나 6자 회담 당사국들 중 핵을 가진 나라에는 오직 북한만 있는 것이 아니다. 수천 기의 핵무기를 보유하고 있는 미국이나 러시아에 비한다면 북한은 단지 수십여 기의 핵무기를 보유하고 있을 뿐이다. 수천 개의 칼을 쥔 이가 수십 개의 칼을 지니고 있는 이에게 오직 너만이 '깡패'라고 이름 붙일 수 있는 특권은 무엇으로부터 주어지는가?

태평양 연안국 중 북한을 제외한 미국, 중국, 러시아는 모두 NPT가 핵보유국으로 인정하고 있는 국가들이다. NPT 조약은 기존 핵보유국인 미국, 러시아, 프랑스, 영국, 중국에 해당하는 5개국의 핵보유만을 영구적으로 인정하고, 미보유국은 영구히 핵을 가져서는 안 된다는 내용을 핵심으로 하고 있다. 그러나 그러한 질서를 만들어 낸 주체 역시 핵을 지니고 있는 그 국가들 자신이며 그러한 질서가 태동한 배경 역시도 어디까지나 전쟁이라는 폭력적 행위의 승리로 만들어진 결과물일 따름이다. 세계의 평화를 위해 어떠한 국가들은 특권적으로 핵을 보유할 수 있다는 얼토당토않은 주장에 어떠한 물음도 제기하지 않은 채 주변국들이 주장하는 한반도 비핵화만을 앵무새처럼 반복하는 한국의 태도는 과연 동북아를 평화의 길로 이끄는 방안이 될 수 있을 것인가? 우리는 북한의 비핵화만을 주장하기에 앞서 NPT 체제가 지닌 모순과 불합리를 지적하고 6자 회담 당사국들의 동시적 비핵화를 현실화할 수 있는 북태평양 비핵지대의 창안을 함께 모색해야 한다.

NPT 제9조 3항에 따르면 조약상의 핵무기 보유국은 1967년 1월 1일 이전에 핵무기를 제조하고 폭발한 국가만이 인정되며, 이 국가들은 유엔 안보리 상임이사국들과 일치한다. NPT 체제는 어디까지나 군사적 힘의 크기와 질서를 반영한 결과물인 한에서 본질적인 평화를 기반으로 한 질서 체제가 아님은 분명하다. NPT는 핵을 보유하고 있는 기존 강대국들의 권리만을 명시하고 있을 뿐 그 국가들에 핵무기 군축을 위한 어떠한 의무 사항도 부과하고 있지 않다. NPT 제3조에 의하면 핵보유국들은 IAEA의 사찰을 면제받으면서 비핵국가들만 IAEA와 안전조치협정을 체결하여 사찰을 받도록 한 것은 차별적 조치에 해당하는 것이 분명하다. 핵보유국들의 수직적 핵확산에 대한 어떠한 강제 금지 조항도 마련되어 있지 않은 조건에서, 조약에 가입하지 않고 핵무기를 개발한 국가들에 대해 NPT가 어떠한 유효한 대응 방안도 될 수 없음은 당연한 노릇이다. 북한의 핵무기 개발, 평화적 목적의 원자력 개발을 빌미로 시행된 이란의 핵무기 개발, 이스라엘 핵무기에 대한 서방 세계의 묵인, 미국의 인도 핵무기 용인 등은 NPT의 존재 이유와 실효성에 대한 의문을 자아내게 하는 사례들이다.[17]

---

17   정철호, 『NPT 유용성 한계의 극복 방향』, 세종연구소, 2011 참조.

깡패 강대국들: 미국, 중국, 러시아

미국 정부는 자신들에게 적대적인 북한, 쿠바, 이란 등을 지목하여 이른바 '깡패국가(rogue state)'라는 이름으로 그들을 지칭해 왔다. 그러나 비단 미국이 지칭한 이러한 국가들에게만 '깡패국가'라는 이름이 합당한 것일까? 소위 '강대국'이라 일컬어지는 미국과 중국, 러시아 같은 국가들이 약소 국가들을 상대로 벌여 온 폭력적 행위들 역시도 '깡패짓'이라 불리는 데에 아무런 손색이 없다. 9·11 테러 이후 테러 세력의 축출을 명분으로 부시 정권이 일으킨 아프간 전쟁은 13년 동안 2215명에 달하는 미군 사망자를 발생시켰다. 이 전쟁을 위해 투입된 비용은 총 1조 달러에 달했다. 이후 이라크와의 전쟁에서는 4400여 명의 미군이 전사하고 약 2조 달러의 전쟁 비용을 치렀다.[18] 미국은 9·11 테러를 일으킨 배후로 오사마 빈 라덴을 지목하고 탈레반에게 그의 신병 인도를 요구하였는데 탈레반이 이에 응하지 않자

---

18   장성민, 같은 책 참조.

일방적으로 아프간 전쟁을 개시했다. 미국의 이러한 아프간 공격은 탈레반이 알카에다와 테러에 관한 정보를 공유하거나 서로 협력했다는 분명한 증거도 없는 상황에서 유엔의 승인 절차도 무시하고 벌인 명백한 국제법 위반 행위였다. 사실상 미국의 아프간 침공은 빈 라덴의 인도에 그 목적이 있다기보다 아프가니스탄 내에서 탈레반 정권을 축출하고 친미 정권을 수립하기 위한 데에 있었다. 탈레반이 아프가니스탄 내에서만 머물지 않고 파키스탄, 레바논, 발칸, 페르시아만 중앙아시아 등 미국의 중요한 이해관계가 달린 지역으로 확대될 경우 미국의 이권과 관련해서 탈레반 세력의 확장이 절대적인 위협으로 작용할 가능성을 사전에 차단하기 위한 것이었다고 볼 수 있다.

아프가니스탄은 우즈베키스탄, 타지키스탄, 투르크메니스탄 등 중앙아시아의 여러 나라들과 매우 가깝다. 중앙아시아 지역은 세계 최대 규모의 미개발 석유와 천연가스가 매장되어 있는 곳이다. 중앙아시아에서 석유와 가스를 운송하는 통로는 러시아, 중국, 이란 등을 경유하는 길이 있지만 이 경로는 우회로이기 때문에 비용이 많이 들뿐더러 미국과 적대 관계에 있는 나라들을 거쳐야 한다는 문제점이 있다. 가장 단거리 노선은 아프가니스탄과 파키스탄을 거쳐 바다에 이르는 길이다. 1980년대 소련이 아프간과 오랜 전쟁을 벌인 까닭도 바로 중앙아시아 석유를 빼내는 통로 문제가 얽혀 있었기 때문이다. 1989년 소련이 아프간 전쟁에서 패배하고 철수한 이후 미국의 전직 고위관리들은 중앙아시아 석유 개발을 위해 활발한 로비 활동을 벌였다. 그 결과 1995년 미국의 대형석유회사 유노컬 (UNOCAL: Union Oil Company of California)은 투르크메니스탄에서 아프가니스탄을 경유하여 파키스탄에 이르는 지역의 파이프라인 설립회사로 인정받았다. 1980년대부터 당시 미국은 아프가니스탄에서 반소전쟁을 위해 탈레반을 지원하고 있었다. 1996년 미국이 지원하는 탈레반이 아프간의 수도 카불에 입성하자 미국은 유노컬 프로젝트가 성사될 것으로 예견하였으나, 1998년 케냐와 탄자니아 주재 미 대사관이 폭탄 테러를 당한 이후 미국과 탈레반은 적대관계로 들어서기 시작했고 유노컬 프로젝트는 마침내 중단되기에 이르렀다. 부시 정권은 자신들의 지지 기반인 석유자본과 군수자본의 이해관계를 동시에 충족시키기 위해 아프간 전쟁을 벌임으로써 이전에 중단된 석유사업 프로젝트를 다시 추진하려 한 것이라 볼 수 있다.[19]

미국은 아프간 전쟁을 통해 탈레반 정권을 붕괴시키기 위해 반탈레반 세력인 북부 동맹을 적극적으로 지원했다. 하지만 2004년 탈레반 정권의 붕괴 이후 미국은 북부 동맹을 배제한 채 유노컬의 고문이자 로비스트로 활동했던 하미드 카르자이를 임시 정부의 수반으로 지명했다. 정통성도 없고 지지기반도 취약한 친미 인사였던 카르자이는 10년 가까이 재임했지만 아프간을 안정시키지 못한 채 퇴

---

19   도진순, 「2억짜리 미사일로 10불짜리 텐트 공격 – 미국의 아프간전쟁 목표는 중앙아시아 석유」, 민족21 통권 제9호, 122~129쪽, 민족21, 2001 참조.

임했다. 2014년 아슈라프 가니가 새 대통령으로 취임했으나 부패하고 무능하기는 마찬가지였고 급속한 민심 이반을 이용하여 탈레반은 주민들 사이에서 세력을 더욱 확장할 수 있었다. 경제사정이 악화일로를 걸으면서 2016년 아프간의 아편 생산은 40%나 증가되었고 이는 탈레반의 중요한 자금원으로 기능했다. 테러 세력을 일소하겠다던 미군의 공습은 아프간 국민들의 고통을 심화시켰다. 2009년 5월에는 아프간 서부 파라주에서 미군의 오폭으로 인해 150여 명의 사망자가 발생하였으며, 탈레반과 IS의 테러 공격이 계속되었던 2016년에는 미 공군과 나토 공군이 투하한 폭탄으로 3,500여 명의 민간인이 희생되었는데 그 중 어린이가 천여 명이나 되었다. 미국이 아프가니스탄에 쏟아부은 전비(戰費)와 재건 비용은 2차대전 후 서유럽 16개 국가를 대상으로 했던 마셜 플랜에 투입했던 것보다도 많은 비용이다. 그러나 전쟁이라는 방식을 통해 아프간 땅에 강력한 친미 중앙정부를 수립하려던 미국의 야심은 모두 실패로 끝났다. 2021년 8월 15일 탈레반은 수도 카불을 장악하고 전쟁의 승리를 선언했다. 전쟁 시작 후 20년 만에 미군은 아프간을 혼란 속에 방치한 채 아프간에서 모두 철수했고, 탈레반의 재집권 직후 아프간을 탈출하기 위해 공포에 질려 도망 온 수많은 아프간 국민들로 인해 카불 국

제공항은 아비규환을 이루었다.[20]

이라크 전쟁의 경우 2003년 미국이 이라크를 침공하였던 명분은 후세인 정권이 유엔 안보리 결의안을 위반하면서 대량살상무기를 제조하고 있다는 것이었다. 부시 행정부는 후세인 정권이 알카에다와 연계되어 있고 핵무기 제조에 근접한 단계에 이르렀다고 판단하였으나 이러한 주장에 대한 근거는 매우 빈약했다. 프랑스, 러시아, 중국 등의 상임이사국과 독일 역시도 미국의 이라크 침공에 대한 반대를 피력했으나 미국은 유엔 안보리의 결의안 없이 영국만이 지원하는 가운데 이라크 전쟁을 개시했다. 단기간에 이루어진 바그다드 함락과 후세인의 생포는 미국이 전쟁에서 마치 승리한 것처럼 보이게 했다. 그러나 이후 이라크의 치안과 행정 문제는 수습되지 않은 채로 남았고 이라크 전쟁이 점차 게릴라 전쟁으로 변하면서 이라크는 장기적인 혼란 상태로 빠져들었다. 게릴라전을 수행하는 과정에서 미국은 많은 민간인 사상자를 발생시켰고 이는 미군에 대한 민간인의 지지를 떨어뜨리는 결과를 낳았다. 미국이 이라크 전쟁을 개시한 공식적인 목표는 후세인 정권의 대량살상무기를 제거한 후 이라크에 민주국가를 수립하는 것이었다. 미국의 바그다드 함락 이후 수니파 정권이 무너지고 시아파에게 권력이 이양되었지만 시아파는

---

20 유달승, 〈미국의 아프간 전쟁, 시작도 마무리도 잘못됐다〉, 2021.08.19. 한겨레 인터넷 기사; 김충남·최종호, 『미국의 21세기 전쟁』, 오름, 2018, 145~146쪽, 355쪽 참조.

새로운 국가권력을 수니파를 탄압하는 데에 사용하였고 종파 간의
갈등은 더욱 심화되었다. 수니파 정권을 무너뜨리고 시아파에게 권
력을 쥐어준 가운데 다시 수니파에게 상당 부분의 권력을 제공해야
하는 상황에 직면하게 된 미국은 심각한 전략적 모순에 봉착하게 되
었다. 수니파는 2005년 1월부터 시작된 이라크 선거를 중심으로 한
국가 형성 과정을 거부하였고, 수니파를 포섭하는 데에 실패한 미국
은 이라크 내의 주요 세력과 대립 관계에 놓이게 됨으로써 전략적인
주도권을 상실하게 되었다.

이라크 침공이 개시된 이듬해에 이라크의 대량살상무기는 존재
하지 않는다는 공식 보고서가 공개되었다. 또한 미군이 무차별적으
로 체포한 이라크 포로 및 테러 용의자들을 이라크의 아부그레이브
감옥과 쿠바의 관타나모 해군 기지에서 학대하고 고문한 내용들이
언론을 통해 알려지면서 미국의 이라크전 수행은 그 명분을 완전히
잃었다. 후세인 정권의 붕괴 후 2003년 가을부터 저항 세력의 공격
이 이어지자 미국은 저항 세력에 동조한 이들을 체포하여 수감했다.
언어 장벽 때문에 필요한 정보를 확보하지 못하게 된 미국 정보당국
은 수감자를 고문하기에 이르렀고 이는 심각한 법률적 문제로 이어
졌다. 보다 '자유로운' 심문과 고문을 합법화하기 위해 2002년 8월
미국 법무성(Department of Justice)은 잠을 재우지 않는 행위, 죄수
를 거꾸로 매달아 놓는 행위, 물고문 등과 같은 방법은 대테러 전쟁
에 있어서는 합법적인 행위로 인정할 수 있다는 내용이 담긴 법률

의견서를 제시한 바 있다. 또한 2002년 1월 법무성이 쿠바의 관타나모 해군 기지는 미국의 영토가 아니므로 미국 법이 적용되지 않는다고 판단한 것을 근거로, 이후 부시 행정부는 테러 용의자들을 관타나모로 수송하여 구금하고 심문함으로써 수감자들에 대한 고문은 더욱 손쉽게 이루어졌다. 미군은 테러 용의자들을 체포하는 과정에서 미군을 향한 공격이 있었던 지역의 주민들을 무차별적으로 체포하였기 때문에 이라크 감옥은 곧 포화 상태가 되었고 감옥 내에서 엄격한 원칙에 따라 심문을 실시하는 인원은 심각하게 부족해지는 상황이 초래되었다.

언론에 드러난 아부그레이브 감옥의 포로 학대와 고문 행위는 미국의 전쟁 명분을 심각하게 훼손시키기에 충분할 만큼 매우 충격적이었다. 일부 미군 병력은 포로를 구타하는 것은 물론, 두건으로 눈을 가리고 전기 고문을 행하였으며, 나체 상태에서 사진을 찍거나 수일 동안 감금하기도 하고, 여성 속옷을 착용하게 하여 수치심을 유발하기도 했다. 또한 여성 포로를 강간한 경우도 있었고, 남성 포로들을 서로 강간하도록 협박하여 사진을 촬영한 후 이메일을 통해 이를 돌려보기도 하였다. 언론 보도 후 럼즈펠드 국방장관은 사의를 표명하였지만 부시 대통령은 사직서를 반려했고 럼즈펠드는 2006년 11월까지 국방장관 직위를 유지했다. 미국 정부는 아부그레이브 사건을 단지 일부 병사들의 책임으로 돌렸으며, 최종적으로 11명의 미군 병사들에게만 징역형을 부과하는 것으로 사건을 마무리했다.

2003년 3월 미국의 이라크 침공에서부터 2010년 12월까지 이라크 전쟁으로 목숨을 잃은 이라크 민간인의 숫자는 10만여 명에 이른다. 여기에 이라크 보안군 전사자와 미군을 포함한 연합군 전사자까지 더하면 그 희생자 수는 더욱 늘어난다. 전쟁을 수행하는 데에 소요된 비용 역시 엄청나다. 미국이 지출한 직접적인 전쟁 비용과 그 이자까지 고려하면 2017년까지 들어간 비용은 2조 4천억 달러를 상회한다. 이라크에서 파괴된 시설들과 낭비된 자원들의 경제적 손실까지 고려한다면 그 비용은 더욱 커질 것이다. 무엇보다 이라크 내 민주국가 건설이라는 미국의 전쟁 목표와는 달리, 이라크 전쟁은 종파 간 내전으로 그 양상이 복잡하게 전개됨에 따라 이라크를 하나의 국가로 통합하는 데에 필요한 국민들의 신뢰와 국가적 정체성을 심각하게 파괴하는 결과를 낳았다.[21] 민주 국가를 건설하기 위해 전쟁이라는 폭력적이고 비민주적인 방식을 선택하였다는 미국 정부의 주장과 그에 따른 행위는 그 자체로 다분히 모순적이고 위선적인 것에 다름 아닐뿐더러 그러한 선택의 결과가 종국적인 실패로 끝난 것은 지극히 당연하고 자연스러운 귀결이라 할 것이다.

떠오르는 또 하나의 패권국인 중국의 경우에도 '중국의 꿈'을 차질 없이 실현하기 위해 약소 민족에 대한 폭력을 묵인하거나 행사하기를 서슴지 않고 있는 것은 미국의 경우나 마찬가지다. 2003년부

---

21 이근욱, 『이라크 전쟁: 부시의 침공에서 오바마의 철군까지』, 한울, 2011 참조.

터 시작된 수단 다르푸르 학살 사건과 관련하여 중국은 2005년 유엔 안보리에 상정된 수단에 대한 경제제재안에 거부권을 행사했다. 유엔의 조사에 따르면 다르푸르에서 학살된 인구는 30만 명에 달하고 난민이 된 인구는 최소 250만 명이었다. 수단 석유의 3분의 2가 중국으로 수입되고 있었던 까닭에 중국은 이에 대한 공식적인 논평을 거부했다. 다르푸르 사태뿐 아니라 중국은 2007년에 미얀마 군부 정권이 시민운동을 탄압한 것에도 침묵했다. 중국은 미얀마 군부 정권의 오랜 후원자로 로힝야족 학살과 관련하여 아웅산 수치 정부를 두둔하는 입장을 취하고 있는데, 이는 중국의 경제적 이권과 관련이 있다. 미얀마 수도 양곤에서 남서쪽 윈난성의 수도 쿤밍까지 이어지는 지역에 중국의 석유와 가스 파이프라인이 건설되어 있기 때문이다. 만일 중국이 미얀마 정권에 의한 인권 탄압 사건들에 대해 반대 목소리를 냈다면 사람들은 티베트와 위구르에서 중국이 자행하는 탄압들에 대해서도 해결을 촉구하였을 것이기 때문에 중국은 자신들의 정권의 정당성에 타격을 입게 되었을 것이다.[22]

중국 당국의 지속적인 탄압 대상이 되고 있는 신장-위구르 자치 지역에 기반을 둔 위구르인들은 이슬람 종교와 문화를 간직하고 있는 수니 무슬림이다. 중국 정부는 위구르인들을 중국의 92퍼센트를 차지하는 주류 민족인 한족과 동화시키기 위해 위구르인들의 문화

22   임명묵, 『거대한 코끼리, 중국의 진실』, 에이지21, 2018 참조.

와 종교 생활을 조직적으로 탄압하고 있다. 코란과 아랍어 학습을 통제하고 위구르 언어를 학교에서 축출하며 라마단 기간 동안의 행사 등 종교행위 역시 제약한다. 중국은 9·11 테러 사건을 기회로 삼아 미국의 대테러 전쟁을 지지해 주는 대가로 위구르 독립 세력을 이슬람 극단주의 테러 세력에 포함시키면서 위구르 민족 말살정책을 대테러 전쟁으로 포장하였다. 위구르인들의 독립 투쟁은 1759년 청 제국이 동 투르키스탄을 병합하고 신장 지역으로 지정한 이래로 약 250여 년에 걸쳐 지속되고 있다. 위구르 민족은 수차례의 독립과 중국에 의한 복속을 반복해 오다가 1949년 중국 인민해방군에 의해 다시 정복되어 지금까지 이어지고 있다. 당시 중국의 병합 직후 마오쩌둥은 중국 내 소수 민족들에게 완전한 자유를 주겠다고 약속했지만 이후 중국 한족 정부는 위구르인들의 전통과 문화를 중국화하기 위한 탄압을 계속해왔다. 중국 정부는 동화 정책을 위해 다수의 한족을 위구르 지역으로 이주시켜 이 지역의 정치, 행정, 치안, 경제 등 모든 주요 부문들을 장악하도록 만들었다. 많은 위구르인들은 도시외곽의 시골 지역으로 밀려나 고용과 교육의 기회를 박탈당한 채 근대화의 혜택으로부터 소외되었다. 반 중국 활동을 벌이는 위구르인들은 제대로 된 형사 절차 없이 체포와 구금, 사형에 처해진다. 위구르 내부의 상황은 중국 정부에 의해 철저히 차단되기 때문에 그 실상이 자세히 알려지지 않는다. 외국인이 위구르 자치지역을 방문하는 것은 거의 불가능하며 방문 시에는 중국 정부에 의한 조사와 감시가 뒤따른다. 위구르에 관한 대부분의 뉴스가 중국의 관영언론을 통해서만 외부로 알려지기 때문에 중국 정부의 이해관계에 따라 사실이 왜곡되는 경우가 많다.

중국이 이처럼 애를 써서 위구르 민족을 통합하려는 까닭은 위구르 자치지역이 중국 영토의 6분의 1에 달하는 넓은 지역을 차지하고 있을 뿐 아니라 이 지역에 석유와 가스 등 상당한 양의 지하자원이 매장되어 있기 때문이다. 또한 위구르의 분리 독립이 성공할 경우 티베트와 내몽고, 그리고 간도의 조선족 자치주 같은 다른 소수민족들의 독립이 연쇄적으로 일어날 것을 우려하는 이유도 크다. 중국이 우즈베키스탄, 카자흐스탄, 키르기스스탄, 타지키스탄 등의 국가들과 상하이 협력기구를 결성한 이유 중 하나는 위구르 민족주의를 진압하기 위한 국제적 공조를 도모하기 위한 목적도 있다. 이들 이웃 국가들의 민족들은 위구르인들과 민족적, 문화적, 종교적으로 강한 동질적 정체성을 공유하고 있다. 이들 국가들은 대부분이 독재정권 치하에 있는데 이 독재정권들은 위구르족 탄압과 자국 내 반정부 세력들의 소탕이라는 면에서 중국 정부와 이해관계를 공유하고 있다. 위구르 문제를 제외한 이슬람 극단주의 테러 문제에 관해서 중국은 대테러 활동에 적극적인 입장이라기보다는 미국 세력에 대한 견제의 입장을 더 우선하고 있다. 미국이 수행하는 이슬람 극단주의 세력에 대한 대테러 활동의 실패는 중동 지역 내에서의 미국의 헤게모니 상실로 이어질 것이기 때문에 중국의 대테러 정책은 이러

한 맥락에서 설립되거나 조정되는 요인이 크다고 하겠다.[23]

현재 중국이 신장 위구르 자치구에서 운영 중인 강제수용소 안에는 위구르족을 비롯한 소수민족들이 수십만 명에서 많게는 백만 명까지 구금되어 있는 것으로 추정되고 있다. 세계 17개의 언론 매체가 참여하는 국제탐사보도언론인협회(ICIJ)는 신장위구르자치구 수용소의 운영 지침이 담긴 중국 정부의 기밀문서를 입수하였는데, 여기에는 수용자의 탈출 방지와 수용시설 존재에 관련한 철저한 기밀 유지, 수용자들의 친척 면회와 강제 세뇌교육 방식 등 운영요원들이 따라야 할 지시사항들이 담겨 있었다. 수용자들의 아침 기상에서부터 점호, 세면, 식사, 교화 수업, 취침 등 모든 행동들에 엄격한 규율이 적용되고 있으며, 수용자들의 도주를 막기 위해 기숙사 출입문은 이중잠금을 유지하고 사방에 설치한 감시 카메라로 전면 감시를 실시하고 있는 것으로 밝혀졌다. 중국 정부는 이러한 언론 발표와 관련하여 신장에는 '수용소'라는 곳은 없으며 테러리즘 예방을 위한 직업교육훈련센터를 운영하고 있는 것일 뿐이라고 반박했지만, 위구르 자치구에 대한 자유로운 방문이나 취재가 허락되고 있지 않은 현재와 같은 상황에서 중국 당국의 이러한 주장을 쉽게 받아들

---

23 윤민우, 「위구르 민족문제와 테러리즘, 그리고 중국의 국가테러리즘」, 시큐리티연구 제45호, 107~127쪽, 한국경호경비학회, 2015 참조.

이기는 매우 어렵다.[24]

티베트 사태이든 위구르 사태이든 또 다른 소수 민족에 대한 탄압 사건이든 중국 정부는 자국의 인권 상황과 관련된 정보를 언론으로부터 대대적으로 차단하고 있기 때문에 중국 정부에 의해 자행되고 있는 폭력 사태들을 정확히 알아내기는 쉽지 않다. 2015년 7월 한국의 국가보안법과 유사한 국가안전법이 개정된 후 이 법을 근거로 하여 중국 정부는 같은 해 두 달 동안 약 200여 명에 해당하는 인권 운동가를 구금하였다. 이후 재판 과정에서 십여 명에게 국가 전복죄를 적용해 5~10년의 중형을 선고했다. 이에 그치지 않고 2016년에는 반테러리즘법, 인터넷 안전법, 외국 비정부 조직 활동법 등을 제정하여 인터넷을 전면적으로 통제하고 외국 사회 단체에 대한 통제 역시 강화하였다.[25] 2019년 6월 홍콩에서는 '범죄인 인도 법안' 개정에 반대하여 홍콩 인구의 7분의 1이 거리 시위에 나선 사건이 있었다. 홍콩 시민들은 법안 통과로 인해 중국 정부가 반체제 인사나 인권운동가를 중국 본토로 쉽게 송환할 것을 크게 우려했다. 2016년 중국 당국을 비판하는 책을 출판하였다는 이유로 홍콩 출판인 5명이 납치되어 중국 감옥에 감금된 일이 있었던 것을 고려하면 홍콩 시민들의 우려는 쉽게 납득이 간다. 1997년 홍콩이 중국에 반

---

24   조일준 기자, 〈중국 위구르족 수용소 지침 보니…숨 막히는 규율·세뇌〉, 2019.11.25. 한겨레 인터넷 기사 참조.

25   조영남 편집, 『시진핑 사상과 중국의 미래』, 지식공작소, 2018 참조.

환되었을 때 중국은 '일국양제(一國兩制)' 원칙 아래 홍콩의 자본주의와 민주주의 체제 유지를 돕겠다고 약속하였지만, 시진핑 집권 이후 홍콩에 대한 통제가 강화되면서 그러한 원칙 자체가 흔들리고 있다. 홍콩 시위가 장기화되면서 홍콩 경찰이 6개월 동안 체포한 시민 수는 6천여 명에 이르고 발사한 최루탄 수만 하루 평균 약 90발로 총 1만6000발에 달한다.[26]

2020년 5월 28일 중국은 국제사회의 반발에도 불구하고 홍콩의 반(反)중국 활동을 처벌하는 내용의 '홍콩 국가보안법'을 통과시켰다. 홍콩보안법은 외국 세력의 홍콩 내정 개입과 국가 분열, 국가정권 전복, 테러리즘 활동 등을 처벌하고 홍콩 내에 이를 집행할 기관을 수립하는 내용이 그 골자를 이루고 있다. 이는 홍콩 내 중국 정보기관을 상주시켜 홍콩 내에서 반중 활동을 하는 인사들을 검거할 수 있도록 하는 조치를 포함하는 것이다. 또한 법안은 외국 세력이 홍콩 내정에 개입하는 활동을 금지할 것이라는 점을 명시함으로써 홍콩보안법을 이용하여 미국 등과 연대를 주장해 온 민주파 인사의 선거 출마 자격을 박탈할 여지도 관측되고 있다. 이는 2019년 11월 구의원 선거에서 친중파가 참패하였던 과거를 되풀이하지 않기 위한 조치로 보인다. 홍콩보안법은 반중국 행위뿐 아니라 단순히 시위 활

---

26 박은경 특파원, 〈홍콩 시위 6개월…6000명 체포, 최루탄 1만6000발〉, 2019.12.09. 경향신문 인터넷 기사 참조.

동에 참여한 사람들까지 처벌할 수 있는 내용을 담고 있어 2019년
의 범죄인 인도법 반대 시위와 같은 대규모 시위의 가능성을 원천
적으로 봉쇄하고 있다. 홍콩 반환 23주년 기념일이자 홍콩보안법
이 본격적으로 시행된 첫날인 2020년 7월 1일, 홍콩 경찰은 홍콩보
안법 위반, 불법 집회, 경찰 공무집행 방해 등의 혐의로 시위대 300
여 명을 체포했다. 중국이 2047년까지 보장하겠다고 약속한 일국
양제를 어기고 홍콩보안법을 통해 홍콩의 자치권을 훼손하고 있
다고 외치는 홍콩 시민들을 대상으로 경찰은 체포전담조를 투입
하여 연행하고 최루탄과 물대포를 발사하며 시위대의 강제해산을
시도했다.[27]

　자국의 경제적이고 군사적인 이익을 확보하기 위해 타국에 대
한 무력적 공격도 불사하는 강대국의 깡패 행태는 러시아라고 해서
다르지 않다. 러시아 연방 내에는 22개의 자치 공화국에 150여 개
의 소수민족이 뒤섞여 살고 있다. 러시아 내 자치 공화국 중 하나인
체첸의 끈질긴 독립 운동은 1994~1996년과 1999~2000년에 걸쳐
두 차례의 러시아와의 전쟁을 불러일으켰다. 1991년 러시아의 반대
를 무시하고 강행된 국민투표를 통해 체첸 공화국의 초대 대통령으
로 당선된 두다예프는 일방적으로 러시아 연방으로부터의 탈퇴와

27　박은경 특파원, 〈시위에 참가만 해도 처벌 가능…'홍콩 자치'에 멍에 씌우다〉, 2020.05.28;
　〈홍콩 반환 23주년 된 날, 줄줄이 체포된 시민들〉, 2020.07.01. 경향신문 인터넷 기사 참조.

독립을 선포하였다. 이에 따라 러시아의 옐친은 체첸에 2500명의 KGB군을 투입하였고 두다예프는 주민 총동원령을 내려 그에 맞섬으로써 러시아와 체첸 간에 첫 번째 유혈 충돌이 발생하였다. 당시 러시아 의회는 옐친 정부와 대립관계에 있었기 때문에 체첸을 상대로 한 러시아 당국의 군사작전을 반대하는 입장이었다. 1992년 러시아 의회가 제시한 타협안으로 인해 위기가 일단락되고 체첸 공화국의 수립이 승인되었다. 그러나 이후 1994년 러시아의 지원을 받은 체첸 내 반정부군이 두다예프 정권을 타도하겠다고 나서면서 내전이 시작되었다. 러시아 당국이 반정부군을 배후 조종했다는 사실을 알게 된 두다예프가 70여 명의 러시아인 포로를 인질로 잡는 사건이 발생하자, 옐친 정부는 이를 빌미로 러시아 공군기를 동원해 체첸의 수도 그로즈니를 공습하면서 제1차 체첸-러시아 전쟁이 발발하게 되었다. 공습에 의해 그로즈니를 장악하는 데 실패한 옐친은 이후 탱크와 장갑차를 앞세운 3만 명의 대규모 러시아 정예군 병력을 그로즈니로 진격시켰다. 체첸의 전 국민이 완강한 저항을 계속한 끝에 분쟁은 장기화되었으며 이 과정에서 적어도 2만 7천여 명의 민간인이 사망하였다. 옐친 정부는 체첸의 분리 독립을 인정할 경우 그 파장으로 인해 러시아 연방 전체가 붕괴할 것을 우려했다. 또한 체첸의 수도 그로즈니는 카스피해에서 흑해 등으로 연결된 송유관이 통과하고 있으며 석유정제 시설이 자리하고 있어 커다란 경제적 이익이 관련되어 있는 것도 러시아가 체첸 전쟁을 개시한 원인이 되었을 것이다.

제1차 전쟁 이후 체첸은 국내적으로 오랫동안 정치적 불안정 상태에 놓여 있었고, 1998년 옐친 정부는 모라토리엄 선언 이후 대권 주자들로부터 퇴진 압박을 받는 등 총체적 난국에 처해 있었다. 이때 마침 모스크바 등지에서 체첸으로부터 유입된 급진 이슬람주의자들에 의한 테러 사건들이 여러 차례 발생하였다. 안보 문제를 이용해 자신의 정치적 입지를 회복하고자 하였던 옐친은 푸틴을 신임 총리로 임명하였고, 푸틴이 체첸 침공 의지를 확고히 밝히면서 옐친 정부의 지지도는 상승하기 시작했다. 옐친의 사임 이후 권력을 승계한 푸틴 대통령 권한대행은 불과 몇 시간 후에 제2차 체첸 침공을 강행했다. 모스크바 시내 폭탄테러를 경험한 러시아 국민들 상당수는 이 전쟁을 러시아의 대테러작전으로 이해했다. 1999년 푸틴 정부는 테러리스트를 소탕한다는 명목으로 월등한 공군력과 10만 보병을 앞세워 체첸에 전면적인 공격을 감행했다. 러시아 군대의 총공격으로 그로즈니는 초토화되었으며, 푸틴은 러시아의 국민적 영웅으로 부상하여 2000년 대선에서 압도적인 득표율로 대통령에 당선되었다. 당시 제2차 체첸 전쟁에서 사망한 체첸 민간인들의 수는 8만여 명에 이르는 것으로 추정된다. 이후 체첸 반군의 러시아군 습격과 친러시아 인사 암살 및 자살폭탄 공격 등이 계속되었는데, 체첸의 지도자들이 보다 강경하고 급진적인 세력으로 교체되면서 체첸 저항 운동은 더욱 극단적인 이슬람 지하드 운동과 연결되어 그 성격이 보다 호전적으로 변질되었다. 한 예로 2010년 3월 모스크바에서 지하철 연쇄 자폭테러로 39명이 숨지는 사건이 있었다. 체첸인들의 무차별 자살폭탄 테러에 대한 반격으로 러시아 당국이 행한 국가테러 또한 상당하다. 러시아 정보부는 체첸 반군의 강경파 지도자 사우디(Saudi)를 독약이 든 편지를 이용해 살해하였고, 사우디의 후계자 알-왈리드(Abu al-Walid)는 러시아 전투기 폭격으로 살해되었다. 이밖에도 체첸 반군 사령관과 전 부통령, 전 보안사령관 등 체첸의 수많은 지도자들이 러시아 보안군에 의해 살해되었다. 세계 인권기구들에 따르면 1999년 이래로 실종된 체첸인들은 5천여 명에 달하며 러시아 보안군에 의한 강간, 살해, 납치 등 반인륜적인 인권 침해는 매우 심각한 수준이다.[28]

무력을 이용한 서방과 러시아 간의 제국주의적 패권 추구의 경향은 2014년 벌어진 우크라이나 사태를 통해서도 확인된다. 우크라이나는 러시아와 서방 간의 신냉전 구도 하에서 바라볼 때 매우 중대한 지정학적 가치를 지니고 있는 지역이다. 미국은 루마니아와 불가리아에 미 해군 최대 거점지와 미사일 방어용 공군기지를 확보하고 있는데, 루마니아와 불가리아는 우크라이나를 사이에 두고 러시아와 마주하고 있다. 따라서 러시아에게 우크라이나는 나토의 동진

---

28   손영훈, 「체첸-러시아 전쟁의 전개 과정과 국가테러」, 한국중동학회논총 제31권 3호,
     31~58쪽, 한국중동학회, 2011 참조.

을 막는 마지막 완충지대로서 푸틴의 '유라시아공동체' 건설을 위한 핵심적인 이해 관계가 걸려있는 지역이라 할 수 있다.[29] 우크라이나 내에는 세바스토폴 항에 주둔하고 있는 러시아 흑해함대를 비롯하여 그 외 여러 지역에 러시아 공군기지가 자리하고 있다. 러시아 흑해함대는 러시아 해군이 지중해 및 대서양으로 진출할 수 있는 출구 역할을 담당하고 있어 우크라이나는 러시아 안보에 있어 매우 중대한 의미를 띠고 있다고 하겠다. 우크라이나 사태는 미국과 서방 세력이 지지하는 우크라이나 정부군과 우크라이나로부터 분리 독립을 꾀하던 크림 자치공화국을 지원한 러시아 사이에 벌어진 분쟁이다. 2014년 친러파였던 우크라이나의 야누코비치 대통령이 친서방 세력인 야당의 공세에 의해 자리에서 물러나고, 이후 야당 세력이 주도하는 임시정부가 구성되었다. 그 과정에서 크림 자치공화국의 무장 친러 세력들이 야당에 의해 설립된 우크라이나 임시정부를 부정하면서 러시아 군에게 도움을 요청해 크림의 주요 정부 시설과 군기지 등을 장악하는 사건이 벌어졌다. 러시아는 크림이 우크라이나로부터 독립을 하는 과정에 군사적으로 개입하여 크림을 러시아로 합병하는 작업을 손쉽게 마무리했다.

우크라이나 사태에서 러시아는 정규군을 통한 전면적인 군사 행동에는 나서지 않았지만 크림 합병이 있기 대략 한 달 전부터 우크

---

29   이찬수 외, 『세계의 분쟁: 평화라는 이름의 폭력들』, 모시는사람들, 2019, 170쪽 참조.

라이나 국경 인근 지역에서 15만 명 이상을 동원한 군사훈련을 실시하고 부대를 철수시키지 않았다. 크림 합병이 결정되기 이전에 이미 크림 반도 내 기지에는 2만 명의 러시아군이 주둔해 있었고, 우크라이나 접경 지대에는 8만 명의 러시아군이 집결 상태에 있었다. 크림반도를 장악하는 동안 크림 반도 내 모든 우크라이나 언론 방송이 중단되고 이는 모두 푸틴을 지지하는 러시아 채널로 대체되었다. 신문, TV, 라디오, 인터넷을 통한 러시아의 정보전이 광범위하게 진행된 결과 많은 수의 대중들은 반 우크라이나적인 견해를 형성하게 되었다. 크림 합병 과정에서 러시아 정규군이 직접 투입되지는 않았지만 '코사크(the Cossacks)'를 비롯한 전투력이 강한 민병대가 동원되었다. 국가 병력이 아닌 전투원들과 특수부대를 투입하고 사이버전을 통한 대대적인 선전과 악성 컴퓨터 파괴 소프트웨어 등을 활용하는 러시아의 이러한 '하이브리드 전쟁'은 정작 러시아 당국에 의해서는 그 존재가 철저히 부인되었다. 러시아는 크림공화국의 개입 요청과 자국민의 보호라는 이유를 내세워 우크라이나 사태의 개입이 정당한 것이었음을 주장했다.[30]

2013년 우크라이나는 타국에 의해 핵공격을 받거나 핵공격의 위협을 받으면 중국으로부터 핵우산을 제공받는다는 내용의 '적극적

---

30   우평균, 「유라시아 분쟁에서의 러시아의 개입: 조지아 전쟁과 우크라이나 사태」, 국제정치연구 제17집 2호, 73~97쪽, 동아시아국제정치학회, 2014 참조.

안전보장'을 약속 받은 적이 있다. 그러나 이러한 안전보장 조치는 우크라이나의 영토와 주권을 지키는 데에 아무런 효과도 발휘하지 못했다. 비록 핵공격은 아니었으나 러시아는 우크라이나의 영토와 주권을 침해하는 데에 주저함이 없었다. 그 밖에도 러시아는 그동안 EU에 반대하는 유럽 정당들에 비자금을 제공해 왔다는 의혹을 받고 있다. 프랑스의 국민전선, 독일을 위한 대안 정당, 오스트리아 자유당, 헝가리 요비크, 이탈리아 북부동맹, 이탈리아 오성운동 등 유럽의 극우 정당들에 러시아 정부는 당 운영비와 선거자금을 제공하며 유럽 대륙에서의 러시아 팽창주의를 확대하고 있다는 우려를 낳고 있다. 쿠데타 이후 유럽과 사이가 틀어진 터키 정부는 2015년 EU를 제외시키고 러시아와 단독적으로 신형 가스관 건설 사업을 추진함으로써 양국 간의 관계를 공고히 하고 있다.[31]

---

31   제주평화연구원 편, 『2017 동아시아 평화와 협력을 위한 대화』, 두일디자인, 2018 참조.

제4장

평화통일과 한국의 역할

2018년 4월 27일 남북정상은 판문점 남측 평화의 집에서 11년 만에 서로 만나 '한반도의 평화와 번영, 통일을 위한 판문점 선언'에 합의하였다. 판문점 선언의 내용에는 북한의 비핵화 조건으로 대북 경제인센티브 제공과 더불어 군사위협 해소 방안이 명시되었다. 모든 적대행위의 전면중지, 비무장지대의 평화지대화, 서해 평화수역의 조성, 군사당국자회담 수시 개최, 정상 간 핫라인 설치, 남북공동 연락사무소 설치, 군사적 신뢰에 따른 단계적 군축 등이 그 내용이다. 2018년 9월 18~20일 평양에서 열린 남북정상회담은 이보다 더구체적인 진전을 이루었다. 회담에서 두 정상이 서명한 '군사 분야 이행 합의서'에는 판문점의 공동경비구역을 완전한 비무장 지대로 만들어 민간에게 개방하기로 하는 내용이 포함되었다. 또한 NLL 일대에는 해상 포격 훈련 및 기동 훈련을 금지하는 '완충지대'를 설치하기로 합의했다.

문재인 대통령과 김정은 위원장 간의 두 차례 회담은 한반도 비핵화 문제를 북미회담의 종속적 변수로 다루지 않고 남북 간의 직접적이고 주도적인 의제로 다루었다는 점에서 높이 평가할 만하다.[1] 남북한 간의 화해와 신뢰 회복은 신냉전 체제에 돌입한 한반도 주변국의 안정과 평화를 위한 관점에서도 그 의미와 가치가 다대하다. 그러나 북미 정상회담 이후 북한에 대한 미국의 요구와 관련해 한국 정부가 보인 태도는 매우 실망스러운 것이었다. 하노이 북미 정상회담에서 트럼프 대통령이 김정은 위원장에게 건넨 '비핵화 정의 문서'를 통해 미국은 무리하고 일방적인 비핵화의 내용과 절차를 북한에 강요했다. 북한은 핵무기와 핵물질을 미국에 넘겨야 하며, 핵 이외에도 탄도미사일과 생물무기 및 화학무기 역시 폐기해야 하고, 생화학무기 개발로 전용될 수 있는 이중 용도 시설도 폐기해야 한다는 내용이 그것이다. 패전국에나 요구할 수 있는 수준의 이러한 요구 사항들을 보면 미국이 과연 북한과의 협상을 관철시킬 의지가 있는 것인지조차 의문을 자아내게 한다. 실상 한반도의 통일보다는 현상유지를 더 원하는 미국 관료들이 어디로 튈지 모르는 트럼프의 북미 외교를 두려워하여 애초에 북한이 수용할 수도 없는 문서를 작성한 것

1　김준형, '남북정상회담과 판문점 선언', 〈2018 남북정상회담 평가와 향후과제〉, 참여연대, 2018 참조.

은 아닌지 의심이 가는 대목이다.[2]

문재인 대통령은 어떠한 대북 경제 제재 해제도 없이 이러한 사항들을 일방적으로 요구하는 미국의 태도를 두고도 미국 측에 어떠한 항의나 유감도 표명하지 않았다. 그보다는 미국의 요구에 대한 북한의 긍정적인 응답을 기다리는 듯한 눈치다. 이는 판문점 남북미 정상 회담 이후에도 비슷한 상황이다. 한국 정부는 남북 정상회담의 성사가 무색하게도 미국의 영향에서 벗어나 자주적인 태도로 북한과의 우선적인 신뢰를 구축하려는 노력을 거의 기울이지 않았다. 여기에 북한은 연이은 미사일 시험 발사로 응대했다. 한미연합훈련이 정례적으로 시행되는 것을 이해할 수 있다던 북측은 다시 한미연합훈련을 문제 삼기 시작했고 문재인 정부가 지원하려 했던 쌀 5만 톤마저 거부했다. 또한 한국이 공격형 무기인 F-35의 추가적인 도입을 중단하지 않는 것 역시 비판했다.[3] 남북 정상회담에서 남북 간 군사 교류와 평화 구축을 약속한 문재인 정부는 회담 이후에도 북한과의 적대적 관계 속에서 이전 정부가 벌여놓은 국방 사업들을 그대로 존속시키고 국방비 예산을 더욱 증가시키는 모순된 행태를 보였다. 한국 정부는 미국이 제공하는 핵우산에 의지하고 한미연합훈련을 지속하며 MD 체제에 편입되어 미국이 수출하는 무기들을 계속 수

---

2 정욱식, 〈북한에 '항복 문서' 들이민 미국, 이면엔 '행정 쿠데타'〉, 2019. 04. 05. 프레시안 인터넷 기사 참조.

3 정욱식, 〈북한, 북미·남북관계 문 닫은 이유는〉, 2019. 07. 25. 프레시안 인터넷 기사 참조.

입하면서 그와 동시에 북한과의 화해와 통일을 모색하려 하는 것은 어리석고 불가능한 일이라는 것을 하루빨리 깨달아야 한다. 그리고 그러한 시도는 중국 및 러시아와의 관계를 고려해 볼 때에도 동북아의 평화와 안정에 전혀 도움이 되는 일이 아니다. 평화로 나아가려는 북한의 의지를 먼저 신뢰하지 않는다면 북한의 도발은 계속될 것이고 외세에 의한 북한의 고립과 분단의 지속은 영원히 해결되지 않은 채로 남을 것이다.

과거 노태우 정부는 통일 문제에 있어 미국에 대한 의존적 태도에서 벗어나 매우 자주적인 태도를 표명한 바 있다. 북핵 문제 역시 남북 간의 문제로 인식하고 이를 한국이 주도해 나아가야 한다는 입장을 견지했다. 1991년 11월 제임스 베이커 미국 국무장관이 제안한 남북과 주변 4개국이 참여하는 2+4 회의를 거부하였던 것은 노태우 정부의 이러한 자주성을 잘 보여준 예라 할 것이다.[4] 북한이 구소련에 이어 머지않은 시점에 스스로 붕괴할 것이라는 서방의 기대와 달리, 북한은 자연 재해와 에너지 부족, 외부로부터의 경제 제재에도 불구하고 혹독한 시기를 지나 지금까지도 붕괴되지 않고 살아남았다. 평양 같은 곳에서는 이미 시장 경제가 번성한 지 오래이고 북한 경제는 점점 베트남 경제와 비슷한 모습으로 변화하고 있다. "라선의 발전을 가로막는 가장 큰 장벽은 에너지다. 200MW 규모

---

4   박한식 · 강국진, 같은 책 참조.

의 선봉화력발전소는 현재 문이 닫힌 채 방치되어 있다. 선봉발전소는 제네바 합의에 의해 중유를 공급받았지만, 북한 정부는 한반도에너지개발기구(KEDO)의 경수로 2기가 완성되기를 기다렸다. 2001년 미국은 북한이 핵무기개발계획을 속였다고 주장하면서 합의를 파기했다."[5]

한국 국민들은 북핵에 대한 미국 측의 비난 목소리에 기울어져, 중국의 예속에서 벗어나 미국과의 대등한 협상 파트너로 자리매김하려는 북한의 자주외교 노력을 제대로 들여다보지 못하는 경향이 있다. 이삼성의 말을 들어보자. "중요한 것은 한국의 선택이다. 한국이 미국 강경파가 주도하는 군사적 압박 위주 정책에 끌려다닌다면 북한 핵무장 상태는 확대재생산될 뿐 아니라 경제와 군사 모든 면에서 북한의 대중국 예속이 심화될 수밖에 없다. 한미동맹과 북한 사이에 군사적 긴장이 극단화되고 전쟁 위기는 영속화될 것이다. 한국이 미국 강경파를 견제하고 협상파에 명분과 힘을 실어주는 균형외교를 전개할 경우는 결과가 크게 다를 수 있다. [⋯] 한국의 균형외교가 작동할 때만 북한 핵무장은 북한의 궁극적 비핵화와 북미관계 정상화를 포함하는 북미 간 대타협을 끌어내는 수단으로 작용할 수 있다. 그렇게 되면 북한은 비로소 미국뿐 아니라 중국에 대해서도

---

5 글린 포드, 같은 책, 210쪽.

자주외교를 확립할 수 있게 된다."[6]

한반도의 통일이 동북아의 평화와 연결될 수 있으려면 한반도를 중심으로 하는 평화체제의 구축이 태평양 연안국들 간의 화해와 협력을 견인하는 중추적 기능으로 자리매김되어야 하고 미중 간, 미러 간의 군사적 충돌 저지와 평화적 관계 발전을 촉진하는 구심점이 되어야 한다. 남북한은 일체의 군사적 대립과 대결을 지양하고 서로 간에 군사정보 시스템을 교환하고 공유하는 지점을 넘어 중견국들과 약소국들의 지지를 결집하여 한반도 주변 강대국들이 벌이고 있는 군비 경쟁과 군사적 대결을 최소화할 수 있는 범세계적 차원의 평화 운동을 전개해 나아가야 한다. 한반도는 이러한 운동을 실행해 나갈 수 있는 최적의 지정학적 요건을 갖추고 있다. 남북한이 한반도 평화체제 구축을 실현해 나아가는 것과 동시에 한국은 미국의 미사일방어체제나 핵우산으로부터 탈피하려는 노력이 필요하며, 그간 북한과 중국을 상대로 하였던 한미일 간의 군사동맹을 파기하고 미국과 중국 그 어느 편과도 군사적 협력을 중단하려는 노력이 필요하다. 또한 그와 더불어 유엔 안보리의 동의 절차마저 무시한 채 과거 중동 국가에서 벌인 미국의 일방적인 전쟁 행위를 비판하는 것과 동시에, 티베트와 위구르 등 소수 민족을 무력적으로 탄압하고 있는 중국의 비민주적 행태 역시 비난해야 함이 마땅하다.

---

6   이삼성, 『한반도의 전쟁과 평화』, 한길사, 2018, 686~687쪽.

한국은 일본과 과거 식민의 역사적 잔재를 청산하기 위한 노력을 게을리하지 않아야 하지만, 그와 동시에 일본의 민주 세력과 연대하여 미국과 중국 간의 군사적 대결이 한국과 일본의 신무기 도입과 군수품 증강 배치 등 군사비 지출 확대로 연결되지 않도록 한국과 일본 간의 영구적인 평화체제 구축을 위해서도 노력해야 한다. 더 나아가 동남아시아의 아세안 연합 국가들 및 중남미 국가들, 유럽연합 국가들이 미국과 중국, 미국과 러시아 간의 신냉전 체제를 자국의 군사력 증강을 위한 발판으로 활용하지 않도록 하는 방안을 함께 강구하는 일 역시 필요하다. 세계의 정세가 어떠한 형태로 진행되든 누구에게나 분명한 것은 각국이 경쟁적으로 국방비를 늘리고 신무기를 계속 개발하고 미사일 체제와 해외기지를 확대하는 일로부터는 결코 평화를 향해 나아갈 수 없다는 것이다. 무기 개발과 군비 경쟁의 거듭되는 악순환으로부터 어느 국가이든 먼저 탈출하여 다른 국가들과 서로 연대하고, 그와 같은 연대의 움직임에 반하는 국가들의 파괴적인 군사력을 평화를 향한 생명력으로 바꾸어 놓지 않는다면 세계의 한편에서, 또 언젠가는 세계 전체에서 전쟁의 고통은 끝없이 반복될 것이다.

북태평양 비핵지대 창설의 중요성

팀 빌은 핵 문제와 관련하여 많은 사람들에게 일반적으로 받아들여지고 있는 이중 잣대와 위선에 대해 다음과 같이 이야기한다. "어떤 나라도 다른 나라를 배제하는 핵무기에 대한 특정 권한을 가지지 않는다는 사실은 의도적이건 우리가 모두 선전에 현혹되어서건 종종 간과된다. 이 문제에 대한 토론의 많은 부분은 자동적으로 미국이 핵무기를 가지는 게 자연스럽다고 가정하고, 너무나 자연스럽게 심지어는 미국의 핵무기 소유에 대해서는 언급하지 않는다. 반면 북한이 핵무기를 개발하는 것은 부도덕하고 위협적인 것으로 가정한다. 그런 이중 잣대는 받아들이기 어려운 것이지만, 어떤 이가 이를 지적하는 것 역시 어려운 일이다."[7] 1968년 UN에서 채택된 핵무기비확산조약(NPT)은 핵무기국(nuclear-weapon-state)에게는 핵무기 기타 핵폭발장치를 비핵무기국에게 이양하지 않을 의무를 부

7   팀 빌, 『북한과 미국: 대결의 역사』, 정영철 옮김, 선인, 2010, 279~280쪽.

과하고, 비핵무기국(non-nuclear-weapon-state)에게는 핵무기 기타 핵폭발장치를 수령하지 않고 제조, 취득하지 않을 의무를 부과하는 이원화된 구조를 기본으로 하고 있다. NPT체제하의 핵무기국이란 1967년 1월 1일 이전에 핵무기 또는 기타 핵폭발장치를 제조하여 폭발시킨 국가를 의미하는 것으로 미국, 소련, 영국, 프랑스, 중국에 해당하는 5개국에 한한다. 그 외의 모든 국가는 비핵무기국에 속하게 되며 이들 비핵무기국가는 NPT체제하에서는 핵무기 생산을 할 수 없고 평화적인 핵활동을 하는 데 있어서도 IAEA의 사찰을 받아야 하는 반면, 5개 핵무기국은 계속하여 핵무기를 생산할 수 있을 뿐 아니라 이에 따르는 조약상의 권리를 행사할 수 있다.[8] 핵보유의 유무에 따라 조약의 의무를 차별화하여 국가 간의 불평등을 당연시하고, 핵무기국의 핵보유를 합법적으로 인정함으로써 핵무기 위험으로부터의 실질적이고 완전한 안전을 보장하는 데에 실패하고 있는 NPT체제는 하루빨리 전 세계의 비핵화를 약속할 수 있는 새로운 조약으로 대체되어야 함이 마땅하다. 핵무기국으로 인정받고 있는 5개 강대국들을 포함한 모든 국가의 핵보유를 금지하고 불법화할 수 있는 국제적 질서가 실현될 수 있는 지점을 향해 나아갈 수 있는 첫 단계로 '북태평양 비핵지대'의 창설을 제안하고자 한다.

한국과 미국을 비롯한 북태평양 연안의 국가들은 경중의 차이는

8　황영채, 『NPT, 어떤 조약인가』, 한울, 1995, 73~75쪽 참조.

있을지라도 북한의 비핵화를 주장하는 데에 한 목소리를 내고 있다. 싱가포르에서 역사적인 북미 정상이 이루어진 이후에도 북한의 비핵화가 진전되고 있지 않은 것은 미국이 북한의 비핵화에 대한 상응 조치를 이행하지 않은 채 북한에 무리한 사항을 일방적으로 요구하고 있는 까닭이 크다. 미국은 자신들의 제재를 완화하기 전에 북한이 먼저 핵무기 개발 프로그램, 화학무기와 생물무기, 중장거리 미사일을 모두 포기할 것을 요구하고 있는데, 미국이 요구하는 수준이나 절차를 보면 북한을 대등한 주권 국가로 인정한다기보다 하나의 패전 국가쯤으로 간주하고 있는 것처럼 보인다. 경제적으로나 군사적으로나 월등한 위치에 있는 미국이 자국의 이익을 어느 것도 포기하지 않은 채 외교적 협상력을 오직 핵전력에 의지하고 있는 북한을 상대로 비핵화를 강요하며 NPT체제 준수를 요구하는 것은 그다지 실효성이 크지 않다. 또한 설령 미국의 경제적 원조를 대가로 북한의 비핵화가 이루어진다 하더라도 미국과 중국 간의 군사적 경쟁이 심화되고 있는 상황이라면 북한의 비핵화만으로 한반도가 안정된 상태에 놓이리라는 아무런 보장도 없다.

1970년 핵확산금지조약이 발효된 이후 핵무기 사용 중단과 관련하여 국가 간에 통용되는 국제법적 용어는 '비핵화'가 아니라 '비핵지대'였다. 그럼에도 북핵 문제와 관련하여 현재 논의되고 있는 담론들이 하나같이 모두 한반도의 '비핵화'라는 이름을 달고 있는 까닭은 무엇일까? 1991년 북핵 문제가 수면 위로 떠오르게 된 이후 그에 관해 한미 양국이 모여 협의하는 자리에서 월포위츠 미 국방부 차관은 북한이 그간 제안하였던 '비핵지대'는 북핵 문제의 해법이 될 수 없다는 견해를 피력한다. 그는 비핵지대라는 용어 대신 '비핵화'를 제시하였고, 이는 당시 NPT 회원국이었던 남북한이 비핵국가로서 지켜야 할 의무 사항인 우라늄 농축 및 재처리 행위를 금지시키는 데에 중점을 둔 의도를 담고 있었다. 그와 동시에 미국은 비핵지대 조약에서 일반적으로 명시되는 비핵국가에 대한 핵 불사용 및 지대 내 핵무기 배치 금지와 같은 핵보유국의 의무를 모두 비껴갔다.[9] 따라서 우리가 현재 사용하고 있는 '북한의 비핵화' 또는 '한반도 비핵화'라는 용어는 핵보유국인 미국의 이익에 우선적으로 부합하는 용어이지, 비핵국가인 한국의 권리와 입장이 중심이 되어 관련국 모두의 핵무기 철폐를 향해 나아갈 수 있는 전적으로 평화적 성격의 해결 방안은 아니라 할 수 있다.

'비핵지대'란 특정한 지리적 영역 안에서 핵무기의 제조, 사용, 보유, 배치 등을 금지하는 것을 가리킨다. 현재 세계에 존재하는 비핵지대 및 비핵무기지대에는 남극, 라틴아메리카, 남태평양, 동남아시아, 아프리카, 중앙아시아, 몽골지역이 해당한다. 1968년 체결된 NPT 조

---

9 미국은 1994년 제네바 합의 당시 북한에 대해 핵무기 사용 및 사용 위협을 하지 않겠다는 소극적 안전보장을 약속한 적이 있지만, 합의 이후에도 미국 본토에서 북한을 상정한 모의 핵공격 훈련을 실시했었다는 사실이 비밀문서를 통해 확인된 바 있다(정욱식, 『비핵화의 최후: 보이지 않는 전쟁』, 유리창, 2018 참조).

약은 제7조에서 지역적인 차원의 비핵무기지대를 구성하는 것을 인정하고 있다. 국가들은 저마다의 주권을 자유롭게 행사하여 조약이나 협약으로 비핵무기지대를 창설할 수 있다. 인간이 거주하지 않는 남극 지역을 제외한다면 세계 최초의 비핵무기지대 조약의 발효는 중남미에서 이루어졌다. 1958년 코스타리카가 미주기구(OAS) 이사회에 중남미 지역의 비핵화에 대한 결의 초안을 제출한 것을 시작으로, 1962년 브라질 대통령이 중남미 비핵무기지대를 제안하는 연설을 함으로써 이 지역의 비핵화에 대한 논의가 진전되었다. 이후 브라질, 볼리비아, 칠레, 에콰도르 4개국이 유엔총회에 결의안을 제출하였고, 멕시코까지 참가한 5개국의 제안이 1963년 유엔총회 결의로 발표되어 당시 쿠바와 베네수엘라를 제외한 모든 중남미 국가의 지지를 받았다. 브라질과 아르헨티나는 1980년대까지 핵무기 개발을 추진했지만 민주 정권이 들어선 이후 1990년대 중남미 비핵무기지대에 참여하면서 핵무장을 포기하였다.

남태평양 비핵지대에 관한 논의는 1966년 프랑스가 폴리네시아 제도에서 일으킨 핵실험으로 인한 문제들을 둘러싼 관심에 의해 촉발되었다. 남태평양 비핵지대의 창설은 해당 지역 국가들의 진전된 민주화와 더불어 가시화되었다. 호주와 뉴질랜드에서 노동당의 정치적 집권이 이루어진 후 비핵지대 논의는 더욱 탄력을 받게 되었다. 뉴질랜드는 독자적인 국내법 제정을 통해 자국의 수역에 대한 핵무기 반입과 기항을 금지한 후 미국의 제재를 받았지만 뉴질랜드의 노동당과 국민들은 이에 굴하지 않고 남태평양 비핵지대의 실현을 향해 계속 나아갔다. 다른 지역들과 달리 이 지역의 조약은 '비핵무기지대'가 아닌 '비핵지대' 조약이라 불리는데, 이는 이 조약이 핵무기 사용 및 핵무기 실험의 금지뿐 아니라 방사성 폐기물이나 기타 방사성 물질의 해양 투기 역시도 금지하고 있기 때문이다.

인도네시아, 싱가포르, 말레이시아, 태국, 필리핀 5개국은 1971년 '동남아 평화 · 자유 · 중립지대 선언(ZOPFAN)'을 발표하면서 이 선언 내용에 동남아시아 비핵무기지대 창설을 언급했다. 이 선언에서는 동남아 5개국이 외부 강대국의 어떠한 간섭으로부터도 자유로운 중립지대를 형성하고 동남아 지역의 긴밀한 협력을 위해 연대할 것이라는 내용이 명시되었다. 동남아시아 비핵무기지대 조약의 구체화는 1995년 방콕에서 아세안 회원국 10개국 모두가 서명함으로써 이루어졌다. 방콕 조약은 다른 조약과 달리 비핵무기지대의 범위에 해당하는 조약 체결국의 영역 안에 대륙붕과 배타적 경제수역까지 포함시키고 있다. 방콕 조약에는 5대 핵보유국에게 조약의 존중과 소극적 안전보장을 요구하는 부속 의정서가 포함되어 있는데, 현재 아직 어떤 핵보유국도 여기에 서명하지 않았다.[10]

지구상에 현존하는 비핵지대들은 NPT 체제상의 5개 핵무기국들

---

10   우메바야시 히로미치, 『비핵무기지대: 핵 없는 세계로 가는 길』, 김마리아 옮김, 서해문집, 2014 참조.

의 실질적인 참여를 끌어내지 못했다는 점에서 그 한계가 크다. 북태평양 비핵지대가 창설된다면 여기에 속하는 국가들은 북태평양을 직접 면하고 있는 미국, 캐나다, 중국, 러시아, 한국, 북한, 일본이 해당할 것이고 5개 핵무기국 중 3개국이 포함된다. 북태평양 비핵지대조약이 미치는 공간적 범위는 앞에서 언급한 7개국의 영토, 영공, 영해 전체와 배타적 경제수역 및 북태평양에 해당하는 공해까지를 모두 포함시킬 수 있을 것이다. 북태평양 비핵지대조약 역시 모든 비핵지대조약들의 2대 기본 조치인 '비보유(non-possession)'와 '비배치(non-stationing)'를 조약당사국들의 공통적인 의무사항으로 규정하여야 한다. '비보유'는 핵무기의 제조(manufacture), 생산(production), 획득(acquisition)의 금지와 핵무기 보유를 위한 실험(test)의 금지를 포함하고, '비배치'는 핵무기의 접수(receipt), 비축(stockpiling), 저장(storage), 설치(installation), 전개(deployment), 수송(transport)의 금지를 포괄한다.[11] 북태평양 비핵지대에 속하는 국가들 중 NPT체제하의 비핵무기국에 해당하면서 핵을 보유한 국가는 북한뿐이다. 북태평양 비핵지대 창설 과정에서 북핵은 NPT체제를 해체하고 미국, 중국, 러시아 3개국의 비핵지대 참여를 이끌 수 있는 중요한 열쇠가 될 수 있다. 북태평양 비핵지대 창설을 준비함

---

11 이철기, 「5개 비핵지대조약에 관한 비교 고찰」, 국제정치논총 제37집 2호, 25~52쪽, 한국국제정치학회, 1998 참조.

에 있어 남북한은 동남아시아 비핵지대 및 중남미 비핵지대 조약 체결국들과의 연대를 통해 핵보유국들에게 핵무기 철폐의 의무를 권고하고 이행하게 하는 방안을 강구해 볼 수 있을 것이다. 또한 미국과의 이해 관계가 크게 작용하고 있는 이스라엘 및 이란의 핵 문제를 포함하는 중동 비핵무기지대와 NPT 조약의 공식적 핵보유국인 영국 및 프랑스가 포함되는 유럽 비핵무기지대의 설립을 위한 굳건한 디딤돌이 될 수 있다는 점에서도 북태평양 비핵지대 창설이 갖는 의의와 영향력은 실로 지대하다고 하겠다.

다른 지역의 비핵지대조약은 핵무기 탑재가 의심되는 선박이나 항공기의 기항·기착과 영해 통과 문제를 개별 국가의 판단에 위임하는 경향을 띠고 있다. 그러나 이러한 조치는 완전한 형태의 비핵지대 설립을 위해서는 전혀 바람직한 방안이 아니다. 북태평양 비핵지대조약에서는 조약당사국의 핵무기 철수 및 폐기를 목적으로 한 수송의 경우를 제외하고는 일체의 핵무기 탑재 선박과 항공기의 기항·기착 및 영해 통과를 금지하는 보다 실질적인 규제 사항이 마련되어야 한다. 또한 조약의 규제 대상은 핵무기를 비롯한 모든 핵폭발장치를 포함해야 할 것이며, 동남아 비핵지대조약과 마찬가지로 방사능폐기물과 기타 방사능물질의 해상 투기 및 대기로의 폐기 역시 금지되어야 한다. 동북아 지역 내의 한미상호방위조약, 미일상호안보조약, 조중우호협력 및 상호원조조약과 같은 군사동맹조약에 근거한 핵우산 정책이나 핵무기 탑재 선박 및 항공기의 이동 문제는 북태평양 비핵지대의 효력을 무력화할 소지가 충분하다. 따라서 북태평양 비핵지대조약의 설립을 위해서는 현존하는 신냉전 구도의 쌍무적 군사동맹 대신 비핵지대 조약당사국들이 모두 공동으로 참여하는 다자동맹으로의 전환을 꾀하거나 더 나아가 북태평양 연안국들 간의 일체의 군사동맹을 모두 폐기하는 길을 모색해야 한다.

일찍이 일본의 우메바야시 히로미치가 제안한 동북아시아 비핵지대는 '3+3 안'의 형태를 띠고 있었다. 비핵국가인 한국, 북한, 일본 세 나라가 비핵무기지대의 중심을 이루고 주변의 핵보유국인 미국, 중국, 러시아 세 나라가 소극적 안전보장을 의무화한다는 내용이다. 그러나 이러한 안은 NPT체제의 불평등한 기본 구조를 전면적으로 문제 삼지 않고 핵무기국 중심의 위험성이 상존하는 세계 질서를 그대로 존속시킨다는 점에서 커다란 진전이 있는 방안이라고 보기 어렵다. 미국, 중국, 러시아 세 나라 모두가 다른 국가들과 함께 비핵화에 평등한 자격으로 참여하는 북태평양 비핵지대의 창설은 전 세계 비핵화를 열망하는 각국의 목소리를 한데 집결시키는 데에 성공하기만 한다면 아주 실현 불가능한 일만은 아니다. 2009년 프라하 연설 직전 오바마 대통령은 당시 드미트리 메드베데프 러시아 대통령과 가진 회담에서 미러 양국이 핵무기 없는 세계를 달성할 것을 서약한다는 내용의 공동성명을 발표했다. 핵무기 없는 세계를 향해 양국이 함께 목소리를 낸 것은 냉전 시기 이후 처음 있는 일이었다.

세계 최대 핵보유국인 미국과 러시아 간 핵무기 감축 협상의 진전은 중국 역시 비핵지대 참여로 이끌 수 있을 것이며 이러한 영향이 북한으로까지 이어질 경우 일본의 핵무장 동기 역시 크게 약화시킬 수 있을 것이다. 일본은 비핵국가의 지위로 남아있긴 하지만 세계 3위의 원자력 강국으로 핵무기 제조가 가능한 막대한 양의 플루토늄을 보유하고 있어 이 역시 잘못 이용될 경우 동북아 지역의 긴장을 고조시킬 염려가 있다. 일본이 가지고 있는 플루토늄의 양은 2008년을 기준으로 핵무기 1000개를 만들 수 있는 50톤에 육박한다. 그러나 미국의 핵우산의 보호 아래 있는 일본의 상황에서 스스로 핵무장을 하려는 동기는 크지 않으며 핵무장을 지지하는 일본 국민들의 비율은 10퍼센트 안팎에 지나지 않는다고 한다.[12] 북한은 1981년 일본사회당과 조선노동당의 공동선언 형태로 한반도를 포함한 동북아를 비핵·평화지대화 할 것을 주장한 바 있으며, 이후 여러 차례 동북아 비핵지대에 관한 적극적인 지지 입장을 표명해 왔다. 한국은 이러한 북한의 목소리에 힘을 싣고 북한과의 전면적인 협력을 통해 주변 강대국들을 북태평양 비핵지대 조약의 당사자로 협상에 끌어들이는 전략을 취해야 한다. 한반도 비핵화는 북태평양 비핵지대 창설의 선결 조건이 될 필요가 없다. 오히려 북한의 비핵화가 일방적으로 진행될 경우 한반도 비핵화 이후 한국과 북한은 강대국들을 평화적 협상으로 이끌고 나아가는 데 필요한 전략적 이점 •

---

12   정욱식, 『글로벌 아마겟돈』, 책세상, 2010 참조.

을 상실할 수 있다. 한국은 주변 강대국들을 제외한 한반도 우선의 비핵화 주장이 담고 있는 부당성을 북한과 한 목소리로 세계를 향해 외쳐야 한다. 그리고 북태평양 비핵지대 창설이 전 세계 비핵화로 나아갈 수 있는 교두보가 될 수 있기 위해 전 세계 비핵국가들 및 핵 보유국의 시민 사회들과도 연대하기 위한 지속적인 노력을 기울여야 한다.

비핵지대조약의 실제적 이행은 효과적인 검증체제를 필요로 한다. 북태평양 비핵지대 설립은 핵무기국들이 NPT상에 보장된 차별적인 특권을 포기하고 NPT조약에서 면제하고 있는 핵사찰을 받아야 할 것을 전제한다. 기존의 비핵지대조약들은 IAEA에 의한 사찰 외에도 자체적으로 설치한 상설기관에 의한 사찰을 의무화하는 '이중통제체제(double control system)'를 확립하고 있다.[13] 북태평양 비핵지대에 IAEA를 탈퇴한 북한이 포함되어 있는 점을 고려한다면, 북태평양 비핵지대조약 역시 동남아시아 비핵지대조약의 경우와 마찬가지로 자체 감시기관인 북태평양비핵지대위원회를 설치하고 실제적인 검증을 담당할 하위 상설기관의 마련이 필요할 것으로 보인다. 동북아 지역에는 이미 핵무기국들의 대규모 군사기지가 곳곳에 설치되어 있다. 따라서 북태평양 비핵지대 설립을 위해서는 핵미

---

13 이철기, 「동북아 비핵지대 창설의 가능성: 동남아 비핵지대와의 비교」, 아세아연구 제49권 1호, 107~140쪽, 고려대학교 아세아문제연구소, 2006 참조.

사일들이 배치되어 있는 이러한 군사기지들의 폐쇄가 함께 고려되어야 할 것이다. 이는 동북아 지역의 MD체제 구축을 주요 목표로 삼고 있는 현재 미국의 국방정책이 크게 수정되어야 함을 의미하며, 그렇지 않을 경우 북태평양 비핵지대의 설립은 제대로 실현되기가 불가능하다고 할 것이다. 중국은 한반도 비핵지대화에 대해서는 지지 입장을 보여온 반면 동북아 비핵지대화에 대해서는 다소 모호한 태도를 취해왔다. 이에 비해 러시아는 과거의 경우 동북아 비핵지대에 대해 줄곧 매우 적극적인 태도를 보여왔다. 북태평양 비핵지대조약 내에 미국과 러시아 간의 대규모 핵군축 협의가 선행되도록 하는 전제 조항을 마련한다면 이를 통해 미국의 핵우산 정책을 지지하고 있는 일본과 한국은 물론 모호한 입장을 취하고 있는 중국까지도 아울러 북태평양 비핵지대조약의 참여 당사국으로 이끄는 것이 가능해지지 않을까 한다. 북태평양 비핵지대조약의 설립 가능 여부는 무엇보다 세계 최강의 군사력을 보유하고 세계 최대 규모의 군산복합체를 유지하고 있는 미국의 입장에 상당 부분 달려있는 듯하다. 만일 그러하다면 미국 내에서 군수산업 규모의 대대적인 축소와 완전한 비핵화를 목표로 하는 정치 세력의 등장 및 집권은 북태평양 비핵지대 창설로 가는 중요한 발걸음이 될 것이다.

그러한 발걸음을 진전시키기 위한 첫걸음은 한국 내에서 한반도 비핵화를 넘어선 북태평양 비핵지대 창설의 필요성을 알리는 목소리를 전개하고 그러한 목소리를 한국 및 주변국 국민들 다수에게 확대시킬 수 있는 공론장을 하루빨리 마련하는 일일 것이다. 국내에서 북태평양 비핵지대 창설에 관한 주장들은 찾아보기도 어려울뿐더러, 설령 있다 해도 정작 강대국들의 핵보유 문제에 대해서는 예외적이거나 유보적인 입장을 갖고 있는 경우가 대부분이다. 한국인들은 미국과의 동맹을 그 파기에 관해서는 질문조차 할 수 없는 신성화된 어떤 것인 양 간주하는 경향이 있다. 한국의 상황이 이러하다면 신냉전 체제가 격화되어 그것이 후에 만의 하나 참혹한 전쟁의 형태로 발전된다 하더라도 그것은 일정 부분 한국 국민들의 책임이다. 평화는 타국과의 동맹으로도 강대국의 핵우산으로도 결코 달성되지 않는다. 전쟁에서 승리를 얻기 위해 일련의 군사적 전략의 수립과 이행이 필요하다면, 전쟁이 아닌 영구적인 평화를 얻기 위해서는 그보다 더욱 지속적이고 전방위적인 민주적 논의와 합의가 필요하다. 유엔과 같은 국제기구가 몇몇 강대국의 폭력적 이해관계를 따라 기능하고 있을 뿐이라면 이 역시도 세계인들의 평화에 대한 열망과 노력의 부족으로밖에 설명되지 않는다. 한국이 미국의 우방이라는 이유로 북한에 대한 미국의 위협에는 어떠한 물음도 제기하지도 않으면서, 미국이 주도하는 대북 제재에는 기꺼이 찬성하는 모습을 보이며 북한과의 거리를 좁히지 못한다면 북미 간 적대적 상황이 악화되어 전쟁으로 치닫는 결과에 이르게 되더라도 이는 한국 국민들이 그만큼 평화를 사유하고 실천할 수 있는 역량이 부족한 데에서 기인하는 것일 것이다.

안보리 상임 이사국들에게는 왜 아무런 제재도 없이 핵보유가 허락되어야 하는가? 만일 그러한 국제 질서가 평화로운 질서라고 한다면 상임 이사국들에 의한 전쟁과 침공으로 인해 숱한 생명이 사라진 경우들도 모두 평화라는 이름으로 허락되어야 하는 것일까? 그러한 전제에서라면 아마도 많은 경우 북태평양 비핵지대를 창설하자는 주장은 현실성이 없다는 이유로 쉽게 거부되어 버리고 말 것이다. 그러한 이들에게 현실성이란 언제나 더욱 폭력적인 강자가 무력으로 약자를 침탈하고 굴복시키는 현실 안에서만 구해진다. 그러한 현실은 그들에게 '정당성'을 얻고 그렇게 정당화된 현실은 더 이상 물음을 제기할 수 없는 캄캄한 암흑으로 남는다. 하지만 참다운 평화는 그처럼 폭력적으로 정당화된 어떠한 암흑도 허락하지 않는다. 핵무기가 인류를 절멸시킬 수도 있는 지극히 파괴적인 무기라 한다면 그러한 무기를 보유할 수 있는 권리는 어느 국가에도 합법적으로 정당화될 수 없다.

유럽 비핵지대 설립과 유럽연합의 역할

유럽 지역은 2차 대전 시기까지 매우 빈번한 전쟁의 역사를 지니고 있었지만 오늘날의 모습은 다른 어느 지역보다도 평화로운 분위기를 누리고 있다. 호주에 소재한 경제 및 평화연구소(Institute for Economics and Peace)가 발표한 2019년 세계평화지수를 살펴보면 상위 30개 국가 중 18개 국가가 모두 유럽연합 회원국에 속한다.[14] 유럽의 안보에 위협이 되는 가장 큰 요소는 무엇보다 러시아와 연관되어 있다. 유럽연합과 나토가 추진하고 있는 동진정책의 영향과 더불어 조지아와 우크라이나가 나토 가입을 희망하게 되면서 러시아는 유럽 세력의 확장에 대한 심각한 우려를 경험하게 되었다. 나토와 유럽연합의 확대가 러시아 접경지역까지 이루어지게 됨에 따라 2014년 러시아는 군사적 수단을 동원하여 우크라이나 사태에 개입

---

14   고상두, 「유럽안보에 대한 러시아의 위협요인」, 슬라브학보 제35권 1호, 1~22쪽, 한국
      슬라브유라시아학회, 2020 참조.

하기에 이르렀다. 2018년 11월에는 러시아가 우크라이나의 선박 3척을 흑해 케르치 해협에서 나포하는 일이 벌어져 나토는 공해상의 나포는 불법행위임을 규탄하며 러시아에게 선박의 반환을 요구한 사건이 있었다. 유럽연합은 우크라이나의 안정화를 위해 2014년부터 2020년까지 약 140억 유로의 재정지원을 하였는데, 이는 유럽연합의 해외 지원금으로는 최대 규모이다. 유럽 지역만을 놓고 본다면 러시아가 압도적인 군사력의 우위를 점하고 있는 발트 3국인 에스토니아, 라트비아, 리투아니아는 우크라이나 사태가 재현될 지도 모르는 가장 안보 불안이 높은 지역으로 꼽힌다.

러시아는 필요시 핵무기 사용도 가능하다는 발언을 공공연하게 함으로써 유럽 국가들을 불안하게 하고 있다. 나토의 핵무기 사용 권한은 많이 축소된 상태이다. 냉전 종식 당시 약 2,500개의 미국 전술핵이 유럽에 배치되어 있었으나 2016년 그 수는 180개로 줄었다. 영국은 공식적으로 자국의 핵무기 사용권을 나토에 부여한 반면, 프랑스는 나토의 핵전력 기획위원회에 참여하지 않기 때문에 자국의 핵전력을 나토에 제공하고 있지 않다. 유럽과 러시아 간의 실제적인 안보 위협은 핵무기 사용과 관련되기보다는 정보전 및 사이버전과 더욱 관련이 깊다. 러시아는 가짜뉴스를 생산하며 유럽 국가의 선거에 개입하는 정보전을 펼치고 있다. 2016년 유럽연합과 우크라이나 간의 협정과 관련한 네덜란드의 국민투표와 브렉시트에 대한 영국의 국민투표 과정에서 러시아의 개입이 이루어졌다. 또한 2017년 러시아는 독일 총선과 스페인 카탈루냐 독립투표 과정에서도 유럽 극우정당을 지지하며 선거에 개입한 것으로 알려져 있다. 러시아의 이러한 정보전에 대응하기 위해 나토는 2017년 정보 보안사를 창설하여 각종 정보를 나토사령부에 실시간 보고하도록 하는 체계를 구축했다. 러시아의 소행으로 추정되는 유럽 국가들에 대한 각종 사이버 공격들 역시 발견된다. 우크라이나 정부 웹사이트에 행한 디도스 공격, 프랑스 TV5 방송과 독일 텔레콤의 통신서비스에 대한 사이버 공격, 영국 테스코(Tesco) 은행 계좌 유출 사건과 덴마크 국방부 직원들의 이메일 해킹 사건, 네덜란드 헤이그에 있는 화학무기금지기구의 통신망 해킹 사건 등이 그것이다.

러시아의 군사 도발에 대비하여 나토는 대응군 전력을 초기 병력의 3배에 달하는 4만 명으로 증강하였다. 증강된 나토군의 전투태세를 확립하기 위해 나토는 2018년을 기준으로 다양한 종류의 훈련을 포함하는 총 104차례의 훈련을 실시하는 등 군사훈련을 강화하였다. 나토는 러시아의 안보위협과 관련하여 군사적 억지력에만 의존하지 않고 대화와 타협을 제안하는 이중전략을 구사하고 있다. 2018년 나토는 러시아의 군사감시단으로 하여금 총 16회의 나토 군사훈련을 참관할 수 있도록 허용하였다. 러시아의 안보위협에 대해 유럽연합은 회원국 간의 안보통합으로 대응하고 있다. 영국이 2016년 유럽연합 탈퇴를 결정하면서 프랑스와 독일이 앞장서 추진해 온 유럽방위동맹(EDU: European Defence Union)이 더욱 속도를 얻어 2017년 12월에는 유럽연합 회원국의 대부분인 25 개국이 참여하는 '상설구조적협력(PESCO: Permanent Structured Cooperation)'이 창설되었다. PESCO의 공동 협력사업은 유럽 동맹국을 지원하는 신속한 군사작전에 방해가 되거나 유럽 국가 간 군사 이동성을 제약하는 각종 법적, 제도적, 물리적 장애물을 제거하는 것을 목표로 하여 추진되고 있다. 한편 독일은 2015년부터 러시아의 천연가스 공급량을 확대하고자 독일과 러시아를 직접 연결하는 노드 스트림(Nord Stream) 2 가스관 건설을 추진 중에 있다. 노드 스트림 2 사업은 러시아로부터 공급받는 천연가스 규모를 두 배로 늘리는 사업으로, 이 사업이 완성되면 러시아와 독일 사이에 1230km 길이의 해저 천연가스관을 통해 한 해 1100억m^3의 천연가스 운송이 가능해진다. 노드 스트림 2 사업과 관련하여서는 미국 외에도 프랑스, 폴란드 등 유럽 내 반대가 거세었다.[15]

러시아 이외에 최근 유럽의 새로운 안보위협으로 떠오른 것은 중국이다. 지난 몇 년간 미국은 중국 통신장비업체 화웨이가 국가안보와 나토 정보공유에 위협이 된다고 유럽 국가들에 로비를 펼쳐왔는데 그 결과 영국, 프랑스, 독일 등이 중국을 위협 요인으로 간주하기 시작한 것이다. 중국은 유럽으로부터 지리적으로 멀리 떨어져 있어

---

15   김현정, 「바이든 시기, EU · 미 범대서양 동맹의 복원과 향후 전망: EU 다자주의 전략을 중심으로」, 한국과 국제사회 제5권 3호, 129~153쪽, 한국정치사회연구소, 2021 참조.

재래식 군사 위협의 가능성은 적은 편이지만, 최근 5G 기술을 비롯하여 무역 및 투자 영역 등에서 갈등을 겪고 있다. 2020년 11월 나토가 발행한 보고서(NATO 2030: United for a New Era)에는 중국이 유럽의 위협임을 명시하고 있다.[16] 나토의 2030 보고서에 따르면 중국의 영향력과 규모가 민주주의 사회에 심각한 도전이 되고 있음을 언급하고 있으며, 중국이 주요한 무역파트너이기는 하지만 전면적 체제 경쟁자로 이해할 필요가 있다고 기술되고 있다. 또한 중국이 현재 유럽-대서양 지역에 즉각적인 군사위협을 벌이고 있지는 않지만 항공모함, 핵 잠수함 등을 통해 대서양, 지중해, 북극 등으로 군사범위를 확대하고 있으며 나토 동맹국에 점진적으로 영향력을 확대하고 있다고 평가하고 있다. 특히 프랑스의 경우 아프리카 지부티 등 프랑스군이 유일하게 주둔하던 지역에 중국군의 영향력이 끼치고 있는 것을 방관하고 있을 수 없는 입장이다. 프랑스와 독일은 스스로를 인도-태평양 전략국가로 자리매김하고 있다. 프랑스는 중국을 비롯하여 호주, 인도, 일본, 한국, 인도네시아, 싱가포르 등과 전략적 파트너로서의 관계를 강화하기 위해 노력하고 있으며, 독일 역시 인도-태평양 지역에 대한 적극적 기여국이 되고자 아세안(ASEAN) 국가들과의 다자간 경제협력을 도모하고 있다.

---

16 김현정, 「유럽안보에 대한 중국 위협 요인과 유럽의 대응」, 국제정치연구 제24집 1호, 59~80쪽, 동아시아국제정치학회, 2021 참조.

영국은 유럽국가 중 처음으로 2020년 7월 중국 화웨이의 퇴출을 결정하고 5G 네트워크 장비 구축에서 화웨이 장비 구입을 전면 금지했다. 프랑스 정부 역시 자국 통신사들을 상대로 2028년까지 화웨이 배제 방침을 통보하였으며 친중국 국가에 속하는 이탈리아도 반 화웨이 전선에 동참했다. 유럽연합은 중국에 대한 기술적 견제를 목표로 새로이 출범한 미국 바이든 행정부에 '범대서양 무역기술위원회(Transatlantic Trade and Technology Council)'를 제안하였다. 유럽연합이 중국으로의 첨단기술 유출을 막고 유럽국가의 이익을 보호하기 위해 2017년 투자 스크리닝(FDI Screening) 규제를 도입하자, 중국 역시 이에 상응하는 조치를 취하기도 하였다. 그러나 한편으로 EU와 중국은 갈등 과정에서 7년간의 협상을 거쳐 'EU-중국 포괄적 투자협정(CAI)'에 합의하는 성과를 이루었다. 미중 패권경쟁과 무역 갈등 속에서 유럽연합은 나름의 균형과 조정의 역할을 수행하고 있다고 볼 수 있다. EU 집행위원회는 중국을 경제적 경쟁자이자 체제에서의 라이벌로 명시하고 있는 동시에, 협력파트너이자 협상 대상자로 규정하고 있기도 하다. 중국에 대응하는 유럽의 움직임은 미중 갈등에 의한 불안정성을 감소시키고 국제 질서에 있어서 삼자 관계에 입각한 다자적 구도를 확립하기 위한 의도에 따른 것으로 보인다.

이러한 가운데 2021년 9월 15일 미국, 영국, 호주 정상은 워싱턴에 모여 오커스(AUKUS)라는 새로운 형태의 안보결사체를 만드는

데 합의했다. 이 합의는 미국과 영국이 호주에 8척 이상의 핵잠수함 건설에 필요한 기술과 핵물질을 공여하고 각종 미사일, 인공지능, 양자 컴퓨팅, 사이버 분야에서의 기술 협력을 바탕으로 호주의 방위력을 증진시켜 중국의 해군력을 견제하는 데에 주된 목적이 있다. 이를 통해 호주는 핵잠수함 획득으로 자국의 방어는 물론 남중국해와 동남아 및 동북아에서까지 미국의 항공모함을 보호하고 중국의 핵잠수함에 대응하는 군사 활동에 참여할 기회를 얻게 됐다.[17] 새로운 안보 협의체 오커스의 발족으로 나토 중심의 대서양 안보 축이 흔들리게 되자 유럽연합은 자체적인 안보 전략을 형성하기 위해 나섰다. 2021년 10월 초 EU 정상회의 상임의장 주재로 열린 만찬에서 유럽 정상들은 안보, 국방, 경제 대국으로서 유럽연합의 자율성 증대 방안을 비롯하여, 경쟁자이자 동반자이면서 체제적 라이벌로 간주되는 중국 관계에서 유럽연합의 이익 추구 방안 등에 대해 논의했다. 오커스 합의로 인해 호주와 이미 맺어놓은 잠수함 계약을 파기당한 프랑스는 유럽연합의 미국 의존을 문제 삼으며 미국 주도의 안보 정책에 선을 긋는 모양새다. 오커스 발표 직후 프랑스는 크게 반발하며 미국과 호주 주재 대사를 본국으로 소환하기도 했다. 유럽연합은 대서양 동맹 차원에서 미국의 중국 견제에 동조해 왔지만, 이번 오커스 출범과 더불어 미국이 탈대서양 동맹의 움직임을 보임

---

17   문정인, 〈오커스의 네 가지 그림자〉, 2021.10.10. 한겨레 인터넷 칼럼 참조.

으로써 유럽연합은 대중 관계를 변화시킬 여지를 갖게 되었다.[18]

핵잠수함은 추진 동력만 핵인 공격핵잠수함(SSN)과 핵무기를 탑재한 전략핵잠수함(SSBN)으로 크게 나뉘는데, 이번 오커스 합의를 통해 호주가 건조하려는 잠수함은 핵무기가 없는 SSN이다. 핵 보유국들은 모두 SSBN을 운용하고 있다. 호주는 핵 보유국이 아님에도 불구하고 오커스 출범으로 인해 핵무기로 전환 가능한 고농축 우라늄을 연료로 사용하는 첫 번째 국가가 됨에 따라 핵 보유국에 준하는 지위를 얻은 것으로 평가된다. 이전에 호주는 중국을 향해 코로나-19 책임론을 거론하는 등 친미 행보를 보였다가 중국으로부터 석탄, 와인, 소고기, 랍스터, 보리 등의 수출을 금지당하는 보복을 겪었다. 중국과의 갈등이 심화될수록 호주는 오커스 출범 이후 미국산 무기 구매를 더욱 늘리게 될 수밖에 없을 것으로 예상되며, 미국은 괌에 이어 호주를 인도 태평양 지역의 차세대 핵잠수함 기지로 활용하는 한편 대만을 방어하는 데에도 호주가 일정 역할을 담당하도록 하는 전략을 구상하고 있는 것으로 보인다. 국제사회는 오커스 출범으로 인해 미국이 중국 견제를 명분으로 하여 핵무기가 없는 나라에까지 핵 확산을 초래했다고 평가하고 있다. 이러한 비판에 대해 미국은 호주에 핵무기를 주지는 않을 것이며, 앞으로 다른 나라

---

18 이혜원 기자, 〈美 '탈대서양'에 자체 안보 꾀하는 EU… "더 강한 유럽으로"〉, 2021.10.06. 뉴시스 인터넷 기사 참조.

에는 핵잠수함을 제공하는 일이 없을 것이라고 답하고 있다.[19]

　오커스 출범은 인도 태평양 일대에 신냉전 기류를 더욱 심화시키는 결과를 낳고 있다. 오커스 출범 한 달 후 중국과 러시아는 동해 북쪽의 러시아 연해주 앞바다에서 대규모 합동 해상 군사 훈련에 돌입했다. 중국은 최대 규모의 난창함 등 최신 전함을 대한해협을 통과시켜 파견하였으며, 중국과 러시아 해군은 훈련 기간 동안 24시간 잠수함 공격 작전도 진행했다. 이와 비슷한 시기에 미국, 인도, 일본, 호주로 구성된 대중 견제 협의체 '쿼드(Quad)' 국가 해군들도 인도 벵골만에서 해상 연합 훈련을 시행했다.[20] 오커스 사안과 관련해 미중 전략 경쟁의 주요 지대로 부상한 아세안 국가들 사이에서는 엇갈린 반응이 나오고 있다. 싱가포르와 필리핀은 긍정적인 평가를 내놓은 데에 반해 인도네시아와 말레이시아는 아세안 지역의 군비 경쟁이 심화될 것을 우려했다. 남중국해에 위치한 아세안 국가들은 자국 역시 호주처럼 앞으로 미중 사이에서 양자택일을 해야 하는 상황을 강요받을 수도 있다는 점을 우려하고 있다. 미국이 동맹국과 우방 국가들을 규합하여 남중국해 지역에서 중국과의 패권 다툼에서 승리하기 위해 애쓰고 있는 한편, 중국은 아세안 국가들이 반중

19　류지영 특파원, 〈한국은 안 되고 호주는 되는 핵잠… 오커스, 세계 안보 뒤흔든다〉, 2021.10.12. 서울신문 인터넷 기사 참조.

20　조성원 기자, 〈중·러 해상합동훈련 '오커스' 대응?… 미·러 신경전도〉, 2021.10.19. KBS 인터넷 기사 참조.

국 연합체를 결성하는 등의 움직임을 방지하기 위해 경제 협력 방안을 모색하며 일단은 아세안 국가들이 미국 편으로 기울지 않도록 현상 유지를 목표하고 있는 것으로 보인다.[21]

오커스의 출범으로 인해 대서양의 안보 문제와 관련하여 미국과 유럽연합 간에 불협화음이 일고 있는 가운데, 러시아는 나토를 상대로 자국의 세력권을 인정하고 러시아의 안보를 위협할 의사가 없다는 것을 법적으로 보장하라는 내용의 안전보장안을 요구하고 있다.[22] 베를린 장벽이 무너질 당시 미국은 소련을 안심시키기 위해 통일된 독일의 동쪽 밖으로 나토의 영향력을 확장하지 않겠다는 것을 구두로 약속하였지만, 1991년 소련이 해체되고 8년이 지난 후 미국은 나토를 앞세워 동진 정책을 밀고 나가 폴란드, 체코, 헝가리를 나토에 가입시켰다. 이후 2004년에는 불가리아, 슬로바키아를 비롯하여 러시아와 국경선을 접하고 있는 발트 3국까지 모두 나토 회원국이 되었다. 현재 거론되고 있는 우크라이나의 나토 가입 가능성은 소련의 해체에 이은 러시아연방의 분열과 해체까지 불러올 수 있다는 점에서 과거 소련의 공간을 러시아의 세력권으로 복원하려는 목표 아래 장기집권을 꿈꾸고 있는 푸틴에게는 커다란 위기로 작용하

---

21 최서윤 기자, 〈'오커스'로 동남아 분열… 말레이 "호주 핵잠 관련 컨센서스 필요"〉,
    2021.10.12. 뉴스1 인터넷 기사 참조.

22 김청중 특파원, 〈러, 우크라 사태로 美·유럽 분열 획책…제국의 영광이여, 다시 한번〉,
    2022.01.11. 세계일보 인터넷 기사 참조.

고 있다. 독일, 프랑스, 이탈리아와 같은 유럽연합의 중심국들은 우크라이나의 나토 가입이 유럽 대륙에서 미국의 패권 강화를 초래할 것을 우려해 나토 가입을 권유하는 데에 그다지 적극적인 태도를 취하고 있지 않다. 21세기 들어 유라시아 대륙에서 일극적 패권 체제를 추구하려는 미국에 맞선 유럽연합의 독자적 결집이 이루어지면서 미국과 유럽연합 간에 세력이 분화되는 조짐이 관찰되고 있다. 미국과 유럽 국가들이 동맹을 이루고 있는 나토의 결성이 어디까지나 구시대적인 냉전 체제의 산물이며 현재까지도 중국과 러시아를 주요한 적국으로 취하는 신냉전 체제를 공고히 하는 데에 기여할 뿐이라면 나토의 가입국을 늘리고 군사 규모를 확장하는 것은 유럽의 평화를 위해서나 세계의 평화를 위해서나 전혀 바람직한 일은 아니다.

미국과 유럽 국가들의 주장대로 중국과 러시아를 적대하는 원인이 그들 정부의 비민주성에 있다고 한다면 중국과 러시아를 민주적 국가로 변화시키기 위해 군사적 대응 수위를 높이는 것은 스스로 비민주적 국가임을 자처하는 지극히 모순적인 행위에 지나지 않는다. 북한과 미국, 중국과 러시아가 함께 참여하는 북태평양 비핵지대 창설에 유럽연합의 적극적인 지지가 뒷받침되어 동아시아 지역의 신냉전 기류를 완화하는 분위기가 마련될 수 있다면, 이는 나아가 영국과 프랑스를 제외한 대부분의 국가가 비핵보유국인 유럽 대륙에 유럽 비핵지대를 창설하는 움직임으로까지 확대될 수 있을 것이다. 다만 유럽연합을 탈퇴한 영국은 미국 측에 보다 기울어진 입장에서 다른 유럽 국가들과 경제적, 군사적 이해관계를 달리할 수 있고, 프랑스 역시 핵보유국으로서의 지위를 잃지 않기 위해 유럽 대륙의 비핵화를 원치 않을 수도 있다. 그렇다고 한다면 러시아와 대규모 천연가스 사업을 진행 중에 있고 중국과 경제 협력을 약속하고 있는 유럽의 최강국이자 비핵국가인 독일은 보다 유연한 입지에서 북태평양 비핵지대 설립에 대한 유럽연합의 지지를 주도하고 나아가 유럽 비핵지대 설립 논의를 출발시키는 데 있어 매우 중요한 역할을 발휘할 수도 있을 것이다. 세계 전체의 90% 이상의 군 기지를 보유하고 세계 최강의 군사력을 자랑하는 미국과 그 동맹국들이 자신들의 핵무기와 군수품, 군대와 군사시설을 축소하려는 우선적인 노력 없이 중국과 러시아, 북한과 같은 국가들의 비민주적 통치 행위만을 문제 삼고 외부로부터 이를 개선하려 든다면 그러한 기도가 성공할 가능성은 거의 전무하다. 상대적으로 그 어느 대륙보다도 평화로운 얼굴을 띠고 있는 유럽의 기운이 북태평양 비핵지대 창설은 물론 전세계 비핵화를 향해 나아가는 발걸음에 있어 강한 훈풍으로 작용할 수 있기를 기대해 본다.

글로벌 비핵지대의 완성과 전 세계 비핵화

핵 없는 세계를 향한 국가 간의 노력이 전무하였던 것만은 아니다. 미국과 러시아 간의 양자 간 핵군비감축협상 외에도, 지하핵실험을 제외하고 대기 중, 수중, 우주상 핵실험을 모두 금지한 1963년의 '부분적 핵실험금지조약(PTBT)'이 있었다. 1970년 발효된 NPT에는 190개국이 참여했다. 1996년 부분적 핵실험금지조약의 한계를 극복하기 위해 마련된 '포괄적 핵실험금지조약(CTBT)'은 군사용과 민간용을 불문하고 모든 핵폭발 행위를 금지하는 조약이다. 166개국이 비준하였지만 인도, 파키스탄, 북한은 아직 서명조차 하지 않았고 미국, 이란, 이집트, 이스라엘은 서명은 했지만 비준하지는 않았다. 1999년 미국 클린턴 행정부는 상원에 CTBT 비준안을 상정한 적이 있으나 공화당과 미국 군산복합체의 반대로 통과시키지 못했다. 미국을 비롯한 핵보유국들은 제3세대 핵무기라 불리는 저용량탄

두 개발을 하는 데 CTBT가 걸림돌이 될까 봐 우려하고 있다.[23]

2008년 1월에는 미국의 몇몇 인사들을 중심으로 '핵무기 없는 세상(Nuclear Weapons Free World: NWFW)'이라는 슬로건 아래 전 세계의 비핵화를 주장하는 목소리가 대두된 적이 있다. 미국 국무장관을 역임하였던 죠지 슐츠를 비롯하여 헨리 키신저 전 국무장관, 샘 넌 상원의원, 윌리엄 페리 전 국방장관이 '월 스트리트 저널'을 통해 지구상에서 핵무기의 완전 철폐를 주장하였던 것이 그 계기였다. 이들은 전 세계 핵탄두의 95%를 보유하고 있는 미국과 러시아가 주도적으로 핵무기를 철폐해야 할 막중한 책임과 의무를 지고 있으며, 핵무기를 보유하고 있는 다른 국가들도 이에 함께 동참시켜야 한다고 주장하였다.[24] 그로부터 십 년가량이 지난 2017년 7월 7일 유엔에서는 핵무기금지조약(Treaty on the Prohibition of Nuclear Weapons: TPNW)이 채택되었다. 192개의 유엔 회원국 중 124개국 대표의 표결 결과 네덜란드와 싱가포르를 제외한 122개국이 이 조약에 찬성했다. 이 조약은 핵무기의 사용 및 사용 위협 행위를 비롯하여 개발, 생산, 보유, 이전, 배치하는 행위 모두를 불법으로 규정하고 있으며, 이 조약에 참여하게 되는 핵보유국들은 핵무기를 해체하고 비핵 상태를 유지해야 할 의무를 지게 된다. NPT보다 한층 진전

---

23 이삼성, 『한반도의 전쟁과 평화: 핵무장국가 북한과 세계의 선택』, 한길사, 2018, 646~648쪽 참조.

24 정철호, 『NPT 유용성 한계의 극복 방향』, 세종연구소, 2011 참조.

되고 혁신적인 내용을 담고 있는 이 조약은 2021년 1월 22일 발효되었으나 유엔 안보리 5개 상임이사국을 비롯한 현재 9개의 핵보유국 모두가 반대하는 입장을 보임에 따라 아무런 실효성도 갖지 못하게 되었다. 특히 미국은 북한이 결코 핵무기를 포기하지 않을 것이라는 점을 명분으로 삼아 이 조약을 비판했다. 미국의 핵우산 보호하에 있는 한국과 일본도 조약에 불참했다.[25]

유엔 총회에서 핵무기금지조약이 통과되었지만 조약에 참가하였던 대부분의 비핵국가들과 달리 핵보유국인 안보리 상임이사국들은 그 조약이 NPT 체제의 질서를 훼손시키고 있다는 이유로 동의를 거부했다. 그러나 NPT 제6조에서 핵군축은 엄연히 핵보유국들의 의무사항으로 기술되어 있다. 2010년 미국의 핵태세 검토 보고서에는 핵 없는 세계가 장기적인 목표의 형태로 수립되기도 했다. 핵무기의 완전한 제거라는 장기적인 목표는 또한 단계적인 이행 시기에 따라 구체화되어야 할 것이다. 오바마 전 대통령이 자신의 파트너라고 언급한 바 있으며 핵 없는 세계를 목표로 활동하는 민간단체 Global Zero는 2030년까지 지구상의 모든 핵무기를 제로로 만드는 계획안을 제시하고 있다. 그 계획안에 따르면 2022년까지 미국과 러시아가 핵탄두를 650기까지 감축하는 데에 합의하고, 이어 2025년까지 다시 양국의 핵탄두를 각각 300기로 감축한다. 그렇게

---

25   이삼성, 같은 책, 649쪽 참조.

함으로써 미국과 러시아의 핵보유수가 다른 핵보유국들과 비슷해지게 되면 2030년까지 모든 핵무기를 폐기한다는 국제 조약에 모든 국가들이 참여하고, 이후 조약에 따라 각국은 국제 기구의 사찰 아래 핵탄두를 분리하고 모든 핵무기가 안전하게 폐기될 수 있도록 조처하며 민간의 모든 핵 프로그램 역시 국제 기구의 사찰을 받는 방식으로 조약을 실행해 나간다는 것이 계획안의 주요 내용이다.[26]

일찍이 1973년 미국과 구소련은 핵전쟁과 핵무기의 위험성을 제거하고 양국 간 관계의 악화를 방지할 목적으로 핵전쟁 방지 협약을 맺은 바 있다. 또한 2010년 미국과 러시아는 각국의 실전 배치 핵탄두 수를 1550기 이하로 줄인다는 내용을 담은 New START 협약을 체결한 바 있는데 2021년 양국은 이를 5년 연장하기로 합의하였다. 스톡홀름 국제평화연구소(SIPRI) 연감에 따르면 2021년 1월 기준 미국과 러시아가 보유한 배치 핵탄두 수는 각각 1800기와 1625기에 해당하지만, 저장소에 보관된 작전 핵탄두와 해체 예정 핵탄두까지를 모두 합한 수는 미국과 러시아 각각 무려 5550기와 6255기에 달한다. 또한 배치 핵탄두 수만을 놓고 보더라도 3위인 프랑스의 280기, 4위인 영국의 120기에 견주어 볼 때 미국과 러시아의 핵무기 보유량은 다른 핵보유국들과는 비교가 되지 않는 수준이다.[27] SIPRI 자료에 따르면 같은 기간 중국의 핵탄두 총비축량은 350기,

---

26 https://www.globalzero.org/reaching-zero/ 참조.

27 2021 SIPRI YEARBOOK, 이대훈 역, 한국어 요약 인터넷 자료 참조.

북한은 40~50기로 예상되는데, 미국과 러시아, 중국과 북한이 모두 참여하는 북태평양 비핵지대 설립이 성공할 수 있으려면 각국은 자국이 보유한 총비축량 중 같은 비율에 해당하는 수량만큼을 같은 기간 내에 함께 폐기하는 수순을 밟아야 할 것이다. 그러한 과정 중 미국과 러시아의 핵탄두 수량이 프랑스 및 영국과 비등한 수준까지 근접하게 된다면 북태평양 연안국들의 촉구 하에 유럽 비핵지대의 설립 역시 함께 강구해 볼 수 있을 것이다.

북태평양 연안국들과 유럽 대륙 외에 핵무기가 배치되어 있는 지역은 이란과 이스라엘이 포함된 중동 지역과 인도와 파키스탄이 위치한 남아시아 지역이다. SIPRI 연감에 따르면 이스라엘은 2021년 1월 기준 약 90기의 핵무기를 보유하고 있을 것으로 추정되며, 이란에 대해 필요할 경우 선제공격도 불사한다는 방침을 갖고 있다. 이스라엘은 이란이 핵무장을 하기 이전에 이란의 핵시설을 선제공격한다는 예방 전쟁론을 거론하기도 하였는데, 이스라엘은 실제로 1981년 이라크의 오시라크 원전과 2007년 시리아의 핵 의혹 시설을 선제공격한 예가 있다. 미국은 이스라엘의 핵무기 보유에 대해서는 침묵하면서 이란의 핵은 인정하지 않는데, 이에 대한 이란의 불만이 매우 높다. 이스라엘은 미국뿐 아니라 러시아와도 이해 관계를 맺고 있다. 2014년 러시아는 무력을 동원해 우크라이나로부터 크림반도를 병합했다. 당시 크림반도는 우크라이나의 자치공화국인 상태였는데 주민투표의 결과 러시아와의 병합에 찬성하는 인구가 90% 이상을 넘어섰다. 러시아의 크림반도 합병에 미국과 유럽연합은 크게 반대하였으나 이때 이스라엘은 미국과 유럽의 제재에 동참하지 않았다. 또한 2018년 푸틴 세력에 반대하는 러시아 이중 스파이가 영국에서 러시아 정부에 의해 암살된 사건이 벌어진 이후 영국과 우방 국가들이 러시아를 상대로 외교적 제재에 나섰을 때에도 이스라엘은 이에 동조하지 않았다. 러시아의 푸틴 정부는 중동 진출을 위해 시리아의 알아사드 정권과 경제적 이해 관계를 맺고 있다. 시리아는 1967년 제3차 중동전쟁 이후 골란고원의 영토를 이스라엘에 빼앗겼고 현재까지도 이 지역은 양국 간 분쟁의 소지로 남아있다. 2018년 이스라엘은 러시아로부터 시리아 내의 반(反) 이스라엘 무장세력들의 철수를 보장받는다는 조건 하에 시리아의 아사드 정권을 인정한다는 협상을 가진 바 있다.

이란의 핵 문제에는 미국의 이라크 지원, 부시의 악의 축 발언, 미국의 이라크와 아프간 침공 등 여러 가지 요인이 얽혀 있다.[28] 1980년대 이라크-이란 전쟁 당시 미국은 이라크를 지원하였는데, 전쟁 중 이라크는 이란을 상대로 화학무기를 사용하였다. 이라크의 화학무기가 미국의 지원으로 만들어진 것이 밝혀지면서 이로 인해 이란 내에서는 반미 감정이 커진 한편, 이란이 핵무기를 보유하였더라면 화학무기 공격은 면할 수 있었을 것이라는 정서가 함께 확산되었다.

---

28 정욱식, 『핵과 인간: 아인슈타인에서 김정은·트럼프·문재인까지』, 서해문집, 2018, 616~634쪽 참조.

이란은 자국의 핵프로그램이 어디까지나 평화적 목적에서 만들어진 것임을 줄곧 주장해 오고 있는 반면, 서방 국가들은 이란의 핵프로그램을 핵무기 개발용으로 간주하고 있다. 2001년 9·11 테러 직후 이란의 개혁파인 하타미 정권은 미국과의 관계개선을 위해 부시 정권의 아프가니스탄 침공에 협력한 바 있다. 그러나 이듬해 부시는 '악의 축' 발언을 통해 이란을 적대국가로 명시하며 이란 정부의 협력 의지에 화답하지 않았다. 부시 집권 시기 동안 전쟁이 거론될 정도로 악화되었던 이란 핵문제는 2008년 오바마 행정부가 들어서면서 해결 조짐을 보이기 시작했다. 재선에 성공한 오바마 정부는 이스라엘의 방해에도 불구하고 이란의 개혁파인 하산 로하니 정부와 함께 2015년 7월 이란의 핵프로그램을 평화적 목적으로 한정하고 그에 상응하여 이란 제재를 해제하는 내용의 이란 핵협정 타결을 성사시켰다. 그러나 이후 들어선 트럼프 정부는 오바마 정부가 체결한 이란 핵협정을 미국이 체결한 최악의 협정 중 하나라고 비난하며, 아무런 검증된 사실도 없이 이란의 핵협정 위반을 일방적으로 주장하는 가운데 2018년 5월 이란 핵협정에서 탈퇴하였다. 트럼프는 2017년 5월 사우디아라비아를 방문하여 1100억 달러 규모의 무기 거래를 계약한 바 있는데, 트럼프의 이란 핵협정 탈퇴는 이란과 경쟁관계에 있으며 이란 핵협정을 반대해 온 사우디의 대규모 무기 수입에 대한 일종의 답례로 보인다. 바이든 정부가 들어선 이후 이란 핵협정을 복원하기 위한 협상이 현재 논의 중에 있으며 공화당 의원들은 이에 대해 크게 반발하고 있는 모습이다.

인도는 중국의 위협에 대응하는 차원에서 1950년대부터 핵무기 개발을 지속하여 왔으며 인접국가인 파키스탄에 대한 안보차원에서도 핵무기 개발을 당연시해왔다. 중국은 파키스탄의 핵 개발을 지원하고 있었고, 미국 역시 소련의 아프가니스탄 침공에 대한 대응책으로 파키스탄을 통해 무자헤딘을 지원하는 과정에서 인도는 핵 개발을 서둘렀다. 이후 NPT 규정에 어긋나는 인도의 핵무기 개발은 미국의 묵인 아래 진행되었다. 미국은 중국에 대한 견제 차원에서 인도의 핵무기 보유를 용인하고, 중국에 대한 압박과 이란에 대한 고립 정책을 위해 인도를 전략적 파트너로 인식하였다. 2007년 체결된 '미-인도 민간 핵협력협정'을 통해 미국은 인도가 가동하고 있는 22개의 원자로 중 군사용 원자로 8개를 제외한 14개의 민수용 원자로만 IAEA의 사찰을 받도록 허락하였다. 2010년 11월 인도를 방문하였을 당시 오바마 대통령은 인도 정부에게 유엔 안보리 상임이사국 진출을 제안하였는데, 미국은 이처럼 자국의 안보 정책에 따라 인도의 핵 보유에는 우호적인 반면 파키스탄의 핵무기는 용인하지 않는 다분히 편파적 태도를 보이고 있다.

미국이 파키스탄의 핵무기 보유를 인정하지 않을 경우, 파키스탄은 중국과의 관계를 이용하여 핵물질과 핵기술을 지원받으려 할 가능성이 크다.[29] 또한 인도와 파키스탄 사이의 영유권 분쟁 지역인 라

---

29   정철호, 『NPT 유용성 한계의 극복 방향』, 세종연구소, 2011 참조.

다크 지역 너머에 위치한 악사이 친(Aksai Chin) 지역은 1962년 중국-인도 국경 분쟁 이래로 중국에 귀속되어 있지만 인도는 이곳에 대한 자신들의 영유권을 주장하고 있어 인도와 중국 간의 관계 또한 우호적이지만은 않다. 인도의 핵무기는 100여 개로 미국이나 러시아처럼 핵 사용 준비 태세를 높은 수준으로 유지하고 있지는 않다. 파키스탄이 핵 개발에 착수하게 된 계기는 1971년 인도와의 전쟁에서 패배한 결과 동파키스탄이 방글라데시로 분할되어 독립하게 된 일이다. 인도에 비해 재래식 무기가 열세에 있는 파키스탄은 인도가 핵을 포기하면 자국도 핵을 포기할 수 있다는 입장을 가지고 있다. 파키스탄의 핵무장과 관련하여 우려스러운 점은 파키스탄의 핵 프로그램 종사자가 테러 집단과 유착되거나 탈레반이 파키스탄 서부 지역 핵 시설을 장악할 가능성 등이다. 미국은 중국을 견제하는 데에 인도의 힘이 필수적이라는 인식 하에 인도와 원자력 협정을 체결하였기 때문에 파키스탄의 핵 보유만을 반대할 수 있는 명분을 가지고 있지 못한 상황이다.[30] 만에 하나라도 극단주의 테러 세력에게 핵무기가 장악된다면 그로 인해 초래될 수 있는 위험의 가능성은 현재보다 몇 배는 더 높은 수준으로 증가하게 될 것이다. 그러한 불행한 사태가 초래되기 이전에 현재의 핵보유국들이 자발적으로 참여하는 전 세계 비핵화의 길을 향한 노력과 실천이 하루빨리 시작되어야 하겠다.

---

30 정욱식, 『글로벌 아마겟돈』 참조.

제5장

분쟁 지역과 난민 문제

　　15~18세기 근대 영토국가에 의해 수행되었던 전쟁들에서는 일정한 영토적 경계를 바탕으로 벌어진 전쟁과 관련하여 식별 가능한 일련의 구별들이 함께 작동되었다고 볼 수 있다. 전쟁과 평화의 구별, 동지와 적의 구별, 전투원과 비전투원의 구별, 무력과 폭력범죄의 구별, 폭력 사용과 직업활동의 구별 등이 그것이다. 그러나 헤어프리트 뮌클러에 따르면 이러한 식의 구별들은 강한 국가성이 등장하지 않은 발칸반도, 코카서스, 카슈미르, 동남아시아, 중동 및 사하라 이남 지역 등지에서 20세기 후반부터 발발하고 있는 이른바 '새로운 전쟁'에서는 더 이상 유효하게 작동하지 않는다.[1] 전시와 평시, 아군과 적군, 군인과 민간인이 뚜렷이 구분되지 않는 새로운 전쟁들은 냉전 시기 열강들이 생산해 낸 자동소총이나 지뢰 등 경량무기들

1　헤어프리트 뮌클러, 『새로운 전쟁: 군사적 폭력의 탈국가화』, 공진성 옮김, 책세상, 2012 참조.

을 가지고 수행된다. 값싼 경량무기들이 시장에 범람하면서 반란세력이나 혁명세력은 적은 비용으로 단시간 안에 무장을 갖춘 무시무시한 군부대로 변신하는 것이 가능해졌다. 민간인들이 사망자와 부상자의 80퍼센트가량을 차지하는 이 새로운 전쟁들의 주요 수혜자는 지역의 군벌들과 장군들, 그리고 지역을 넘어 활동하는 전쟁사업가들이다. 새로운 전쟁이 시작되는 중요한 계기 중 하나는 세계화의 확산 속에서 파생되는 구조적인 실업 문제와 이들 지역의 경제 활동에서 배제되고 있는 청년 인구의 높은 비율이 맞물리는 상황에서 비롯된다. 새로운 전쟁이 발생하고 있는 지역들의 전쟁 당사자들은 국제기구가 제공하는 원조물품을 약탈하거나 지구적 규모의 지하경제 안에서 이루어지는 천연자원과 불법적인 상품들을 거래하면서 전쟁활동을 유지시킨다. 천연자원이 별로 없거나 마약 재배에 적합하지 않은 지역에서는 대규모로 젊은 여성들을 납치해 OECD 회원국들의 사창가에서 매춘 사업을 벌이기도 한다.

지역 군벌들이 지하자원의 시추권과 채굴권을 장악하고 불법상품을 거래하면서 내전은 세계경제와 결합하게 되고, 세계경제와 이렇게 결합함으로써 군벌들은 내전을 지속시키기 위한 필요한 자원들을 확보할 수 있게 된다. 분쟁 지역의 비공식경제와 범죄경제가 증가하고 여기에 더해 인종 청소가 자행되는 일이 벌어지면 비분쟁지역으로 난민 행렬이 몰려들게 된다. 유엔난민기구(UNHCR)의 발표에 따르면 2020년 말 기준으로 전 세계를 떠도는 난민은 8240

만 명가량으로 추산된다. 이는 현재 난민이 전 세계 인구 100명당 1명 이상의 비율을 차지하고 있음을 뜻하며 남북한 전체 인구수보다도 더 많은 수치임을 말해 준다. 국가별 난민 수를 보면 내전 중에 있는 시리아의 난민 수가 가장 많고, 그다음으로는 지난 1년간 2575%의 물가상승률을 겪으며 살인적인 인플레이션 상황에 처한 베네수엘라가 뒤를 잇고 있다. 또한 이슬람 무장조직 탈레반의 카불 장악 후 대량 난민 사태가 발생한 아프가니스탄, 내전과 기후위기로 인해 심각한 경제불황을 겪고 있는 남수단, 로힝야족에 대한 국가적 탄압 및 최근의 군부 쿠데타로 인해 난민 수가 급증하고 있는 미얀마 등이 차례로 그다음 순위를 차지한다. 세계의 전체 난민들 중 18세 미만의 아동과 청소년은 무려 42%의 비율에 달한다. 하지만 코로나-19의 영향 등으로 난민에 대한 지원은 턱없이 부족하여 2020년 재정착한 난민 수는 지난 20년 동안 가장 낮은 수치인 약 3만 4400명 정도에 불과한 것으로 추정되고 있다.[2]

난민 문제와 관련하여 주목해야 할 점은 심각한 지구 온난화 현상으로 인한 해수면 상승과 환경 파괴의 영향으로 기후 난민의 숫자가 급증하고 있다는 사실이다. 국제난민감시센터(IDMC)에 따르면 2020년 자연재해로 인해 거주지를 떠나야 했던 기후 난민이 약

2   박세희 기자, 〈내전·살인적 물가·인권 탄압에⋯세계인구 100명 중 1명은 난민〉, 2021.09.02. 문화일보 인터넷 기사 참조.

4050만 명에 이르는데, 이는 전체 난민 수의 절반가량에 해당하는 것으로 최근 10년 이래 기록된 최고의 수치이다. 기후 난민의 문제는 선진국도 예외는 아니어서 2020년 한 해에만 미국에서는 약 171만 명이 기후재난으로 인한 이재민 신세가 되었다. 기후 난민의 수는 앞으로도 계속 크게 증가할 것이 예상된다. 세계경제포럼(WEF)은 2018년 발표한 보고서를 통해 2050년 안에 기후 문제로 인해 최소 12억 명에 달하는 인구가 실향민이 될 것으로 전망했다. 2021년 8월 발표된 유엔 산하 '기후변화에 관한 정부 간 협의체(IPCC)' 제6차 보고서에 따르면, 전 세계 국가들의 노력으로 2050년 탄소중립을 이룬다 하더라도 해수면은 최대 55cm가량 상승할 것으로 예측하고 있다.

소위 선진국들이 국가 간 공조를 통해 난민 문제의 적극적인 해결책을 강구하는 것을 미루고 있는 동안 난민들을 대상으로 한 국제 인신매매 조직의 활동은 전 세계로 확장되어 수많은 인권 침해 문제를 야기하고 있다. 국제 인신매매 조직들은 각 대륙, 각 국가, 각 지역마다 서로 간에 네트워크를 형성하여 수십 년간 협력하며 사업을 벌여왔다. 특히 아프리카는 국제 인신매매 조직의 활동이 가장 활발하고 이를 통해 가장 많은 수익을 남기는 대륙이다.[3] 국제 인신매매 조직의 지역 담당자들은 에티오피아, 소말리아, 에리트레아, 나이지

---

3   하영식,『희망을 향한 끝없는 행진, 난민』, 사계절, 2017, 206~222쪽 참조.

리아, 가나, 감비아 등 아프리카 각 지역에서 유럽에 사는 난민들의 생활을 과장해서 선전하며 유럽으로 갈 이민자들을 모집한다. 불법 이민자들 중에는 이탈리아로 가기를 희망하는 이들이 많은데, 국제 인신매매 조직과 연결된 지역 중개인들에게 경비를 지불한 이민자들이 모이면 이탈리아로 보내지는 일이 시작된다. 이탈리아에 도착하기 전까지 몇 개의 행선지를 거쳐야 하는데 먼저 수단의 수도 하르툼에 도달하면 거기서 또다시 경비를 지불해야 여행이 시작된다. 경비가 지불되지 않으면 지불될 때까지 계속 기다려야 한다. 가족들 등으로부터 경비가 송금되면 그곳에서 리비아나 이집트를 향한 여행이 이어진다. 리비아나 이집트에 도달하기 위해서는 사하라 사막을 통과해야 하기 때문에 이 여정에서 신체적으로 미성숙한 어린 아이들은 사막의 더위를 이기지 못하고 죽어 나간다. 리비아 해안가에 지어진 난민 수용소는 각국에서 온 불법 이민자들로 넘쳐 나고 이민자들은 수용소에 머무는 동안 다시 이탈리아로 떠나기 위한 경비를 지불해야 한다. 열악한 환경의 수용소에서는 마약 거래나 성매매가 흔히 일어나고, 이곳에서 여성들이나 미성년 이민자들은 쉽게 폭력과 성범죄의 대상이 된다.

이민자 한 명이 아프리카 국가들에서 이탈리아로 오기 위해서는 보통 수천 달러가 소요된다. 난민들을 관리하고 움직이는 국제 인신매매 조직들은 수십 년에 걸쳐 형성되어 온 국제적 네트워크를 통해 이민자들로부터 거둔 돈을 나누어 갖는다. 또한 이들은 유럽의 정부들이 난민들을 대상으로 지출하는 예산들을 착복하여 막대한 수입을 올리기도 한다. 난민들은 수백 명씩을 태우는 작은 보트에 의지한 채 바다에 빠져 죽을 위험을 감수하며 이탈리아에 도착한다. 이탈리아에서 난민들을 수용하는 센터는 마피아들에 의해 운영되고 있다. 아프리카 난민들이 이탈리아 땅에 처음 발을 디디게 되는 곳은 마피아가 장악하고 있는 시칠리섬이다. 시칠리섬의 마피아들은 일단 섬에 난민들이 도착하면 그들을 자신들이 운영하는 센터로 데려간다. 마피아들이 난민들을 통해 올리는 수입은 마약이나 매춘 사업으로 벌어들이는 수입보다 훨씬 큰데, 실제로 수십억 내지 수백억 달러의 천문학적 돈이 난민들을 움직이는 마피아 조직으로 흘러들어간다. 마피아가 관리하는 난민 센터는 이탈리아 정부에서 지원하는 예산으로 운영된다. 난민 센터와 정부 관계자들 간에는 검은 유착이 형성되어 있으며, 난민들에게 쓰여야 할 예산은 센터를 관리하는 마피아의 수중으로 대부분 들어간다. 마피아에게 난민들은 주요한 수입원이기 때문에 마피아들은 센터에 난민들을 오래 붙잡아 두기 위해 이들을 합법적인 난민으로 등록하여 사회에 내보내는 것을 꺼린다. 따라서 난민 센터에는 수용 한계를 훨씬 넘는 인원의 난민들이 수용되어 잠잘 공간이나 심지어 서 있을 공간조차 모자라는 상황이 벌어진다. 마피아들은 난민 센터에서 난민들을 상대로 매춘이나 마약 거래를 통해 수입을 올리기도 하고 이들을 독일, 덴마크, 스웨덴 등 다른 유럽 국가로 데려다주면서 또 다른 수입을 챙기기도 한다.

난민 문제는 한국에게도 더 이상 다른 나라만의 문제가 아니다. 한국 정부나 기업들이 난민들이 발생하고 있는 국가들과 외교 및 경제 협력을 벌이고 그로부터 어떠한 이익을 취하고 있는 것이 현실이라 한다면 그러한 국가의 국민들이 처한 어려움과 고통은 무시하거나 방관한 채 경제적 이득만을 추구하려는 행위는 무척이나 이율배반적인 태도라 할 것이다. IMF의 세계경제 전망 자료에 따르면 한국은 명목상 GDP 수치로 보았을 때 2021년 기준으로 세계 10위의 경제 규모를 기록하고 있다. 하지만 한국은 온실가스 배출량에 있어서 세계 7위를 기록하고 있는 기후 후진국이다. 한국의 경제 성장으로 인한 지구 온난화의 영향이 세계적으로 기후 난민의 수를 증가시키는 데에 일조하고 있다고 한다면, 한국은 기후 난민을 경제적으로 지원해야 하는 문제로부터 결코 자유로울 수 없다. 녹색 전환을 위해 사용되어야 할 비용과 예산이 국방비 증액으로 낭비되어 군수산업을 더욱 확대시키면 그로 인해 배출되는 온실가스의 양은 더욱 늘어나고 지구 온난화는 더욱 심화되어 기후 난민의 수는 그만큼 또 증가한다. 국가안보 또는 자주국방이라는 이름으로 각국이 자행하고 있는 온갖 종류의 군사적 활동들로부터 결과하는 것은 궁극적으로 국가의 안전이나 세계의 평화가 아니라, 분쟁지역들로 흘러 들어가는 군수품들과 그로 인해 발생하는 크고 작은 전쟁들 및 전 지구적인 기후 위기, 그리고 그에 따르는 대규모 난민들의 행렬일 뿐임을 다 같이 기억해야 할 것이다.

대규모 난민을 낳은 대표적 분쟁 국가들

시리아

2010년 12월 튀니지를 시작으로 중동지역 전체로 퍼져나간 '아랍의 봄' 시위는 2011년 40년간의 독재정치가 지속되고 있던 시리아에도 그 영향을 미쳤다. 시리아는 약 90%의 아랍민족과 약 10%의 쿠르드 민족으로 구성된 국가이다. 종교별로 보면 이슬람 수니파가 74%, 시아파의 하나인 알라위파가 13%, 기독교 10%, 드루즈(Druze) 3%로 구성되어 있다. 1970년 알라위파에 속하는 하피즈 알-아사드(Hafiz al-Assad)가 쿠데타를 일으켜 대통령이 된 이후 소수파인 알라위파가 다수파인 수니파를 억압하고 지배하는 상황이 30년간 지속되었다. 2000년 하피즈 알-아사드가 죽고 그의 아들 바샤르 알-아사드(Bashar al-Assad)가 권력을 승계한 이후 얼마간 개혁적인 정책이 추진되었지만 반대파의 불만과 비난을 잠재우지는 못했다. 2011년 초, 경제난과 소수민족 정책에 대한 시정을 요구하며 발생한 시위는 아사드 대통령의 퇴진을 요구하는 대대적인 반정부 시위로 발전했다. 시위가 점차 확산될 조짐을 보이자 아사드 정부는 내각 총사퇴, 일부 정치범 석방, 전국민대화위원회 구성, 비상사태법 폐지 등 여러 가지 유화적 조치들을 발표했지만, 이후 반정부 시위는 시리아 전역에서 100만 명 이상이 참여하는 수준으로 확대되었다. 정부군의 유혈 진압이 이어지자 2011년 11월 시리아 반정부 세력은 터키의 지원 하에 시리아국민위원회(SNC)를 결성했다. 그 후 2012년 11월 미국과 카타르는 시리아국민연합(NCS)을 조직하여 여기에 시리아국민위원회를 통합시켰다. 시리아국민연합은 미국 및 EU로부터 시리아의 임시정부로 인정을 받는 등 국제사회의 지원에 힘입어 정부군들이 장악하고 있던 도시들을 차례로 점령해갔다. 그리고 2013년 3월에는 반군 세력이 시리아 영토의 약 60%를 점령하기에 이르렀다.

수니파에 속하는 사우디아라비아, 카타르, 아랍에미리트, 바레인, 요르단 등은 반정부 세력에 군사적 지원을 아끼지 않은 반면, 이란을 중심으로 하여 이라크, 시리아, 레바논으로 이어지는 시아파 벨트 국가들은 아사드 정권을 적극적으로 지원했다. 여기에 극단적인 수니파 테러단체인 IS가 시리아로 세력을 확장하게 된 이후 시리아는 시아파 국가들의 지원을 받는 정부군, 수니파 국가들의 지원을 받는 반정부군, 그리고 IS가 개입된 삼파전을 형성하여 더욱 심화된 종파전쟁의 성격을 띠게 되었다. 시리아 내에서 IS의 세력이 엄청난 규모로 확대되기에 이르자 미국이 본격적인 군사 개입에 나섰다. 2014년 9월부터 미국의 IS 공습이 시작된 이후 전세는 반군에게 줄 곧 유리한 방향으로 기울었다. 반군들이 시리아의 수도 다마스쿠스 까지 진격할 태세를 보이자 아사드 대통령은 러시아 푸틴 대통령에 게 공식적으로 참전을 요청했다. 2015년 9월 러시아는 시리아 반군 에 대한 공습을 단행하기 시작했고, 2016년 말경에는 러시아의 공 습에 힘입은 시리아 정부군이 반군의 거점지를 상당 부분 탈환하기 에 이르렀다. 러시아는 시리아의 타르투스(Tartus)에 중동지역의 유 일한 해군기지를 보유하고 있고 시리아에 러시아산 무기를 상당량 수출하고 있으며, 수백 명의 군사 요원들을 시리아 정부의 국방부와 군 내부에 다양한 형태로 파견하고 있다. 또한 러시아는 가스 및 송 유관 등 경제 분야에서도 시리아와 긴밀한 협력 관계를 유지하고 있 다. 2017년 2월 러시아 국방부 장관은 러시아군이 시리아 내전에서 162가지의 신무기를 시험했다고 밝힌 바 있다.[4]

2018년 4월에는 시리아 정부군의 화학무기 사용에 대한 응징으 로 미국, 영국, 프랑스가 공동으로 시리아 공습을 단행했다.[5] 이는 시 리아 내전에 본격적으로 개입하여 아사드 정권을 지원해 온 러시아

4   김열수 · 김경규, 『한국안보: 위협과 취약성의 딜레마』, 법문사, 2019, 367~408쪽; 구니에 다 마사키, 『시리아: 아사드 정권의 40년사』, 이용빈 옮김, 한울, 2012, 146쪽 참조.
5   한상용 기자, 〈미국-러시아 대리전 된 시리아…신냉전 충돌 격화하나〉, 2018. 04. 14. 연 합뉴스 인터넷 기사 참조.

에 대한 강력한 군사적 경고의 성격을 지닌 행위로 풀이된다. 러시아와 이란 당국은 서방이 시리아 정부의 화학무기 사용에 대한 뚜렷한 증거도 없이 시리아를 공습했다며 이를 강도 높게 비판했다. 2019년 3월에는 미군 특수부대가 시리아의 IS 본거지를 공습하는 과정에서 어린이와 여성 등 50명 이상의 민간인이 사망하였는데 미군이 이를 은폐하였다고 뉴욕타임스(NYT)는 보도했다.[6] 뉴욕타임스 보도에 따르면 공습 후 미군은 증거를 없애기 위해 공습 현장을 불도저로 밀어버리고 정부 최고 책임자들에게 이를 보고하지도 않은 것으로 밝혀졌다. 미 공군 법무관 중령이 군 수뇌부의 조직적인 사건 은폐를 알리는 메일을 상원 군사위원회에 보내려다 군 내부에서 보복을 당한 것으로 알려졌다.

2011년 시리아 내전이 발발한 이후 10년 동안 전쟁으로 인해 38만 7천 명에 달하는 인구가 목숨을 잃었다.[7] 사망자와 난민들의 수가 늘어남에 따라 시리아 인구는 2010년 2136만여 명에서 2021년 1780만여 명으로 급감했다. 시리아의 내전은 난립하는 무장단체와 반군들의 복잡한 세력 다툼과 외세의 개입으로 인해 끝날 기미가 좀처럼 보이지 않는다. 시리아 정부군 외에 북동부 지역을 장악한 쿠

6   이은택 기자, 〈美, 민간인 50명 숨진 2019년 시리아 공습 조직적 은폐〉, 2021. 11. 15. 동
     아일보 인터넷 기사 참조.
7   박진영 기자, 〈승자도 출구도 없는 전쟁…사망 38만 명 · 피란민 1230만 명〉, 2021. 03. 15.
     세계일보 인터넷 기사 참조.

르드족 민병대(YPG), 북서부 지역의 알카에다 연계 무장단체인 하야트 타흐리르 알샴(HTS)과 반군 자유시리아군(FSA), 남동부 지역의 반군인 시리아민주군(SDF), 친이란 민병대인 카타이브 헤즈볼라(KH), 그리고 이슬람국가(IS)의 잔당 세력 등이 복잡한 세력 지형을 이루고 있다. 여기에 외세의 개입까지 더해져 정부군은 러시아, FSA는 터키, SDF는 미국, KH는 이란의 지원을 받고 있다. 러시아와 이란의 군사 지원에 힘입어 영토의 60% 이상을 차지하게 된 알아사드 정권은 2021년 5월 망명 중인 야권 인사들의 출마를 원천 차단하고 정부군의 통치 지역만을 중심으로 대통령 선거를 치른 결과 4연임에 성공하면서 28년 철권통치의 길에 들어섰다. 2019년 10월 유엔의 중재로 시리아 정부와 시리아국민위원회(SNC)가 참여하는 시리아 헌법위원회가 꾸려진 후 2년 만인 2021년 10월 헌법위원회의 정부 측과 야권 측 두 공동의장이 스위스 제네바에서 새 헌법 초안을 작성하기로 합의했다. 10년이 넘도록 기나긴 내전에 신음해 온 시리아가 하루빨리 평화의 길로 들어설 수 있도록 국제사회는 더 이상의 군사적 지원을 중단하고 적극적인 교섭과 중재의 노력을 기울여야 할 것이다.

아프가니스탄

아프가니스탄은 19세기 무렵 영국의 인도 침투와 러시아 세력의 남하 정책으로 인해 인도 지배권을 둘러싼 영국과 러시아 간의 세력 다툼의 장이 되었던 곳이다.[8] 영국은 남하하는 러시아를 저지하기 위해 19세기 두 차례에 걸쳐 아프가니스탄을 침공하였으나 러시아의 지원을 받고 있었던 아프가니스탄 이슬람 정권을 무너뜨리는 데에는 실패했다. 이후 파슈툰 부족을 중심으로 한 왕국의 통치가 이어지다가 1973년 당시 국왕의 사촌이었던 칸(Mohammed Daoud Khan)이 쿠데타를 일으켜 정권을 탈취한 후 소련의 지원 아래 근대화의 길로 접어들었다. 1970년대 중반 미국과의 관계를 강화하면서부터 칸 정권은 이슬람 근본주의자와 공산주의자라는 두 반대 세력에 직면하게 되었고, 1978년 공산주의 세력은 마침내 칸을 사살하고 권력을 획득하기에 이르렀다. 공산주의 정부가 시행한 여성의 권리 강화와 토지개혁은 보수적 이슬람 근본주의자의 극심한 반발을 일으켰고, 이에 공산주의 정부는 반란에 관련된 수만 명을 처형하는 등 무자비한 유혈 진압을 펼쳤다. 아프가니스탄이 내전에 휩싸이자 소련은 1979년 12월 군사력을 동원해 수도 카불을 장악하고 공산주의 정부의 지도자들을 대신하여 직접적인 통치에 나섰다.

소련의 아프가니스탄 침공이 있은 후, 미국은 소련 공산주의 세력을 저지하기 위해 소련에 대항하는 이슬람 근본주의자로 이루어진 무자헤딘 게릴라에게 무기와 자금을 전폭적으로 지원했다. 무자

---

8   이근욱, 『이라크 전쟁: 부시의 침공에서 오바마의 철군까지』, 한울, 2011, 69~71쪽 참조.

헤딘 게릴라들의 격렬한 저항에 부딪혀 소련은 1989년 군대를 완전히 철수시켰다. 1991년 12월 소련이 붕괴하고 아프간에 대한 소련의 지원이 중단되자 무자헤딘은 쉽게 정권을 장악했지만 이들에게 아프가니스탄을 재건할 능력이 없었던 탓에 아프가니스탄은 혼란한 상황이 계속되었다. 이러한 와중에 남부의 파슈툰 부족을 중심으로 한 수니파 이슬람 근본주의 세력이 성장하였는데, 이것이 후에 탈레반으로 발전하게 된다. 무자헤딘 군벌 세력의 폭정에 시달리던 주민들이 종교학교에 있던 탈레반의 지도자 오마르(Mohammed Omar)에게 도움을 요청하게 되었다. 이에 오마르가 학교의 학생들을 모아 군벌들을 처단하는 일이 이어지면서 주민들의 지지에 힘입어 탈레반의 규모가 점차 늘어나게 되었다. 탈레반(Taliban)은 다리어로 '학생들'이라는 뜻이다. 1994년 탈레반은 다량의 소총과 탄약, 탱크와 대포 등을 노획하고 소련군이 남기고 간 전투기와 헬기까지 확보함으로써 조직된 무장 세력으로 발전했다.[9] 1996년 탈레반은 무자헤딘 군벌과의 전투에서 승리하여 이슬람 근본주의 정권을 수립하였는데, 그들은 이슬람 율법인 샤리아에 입각하여 여성의 교육과 고용을 금지하고 영화, 텔레비전, 음악, 춤 등을 허락하지 않는 등 공포 정치를 단행했다.

1988년 공식적으로 출범한 알카에다의 기본 조직은 1984년 압

---

9   권희석, 『아프가니스탄, 왜?』, 청아출판사, 2017, 91~92쪽 참조.

둘라 아잠과 빈 라덴이 창설한 아프가니스탄 지원국(Afghan Services Bureau)에서 출발한다. 이 조직은 사우디아라비아를 중심으로 소련에 대항하는 아프가니스탄 게릴라들을 지원해 왔다. 아프가니스탄에서 소련군이 철수한 후, 아프가니스탄의 재건을 강조하는 아잠과 중동 지역의 이슬람 혁명을 중시하는 빈 라덴 간에 대립이 발생하였는데 이후 아잠이 암살되는 일이 벌어지고 빈 라덴이 조직을 이끌게 되면서 아프가니스탄 지원국은 알카에다로 변화했다. 알카에다는 소련과의 전쟁 시기 동안 동반자 관계였던 파키스탄 정보부와 협력하여 탈레반 세력이 아프가니스탄에서 정권을 장악하는 데 중요한 역할을 담당했다. 알카에다는 출범 직후부터 미국을 여러 차례 공격하였는데 일련의 공격들 가운데 가장 '성공적인' 공격은 9 · 11 테러였다. 9 · 11 테러 이후 미국은 알카에다를 범인으로 지목하고 아프가니스탄의 탈레반 정권에게 알카에다의 지도자인 빈 라덴의 인도를 요구했다. 이에 탈레반 정권은 미국 측에 빈 라덴이 테러 공격에 관여했다는 증거를 제출하면 이를 검토한 후 아프가니스탄에서 이슬람 법정을 통해 재판을 열겠다고 답했다. 미국의 부시 행정부는 탈레반의 반박을 거부하고 무력으로 아프간을 침공했다. 2001년 10월 미 특수부대의 침공으로 개시된 아프가니스탄 전투는 2개월 후 탈레반의 지지 기반이었던 칸다하르를 함락시키며 끝이 났다. 아프가니스탄 부족 대표들은 아프가니스탄 정부 역할을 수행할 임시정부를 구성하고 임시정부의 수장으로 카르자이를 선출했다.

탈레반 정권을 무너뜨린 미국은 2002년부터 아프간 재건 사업에 착수했다. 그러나 선거제도를 포함한 정치체제를 일부 갖추는 데 성공하였을 뿐, 다양한 부족과 민족, 종파 간의 복잡한 이해관계로 인해 아프간에서 한 번도 달성된 적이 없었던 국민국가의 건설을 미국이 일방적으로 이루어 내는 데에는 커다란 한계에 직면할 수밖에 없었다.[10] 아프가니스탄은 파슈툰족, 타지크족, 하자라족, 우즈벡족을 비롯하여 크게 7개의 민족이 각각의 거점을 중심으로 산재해 경합을 벌이고 있다. 이들 민족은 오랫동안 자신들의 거주지에서 자치를 누리며 자신들의 권력을 중앙 정부에 넘기는 것을 꺼려 왔다. 민족들의 하부에는 다시 여러 개의 다양한 중소 부족들이 산개해 있으며 이들 부족들은 산악, 협곡, 사막 등 지형적 특성으로 인해 서로 단절되어 독립적 단위의 정치체제를 수백 년간 이어왔다. 이러한 부족 중심의 정치적 영향력은 국민국가 건설과 국가통합에 커다란 걸림돌로 작용해 왔다. 아프간 침공 이후 아프간의 국가 시스템 재건을 목표로 하였던 미국은 애초에 탈레반 소탕을 최대 과제로 삼았다가 후에 협상을 통한 탈레반 흡수 전략으로 선회하였고, 2020년 2월 탈레반과 평화합의를 타결했다. 그리고 2021년 미국이 철군을 시작하자마자 탈레반의 재집권이 빠른 속도로 이루어졌다.

---

10 서정민, 「탈레반, 미진한 국민국가 형성, 그리고 아프가니스탄의 정치 불안정」, 한국이슬람학회논총 제31-3집, 83~110쪽, 한국이슬람학회, 2021 참조.

아프간 전쟁 초기 미국은 카불을 비롯한 주요 대도시에서 탈레반을 전부 축출하였다고 판단했지만 탈레반은 파키스탄 북부 산악 지대에 은거하고 있다가 미국이 이라크 전쟁에 몰두하고 있는 사이 아프간 전역을 하나씩 잠식해 들어가며 세력 범위를 넓혔다. 미국이 아프간 철수를 서두른 까닭은 중국과의 관계 문제가 하나의 기저로 작용하고 있다는 분석이다.[11] 중국은 미군과 나토가 중국 신장 자치구와 접경 지대인 아프간 동부를 지켜주는 동안 2015년부터 신장에 위구르인 100만여 명을 감금할 수 있는 강제수용소를 지어 운영해왔다. 수니파에 속하는 위구르인에 대한 중국의 이러한 탄압에 대해 탈레반과 알카에다, IS 같은 수니파 이슬람 과격 세력들은 분노하기 시작했고, 알카에다와 IS는 중국에 대해 성전을 선언하기도 했다. 신장에서 탈출한 반중 독립운동단체 '동투르키스탄 이슬람운동(ETIM)' 세력은 그동안 탈레반과 함께 아프간 내전에 활발히 참여해 온 조직이다. 미국은 2020년 11월 ETIM을 테러단체 지정에서 해제하는 조치를 취한 바 있다. 중국과 아프간 사이에는 76km의 국경선이 존재하는데 탈레반과 ETIM 세력이 이 일대를 장악하면 중국과 파키스탄을 잇는 경제회랑 내에 가설된 송유 가스관을 공격할 수 있게 된다. 중국에 이 송유관은 이란산 원유를 공급받을 수 있

---

11 남문희 기자, 〈미·중 줄다리기에 '강제소환'된 북한과 아프간〉, 2021.08.22; 〈미군의 아프간 철수, '다 계획이 있었구나'〉, 2021.09.07. 시사IN 인터넷 기사 참조.

는 중요한 연결선이다. 또한 카불 남동쪽에는 중국 기업이 개발 중인 구리광산이 있는데 탈레반이 카불을 장악하면 이 사업도 영향을 받게 된다. 미국의 아프간 조기 철수는 중국을 공략하기 위한 계산이 깔려 있음을 짐작해 볼 수 있다. 2021년 7월 중국의 왕이 외교부장은 탈레반 2인자 물라 압둘 가니 바라다르를 만나 ETIM을 거명하며 ETIM과 같은 모든 테러단체와 선을 그으라고 탈레반에게 요구했다. 러시아는 아프간 사태와 관련하여 겉보기에는 중국과 보조를 맞추고 있는 듯하지만, 탈레반 집권 후에도 아프간 내전은 끝나지 않을 것이라 보기 때문에 아프간 문제에 깊이 관여하기를 꺼리는 입장이다.

탈레반이 아프간을 재집권한 후 몇 달이 지난 아프간 상황은 최악을 향해 치닫고 있다. 탈레반의 정권 장악 이후 금융 시스템과 무역이 마비되면서 밀가루와 기름 등 기본 생필품 가격이 두 배 이상 오르고 아프간인의 95%가량이 식량을 충분히 공급받지 못하고 있는 것으로 전해졌다.[12] 2021년 11월 초 발표된 유엔 보고서에 의하면 수개월 내 5세 미만 영유아 3백만 명이 급성 영양실조에 걸릴 것으로 추산되고 있다. 식량난과 에너지난에 더해 테러 문제도 아직 끝난 것이 아니다. 탈레반과 적대적인 수니파 무장단체 이슬람국

12　박상휘 기자, 〈아프간 탈레반 장악 3개월⋯경제난·테러에 정권 지속 의문〉, 2021. 11. 14. 뉴스1 인터넷 기사 참조.

가-호라손(IS-K)은 파키스탄 지역과 연결되는 낭가하르주 통상로를 장악하고 병력과 물자를 충원하고 있는 것으로 알려지고 있다. 이 지역은 험준한 산악지대라 탈레반도 IS-K를 완전히 무력화할 방법을 쉽게 찾지 못하고 있다. 탈레반에 의한 아프간 내 여성 인권 탄압 문제도 심각하다. 여성 인권 신장 활동을 벌이던 여성 활동가가 탈레반에 의해 피살되었고, 아프간에서 탈출한 전직 여성 경찰에게는 수배령이 내려졌다.

2021년 11월 11일 아프간의 참상을 논의하기 위해 미국, 러시아, 중국, 파키스탄 대표들이 모인 자리에 탈레반 대표도 배석한 가운데 파키스탄 수도 이슬라마바드에서 회의가 열렸다. 회의에서 4개국 대표들은 탈레반에게 인도주의적 지원을 허용할 것과 여성들에게 평등한 권리를 제공할 것을 요청했다. 2022년 1월 노르웨이 외무부는 아프간의 인도적 상황에 대한 회담을 위해 아프간의 수도 카불을 방문했다. 노르웨이 외무부는 탈레반 집권 이후 아프간의 정치적 상황이 더 심각한 인도적 재앙으로 악화될 것을 우려하며 이를 개선하기 위해 탈레반 대표단을 오슬로에 초청하였다. 탈레반 대표단은 3일간 오슬로를 방문하여 아프간 여성 운동가와 언론인을 만난 데 이어 미국, 영국, 독일 등 서방 관리들과 비공개 회담을 갖고 아프간의 인도적 지원 문제와 포용적 정부 구성, 여성 인권 보장 등의 문제에 대해 논의했다.[13] 방문 마지막 날에는 유럽연합 아프간 특사와 노르웨이 난민위원회 등과 회동했다. 오슬로 방문은 탈레반이 2021년 8월 아프간을 장악한 이후 공식적으로 서방 국가를 대상으로 한 최초의 방문이다. 회담을 마친 탈레반 측은 서방의 지원에 감사의 뜻을 전했다. 노르웨이를 비롯하여 아직 탈레반을 공식적인 정부로 인정한 국가는 없다. 미국을 비롯한 국제사회는 90억 달러 이상으로 알려진 아프간 정부의 해외 자산을 동결한 상태다. 국제사회로부터 정상적인 국가로 인정받지 못할 경우 아프간의 경제는 이른 시일 내에 회복되기 어려울 것으로 보인다. 아프간의 비인도적 상황을 개선하고 아프간 정부를 민주적 정부로 성숙시키는 동시에 아프간 사람들이 경제적 어려움에서 벗어날 수 있도록 돕기 위한 국제사회의 꾸준한 관심과 노력이 절실하다고 하겠다.

이라크

2003년 미국이 대량살상무기를 제거한다는 명분으로 유엔안전보장이사회의 결의안 통과 절차도 무시한 채 일방적으로 이라크를 침공한 이후 이라크 전체 인구의 약 15퍼센트에 달하는 4백만 명가량이 졸지에 난민 신세가 되었다. 미국의 침공 이후 이라크인의 생

---

13   김영현 기자, 〈탈레반-서방, 노르웨이 회담 마무리…인도적 지원 등 논의〉, 2022. 01. 26. 연합뉴스 인터넷 기사 참조.

활 수준은 전반적으로 크게 하락하여 상수도 시설 부족, 어린이 영양실조 증가, 전력 부족, 실업률 증가와 같은 문제들이 눈에 띄게 심화되었다.[14] 2004년 6월 미국은 이라크 임시정부를 구성하여 주권을 이양했다. 미국은 주권 이양을 통해 침공으로 무너뜨렸던 수니파를 포용하려 하였으나, 헌법안 구성 및 선거가 진행되는 과정에서 수니파가 불참하거나 배제되면서 이라크를 안정화하려던 미국의 목표는 큰 벽에 부딪혔다. 선거 이후에도 수니파의 소외가 계속되면서 알카에다는 사우디 같은 수니파 국가로부터 인원과 지원금을 동원하는 등 수니파 세력을 부추겨 이라크 내부에 자신들의 근거지를 구축했다. 미국은 이라크에 주권을 이양한 이후 이라크 정부 수립과 이라크 보안군 구축에 정책적 노력을 기울이고자 시도했다. 그러나 2006년 2월 발생한 알아스카리 사원 폭파 사건을 계기로 이라크 전쟁은 시아파와 수니파 간의 치열한 종파 내전으로 발전되었다. 이 폭파 사건 이전까지는 주로 미군 및 시아파가 통제하는 이라크 보안군과 수니파 세력 간의 대결이 있었을 뿐 시아파 민병대는 뚜렷한 역할을 하지 않고 있었다. 하지만 시아파가 신성시하는 알아스카리 사원이 파괴되고 나서 시아파 민병대가 수니파 주민을 무차별적으로 공격하기 시작하여 단 3일 만에 수니파 주민 수백 명이 살해되었다. 시아파 정부의 통제 하에 있던 이라크 경찰은 이러한 시아파 민

14　이근욱, 같은 책, 176~330쪽 참조.

병대의 공격을 저지하지 않고 오히려 적극 가담하는 등 전쟁의 양상은 시아파와 수니파 간의 종파 내전으로 치달았다.

2006년 한 해 동안 이라크에서는 2만 8천여 명에 달하는 이라크 국민이 사망했다. 하루 평균 자살공격과 차량폭탄으로 인해 16명이 사망하고 처형과 저격 등으로 56명이 목숨을 잃었으며 전사한 미군 병사들까지 더하면 이라크 내 사망자의 수는 더욱 높은 수치를 기록했다. 이라크의 혼란이 극에 달하는 상황에서 미국은 2007년 1월 증파를 선언하고 2월과 6월에 걸쳐 5개 여단의 병력을 이라크에 파병했다. 증파 전략으로 인해 이라크에서의 공격은 2007년 7월을 정점으로 감소하기 시작했고 2008년 들어서 이라크는 안정적인 상황에 들어섰다. 그다음 해인 2009년은 민주당의 오바마 정부가 들어선 해이다. 오바마 정부는 이라크 전쟁을 부시 행정부에 의해 선택된 불필요한 전쟁이라고 보고, 되도록 빨리 이라크 전쟁을 끝내려는 입장이었다. 2009년 미군은 예정대로 이라크에서 철수하기 시작했고 2010년 8월 마지막으로 남아있던 미군 전투여단까지 이라크를 모두 떠났다. 미군 철수 후 이라크는 2013년까지 수니파, 시아파, 이라크 보안군, 쿠르드 자치구 사이의 분쟁들로 인해 내란에 휩싸이는 혼란스러운 상황이 지속되었다. 2014년 IS의 세력이 확대되어 IS가 이라크의 팔루자와 모술을 비롯한 주요 지역을 점령하게 되면서 이라크 전역은 다시 3년간의 내전에 돌입하게 된다. 미국과 러시아, 이란 등 수많은 국가들이 IS를 상대로 이라크 내전에 참여하여 공습을 단행하였으며 2017년 12월 이라크군이 IS를 주요 거점지에서 모두 몰아냄으로써 전쟁의 종식을 선언하였다.

　미국이 후세인 수니파 정권을 제거한 이후 시아파 정부를 새로이 수립하는 과정에서 이란은 이라크의 시아파 정치 엘리트들을 후원하고 이라크에 전력을 공급해 주는 정책을 펼쳤다.[15] 미국의 침공 및 IS와의 잇단 전쟁으로 인해 도로와 발전소 등 기반 시설이 붕괴되어 전력 공급 부족과 지속적인 경제난에 허덕이는 상황 속에서 시아파 관료들의 부정부패마저 끊이질 않자 2019년 이라크에서는 대규모의 격렬한 반정부 시위가 이어졌다. 거센 시위는 이라크 총리의 사퇴를 불러왔고 반정부 시위대는 시위 진압에 개입한 이란의 내정간섭을 규탄하며 이란이 이라크에서 물러갈 것을 요구했다. 반정부 시위로 인해 총리가 사퇴하는 일이 벌어졌지만 정작 이라크 정부의 실권자는 총리가 아니라 친이란 무장조직과 연결된 총리실장과 방위청장이라는 설이 전해지는 데다가 이라크의 의회 역시 친이란계 세력이 막강한 영향력을 행사하고 있어 시위대의 불만은 쉽게 사그라들지 않고 있다. 이러한 와중에 이라크의 친이란 시아파 민병대가 이라크 중북부에 있는 키르쿠크의 미군 기지에 로켓포 공격을 감행하자 미군이 시아파 민병대의 군사시설에 보복 공격을 행한 일

15　박효재 기자, 〈이라크 총리 사퇴, 또 다른 혼란의 시작〉, 2019.12.11. 주간경향 인터넷 기사 참조.

이 있었다.[16] 그 후 미국의 폭격에 항의하는 시위대가 바그다드 주재 미국 대사관을 다시 공격하는 사건이 벌어지고, 이에 미국 국방부는 트럼프 대통령의 지시에 따라 2020년 1월 이란의 군부실세 솔레이마니 사령관이 바그다드 국제공항에 내려 이라크의 친이란 시아파 민병대 부사령관 아부 마흐디 알무한디스와 만난 시점을 틈타 공항에 있던 차량을 공습하여 두 명을 모두 숨지게 했다. 이란이 미군의 공습에 따른 보복을 천명하면서 이라크는 이 사건으로 인해 또 한 번 커다란 전쟁의 소용돌이에 휩싸일 뻔한 아슬아슬한 상황에 놓였었다. 미국과 이란 사이에 무력 충돌이 발생할 경우 미국은 이라크에 있는 이란 혁명수비대 시설과 병력을 폭격할 가능성이 매우 높기 때문이다.

이라크 내에서 부패와 실업 등에 항의하는 대대적인 시위가 이어지고 총리가 사퇴에 이르게 된 여파로 인해 2021년 10월 애초 일정보다 6개월 앞당겨 이라크 총선이 실시되었다.[17] 선거와 정치에 대한 이라크 국민들의 불만과 불신으로 다수의 중산층과 청년층이 기권을 선택함으로써 이라크 총선 투표율은 30% 안팎에 그쳤다. 2003년 미국의 이라크 침공 이후 이라크는 미국이 주도한 정치 및 선거제도를 운용해 왔지만 투표율은 점점 낮아져 지속적인 국정운

---

16   강훈상 특파원 · 권혜진 기자, 〈'이란 군부실세' 솔레이마니 美공습에 사망…이란 "가혹한 보복"〉, 2020.01.03. 연합뉴스 인터넷 기사 참조.

17   정의길 기자, 〈이라크 총선 투표율 30%…'제2의 아프간' 될라〉, 2021.10.11. 한겨레 인터넷 기사 참조.

영 마비 상태에 처해 왔다. 2021년 총선 결과는 미국과 이란 모두를 거부하는 반외세 성향의 알사이룬 정파가 다수 의석을 차지하고, 친이란 시아파 민병대와 연계된 파타동맹의 의석수가 크게 줄어들었다. 파타동맹을 지지하는 시아파 정파들이 부정선거를 주장하며 정치적 긴장이 고조된 상황 아래, 총선 한 달 후인 시점에 바그다드에서 무스타파 알카드히미 총리를 겨냥해 드론을 이용한 암살 시도가 벌어졌다. 폭발물을 장착한 드론 한 대가 관저에 있던 총리를 암살하려 했으나 총리에게는 해를 끼치지 못했고 경호원 7명이 부상하는 결과를 낳았다.[18] 미국이 이라크의 대량살상무기를 제거한다는 명분으로 일방적인 공습을 단행한 후 이라크에 국가를 재건하려는 시도가 있은 지 20여 년에 가까운 시간이 흘렀지만 이라크의 정치적 상황은 여전히 혼돈 상태다.

예멘

예멘은 아라비아반도에 위치한 7개 국가 중 유일한 세속 공화정 국가이다.[19] 왕정이 아닌 공화정 아래 민주주의 제도가 채택되었으나 종파주의, 부족주의, 분리주의 등의 강한 영향으로 중앙정부가

18   황철환 기자, 〈이라크서 드론으로 총리 암살 시도…미 "명백한 테러" 규탄〉, 2021.11.07.
      연합뉴스 인터넷 기사 참조.
19   인남식, 『예멘 내전의 배경, 함의 및 전망』, 국립외교원 외교안보연구소, 2018 참조.

제대로 기능하지 못하고 있다. 예멘 북부인 사다(Saada) 지역은 반정부 시아파인 후티의 근거지로 아라비아반도 내 최대 불안정 지역으로 꼽힌다. 이 지역은 사우디아라비아 남부 아시르(Asir)주와 인접해 있는데 아시르주는 사우디 내 최빈곤 지역으로 반정부 성향의 원리주의 무장 세력의 근거지이다. 냉전 시기에 남북으로 분단되어 있던 예멘은 1990년 통일을 이루었으나 이후 남북 간의 갈등이 다시 불거지면서 1994년 내전이 발발하였다. 내전 발발 후 5개월 만에 북예멘군은 남예멘 세력을 정치 제도권에서 완전히 퇴출시키고 통일 공화국을 재수립하였으나, 분리주의 세력과 알카에다 극단주의 세력, 시아파 반군 세력들의 저항으로 말미암아 내전 가능성이 상존해 있었다. 2010년 '아랍의 봄'을 계기로 확산된 민주주의 운동은 2012년 예멘의 살레 대통령을 사임시키는 결과를 불러왔다. 이후 들어선 하디 정부는 2014년 예멘을 6개 주로 분할하여 주별 자치권을 허용하는 연방정부안을 공포하였으나, 시아파 반군 세력인 후티가 더 많은 지분을 요구하며 무력 투쟁에 나서면서 내전이 본격화하게 되었다. 내전의 주요 당사자로는 하디 정부와 후티 반군 외에도 통일 이전의 남예멘에 별도의 국가 수립을 목표로 하고 있는 남부 분리주의 그룹(STC)과 알카에다 아라비아 지부에 속하는 폭력적 극단주의 테러 세력 등이 혼재해 있다.

예멘 내전은 하디 정부와 후티 반군 사이의 권력 투쟁적 성격과 더불어, 하디 정부군과 STC 분리주의 그룹을 이루고 있는 수니파와 후티 반군 세력인 시아파 간의 종파 분쟁적 성격이 동시에 작용하고 있다. 여기에 더해 예멘의 접경국인 사우디와 이란 간의 역내 패권 경쟁의 다툼이 결합되면서 예멘 내전은 국내에 국한된 권력 투쟁 양상을 벗어나게 되었다. 2003년 이라크 전쟁 이후 이라크에 시아파 정부가 들어서면서 시아파 국가인 이란의 영향력이 확대되고 이란, 이라크, 시리아의 아사드 정부, 레바논의 헤즈볼라가 연결된 시아파 초승달 지대가 형성되면서 사우디와 같은 수니파 국가들의 위기 의식이 고조되었다. 사우디는 공화정을 표방하고 있는 이란의 영향력으로 말미암아 자신들의 왕정 체제가 흔들릴 것을 크게 우려하던 차에, 사우디의 남부에 있는 예멘에서 이란의 지원을 받는 시아파 후티 반군이 득세하자 사우디는 하디 정부의 요청에 따라 아랍 연합군을 구성하여 후티 반군에 대한 대대적인 공격에 나섰다. 사우디 주도의 12개국 다국적 연합군에는 UAE, 카타르, 쿠웨이트, 바레인, 요르단, 모로코, 이집트, 수단, 세네갈, 모리타니, 파키스탄 병력이 참여하였다. 이와 더불어 사우디와 이란의 개입으로 인해 사우디 왕정을 지원하는 미국과 이란을 지원하는 러시아 간의 국제 역학적인 갈등 관계가 예멘 내전 배후에 자리하게 되었다.

예멘 내전이 본격화된 지 7년이 흐른 2021년 현재 유엔아동기금 (UNICEF)의 발표에 따르면 예멘의 5세 이하 어린이 230만 명이 심각한 영양실조를 겪고 있고, 10분에 한 명씩 영양실조와 치료 가능한 질병으로 사망하고 있다. 또한 유엔개발계획(UNDP)의 보고서에 의하면 예멘 내전의 직간접적인 영향으로 2021년 말까지 37만 7천 명에 달하는 인구가 사망할 것으로 예상되고 있으며, 이 중 약 60%가 물 부족, 기아, 질병 등의 원인으로 인한 사망으로 알려지고 있다.[20] 사우디가 주도하는 아랍 연합군은 2021년 6월 이래 11월까지 6개월 동안의 폭격으로 1만 5천 명에 가까운 후티 반군을 죽였다. 이에 대한 보복으로 후티 반군은 사우디의 여러 공항과 정유시설 등에 폭탄을 적재한 무인기 14대를 발진시키는 등 예멘 내전은 좀처럼 쉽게 사그라들 기미를 보이지 않고 있다. 후티 반군에 대한 이란의 군사 지원 중단과 후티 반군의 사우디 공격 중단, 그리고 사우디가 주도하는 아랍 연합군의 공습 중단 및 후티 세력과 예멘 정부 간의 정치적 · 경제적 타협이 동시에 이루어져야 비로소 예멘 사회는 평화협상으로 나아가는 여하한 길을 모색할 수 있을 것이다. 예멘 정부군과 후티 반군, 사우디와 이란의 어느 한 편에 편승하여 군사적 개입을 확대하는 것은 예멘의 고통을 더욱 심화시키고 전쟁의 시공간적 범위를 더욱 연장시킬 따름이다. 미국과 러시아를 비롯한 국제사회는 평화 회의를 통한 내전 당사자들 간의 합의를 마련하기 위해 적극적으로 노력하고, 예멘 사회의 빈곤 및 치안 문제를 해결하기 위한 인적 · 물적 지원을 분담하는 데에 있어서도 국제적인

---

20 김신규 기자, 〈'내전 고통' 예멘 어린이 10분에 1명씩 사망〉, 2021.09.23. 데일리굿
    뉴스 인터넷 기사; 박원준 기자, 〈UN "예멘 내전으로 연말까지 377,000명 사망"〉,
    2021.11.24. 국제뉴스 인터넷 기사 참조.

공조와 협력을 아끼지 말아야 할 것이다.

미얀마

2021년 2월 1일 미얀마에서 군부 쿠데타가 발생한 이후, 군부에 저항하며 민주화 운동에 나선 미얀마 시민들에 대한 무차별적인 탄압으로 인해 2021년 한 해가 저물어 가는 현재 시점까지도 수많은 사상자가 속출하고 있다. 2017년 로힝야족 학살 사건으로 이미 70만 명이 넘는 난민들이 발생하였던 미얀마에서는 쿠데타 이후 군부의 유혈 진압을 피해 난민이 된 인구가 또한 70만 명 이상이 될 것으로 추산된다. 미얀마 내에서 군부의 세력이 현재와 같이 성장할 수 있었던 배경은 1940년대의 역사적 상황으로 거슬러 올라간다.[21] 2017년 제2차 세계대전 당시 영국의 식민지 지배 아래에 있던 미얀마에서는 아웅산 수치의 아버지인 아웅산 장군으로 대표되는 '30인의 동지'라 불린 청년들이 영국의 착취와 지배 정책에 저항하여 독립 운동을 펼치고 있었다. 일본의 지원을 받으며 군사훈련과 무장투쟁에 힘을 쏟았던 이들은 1942년 일본의 버마 침공을 도우며 국내로 진입하는 데에 성공했다. 그러나 일본의 제국주의 정책은 영국과 크게 다르지 않았으며, 이에 청년 민족주의자들은 1944년 항일비밀

---

21 엄은희, 「장기화된 미얀마 위기, 중층적으로 읽기」, 황해문화, 262~285쪽, 새얼문화재단, 2021 참조.

조직을 결성하여 연합군과 함께 일본의 패망을 이끌었다. 일본의 패망 이후 영국의 지배 아래 다시 놓이게 된 상황에서 아웅산 장군은 소수 종족과 평화 공존을 표방하는 독립연방국 수립을 추진하며 영국으로부터 1년 후 독립을 약속 받았다. 그러나 독립정부 수립을 준비하는 과정 중 혼란한 상황 속에서 32세의 아웅산은 신원불명의 인물에게 암살을 당하는 비극을 겪게 된다.

아웅산의 죽음 이후, 그의 동료 우누를 중심으로 하여 1948년 신생독립국 버마연방이 출범하였다. 그러나 산악 지역의 소수 민족들은 연방에 통합되기보다는 독립을 원했고 이에 대응하는 과정에서 버마족 중심의 군부 권력이 강화되면서 국가분열 방지라는 이름 아래 군부의 권위적이고 강압적인 통치가 이어지게 되었다. 1962년에 이르러 30인 동지의 일원이었던 네윈에 의해 군부 쿠데타가 일어나면서 권력을 잡은 그의 '버마식 사회주의' 통치에 의해 미얀마는 이전보다 더욱 극심한 정치적, 경제적 어려움에 처하게 된다. 네윈 정부는 불교 버마족 우위의 민족주의를 주장하며 타종교와 타민족을 탄압하고 국제적으로도 고립되는 상황에 놓이게 되었다. 군부의 탄압에 맞선 학생들을 중심으로 한 민주화 투쟁이 1974년과 1988년 대규모로 발생하였고, 88항쟁 당시 미얀마에 귀국한 아웅산 수치는 미얀마 국민들의 새로운 영웅으로 떠오르며 같은 해 창당된 민주주의민족동맹(NLD)의 대표로 추대되었다. 88항쟁은 새로이 등장한 소마웅의 신군부에 의해 3천여 명에 달하는 사망자를 비롯한 수많은 희생자를 남기며 강제적으로 진압되었다. 정권을 찬탈한 소마웅은 네윈이 이끌었던 과거 군부와의 차별성을 강조하기 위해 사회주의 노선을 폐기하고 선거를 통해 정권 이양을 약속하는 계획을 제시했다. 그러나 1990년 선거 결과 아웅산 수치의 NLD가 압도적으로 승리하자, 군부는 권력을 이양하겠다는 약속을 폐기하고 공안통치를 강화했다.

2003년 5월 아웅산 수치가 방문한 한 지역에서 야간에 수치의 지지자들이 피습되는 사건이 발생했다. 이에 따라 국제사회의 강도 높은 제재가 이루어지자 군부는 온건파 인물을 신임 수상으로 지명하고 '규율 민주주의를 향한 7단계 민주화 이행 로드맵'을 발표했다. 로드맵의 5단계 조치수순에 해당하는 국회의원 선거가 20년 만인 2010년 다시 열리게 되었고, NLD가 불참한 총선의 결과 승리를 거둔 군부 영향 하의 테인세인 정부는 아웅산 수치의 가택연금 해제 및 노동법과 정당법의 일부 개정 등 일련의 정치개혁을 시행했다. 이러한 정치적 변화 속에서 2015년 실시된 총선에서는 마침내 NLD가 승리를 거두어 다음 해 미얀마에서는 실질적인 민간 정부가 출현하게 되었다. 수치 정부는 독재 기간 동안 침체되었던 국내의 경제발전 도모, 군부 권력의 법적 안전망을 해체하기 위한 헌법개정, 그리고 130여 개에 이르는 소수 종족과의 갈등 해결을 위한 평화협상을 내용으로 하는 세 가지의 개혁과제를 제시했다. 하지만 집권 기간 동안 벌어진 로힝야 탄압 사건과 그로 인한 서방세계의 경제 제재 및 헌법개정의 지연 등으로 인해 수치 정부는 약속한 세 가지 개혁과제 중 그 어느 것도 성공적으로 이루어 낸 것이 없었다. 그럼에도 불구하고 이어진 2020년 총선에서 NLD는 또 한 번의 압승을 거두었으며, 그 결과 2021년 2기 민간정부의 출범이 예정되어 있었다. 그러나 2021년 2월 1일 새벽 미얀마 군부는 총선을 부정선거로 규정하고 쿠데타를 일으켜 수도를 봉쇄하고 아웅산 수치와 NLD 지도자들 및 총선 당선자들을 감금한 채 국가비상사태를 선언했다.

군부의 쿠데타에 저항하며 일어난 2021년 미얀마의 시민항쟁은 의료, 행정, 경찰, 운송 등 공공부문의 공무원들을 주축으로 먼저 시작되었다. 그리고 여기에 지난 10년 간의 개혁개방을 경험하고 디지털 문화에 익숙한 Z세대의 연대가 이루어졌다. 2021년 4월에는 선출 국회의원과 정당 정치인, 노동자, 학생, 교사노조, 소수종족 지도자와 무장세력 등 저항세력들이 결집하여 국민통합정부(NUG)의 출범을 선언하기에 이르렀다. 총기를 동원한 군부의 살인적인 시위 진압으로 인해 수많은 사상자가 속출하는 가운데 2021년 6월 19일 유엔총회는 미얀마 군부의 폭력적 행위를 규탄하고 미얀마 내 무기유입 차단을 촉구하는 결의안을 뒤늦게 채택했다. 그러나 중국과 러시아는 유엔안보리에서 반대표를 던지며 미얀마 군부에 대한 공식적 규탄 성명을 저지하는 입장을 표명했다. 미얀마 군부와 정치적, 경제적 이해관계를 같이 하는 중국과 러시아의 친군부 행보로

인해 사실상 유엔을 비롯한 국제사회는 고문과 탄압 속에 놓인 미
얀마 시민들을 그저 속수무책으로 바라보고만 있는 실정이다. 2021
년 4월 미얀마 국민통합정부는 군부 총사령관 민 아웅 흘라잉을 체
포해 줄 것을 국제형사경찰기구에 요청하였으며, 국제형사재판소에
그를 제소할 계획이 있음을 밝힌 바 있다. 민주적 절차를 무시한 채
무력적인 통치를 도모하는 쿠데타 세력들이 그에 상응하는 법적인
처벌을 받을 수 있도록 폭력적인 진압을 지휘한 민 아웅 흘라잉과
군부의 핵심 인물들을 국제형사재판소에 회부하려는 미얀마 민주
세력들의 움직임에 힘을 실어주는 것이 미얀마의 상황을 평화롭게
만들기 위해 그나마 국제사회가 택할 수 있는 최선의 길로 보인다.

IS와 테러 문제

    주요 강대국들이 군수품 생산과 거래를 중단하고 하루빨리 국가 간 군사적 대결을 중지함으로써 국제적 공조 아래 신냉전 체제를 종식시켜야 하는 까닭은 점점 심각해지는 난민 문제 말고도 전 세계에 지속적이고 잠재적인 위협으로 남아있는 테러 문제와도 깊이 연관된다. 2021년 8월 아프간에 주둔하던 미군이 철수한 지 일주일 만에 탈레반은 수도 카불에 입성하며 20년 만에 아프간을 재장악했다. 탈레반의 카불 탈환 후 탈레반 세력을 피해 아프간을 탈출하려던 수많은 아프간 주민들로 아수라장이 되었던 아프간의 유일한 탈출구인 카불 국제공항 인근에서 연쇄 자살 폭탄 테러가 발생하여 100명 이상이 숨지는 참사가 벌어졌다.[22] 이슬람 극단주의 테러 조직인 IS는 자신들이 그 테러 공격의 주체라고 밝혔으며, 미국 당국

---

22 김영현 기자, 〈IS 카불 자폭테러에 100여 명 사망…바이든, 군사 보복 천명〉, 2021.08.27. 연합뉴스 인터넷 기사 참조.

도 그것이 IS의 아프간 지부인 이슬람 국가 호라산(IS-K)의 소행이라고 지목하였다. 탈레반은 IS와 같은 이슬람 수니파 극단주의 조직이지만, IS는 탈레반의 시아파에 대한 대응과 미국과의 협상 등을 이유로 탈레반을 비난해 왔다. 카불 공항의 폭탄 테러 후 하루 만에 미국은 무인 항공기를 이용해 IS-K의 차량을 겨냥하는 보복 공습을 단행했다. 그 과정에서 미군의 오폭으로 어린이 7명을 포함한 아프간 현지인 가족 10명이 사망하는 사고가 벌어졌다.[23] 미국의 보복 공습 이후에도 아프간에서는 IS-K의 소행으로 보이는 크고 작은 폭탄 테러가 차량과 이슬람 사원 등에서 잇따르고 있다.

수니파 무장 단체인 IS의 탄생은 짧게는 미국의 이라크 침공으로 시작된 2003년 이라크 전쟁과 2011년 시리아에서 시작된 내전이 주요한 배경으로 작용하였으며, 이슬람 지하드 운동 전체의 역사는 그보다 더 오랜 아프가니스탄 전쟁으로 거슬러 올라간다.[24] 1979년 소비에트가 아프간을 침공한 후 아프간에 소비에트 정부를 세우면서 본격적인 아프간 내전이 시작되었다. 1980년대 내내 아프가니스탄에서 소비에트에 대항하는 목적으로 확산된 이슬람 지하드 운동은 당시 세계 최강의 소비에트 군대와 10년 간의 전투를 벌인 끝에 소비에트군을 몰아내고 승리를 거두었다. 이 기나긴 아프간 전

23 김표향 기자, 〈"카불 오폭 위법은 없다"라는 미군…그러나 영상엔 어린이가 찍혔다〉, 2021.11.04. 한국일보 인터넷 기사 참조.

24 하영식, 『희망을 향한 끝없는 행진, 난민』, 사계절, 2017, 46~76쪽 참조.

쟁에서 미국은 소련을 물리치기 위해 지하드 세력에게 엄청난 액수의 무기를 지원하였고, 이러한 미국의 다량의 무기와 재정적 지원이 제공되는 과정에서 탈레반과 알카에다 같은 무장 조직이 건설되었다.[25] IS의 모체가 되는 '이라크 알카에다'의 지도자 알자르카위는 1980년대 말에 아프가니스탄의 대소비에트 지하드 전쟁에 참여하였다. 그는 1989년 아프간에 도착하여 그곳에서 빈 라덴 등 알카에다 지도부를 만났다. 그러나 같은 무슬림인 시아파에 대해 타협적인 관점을 보였던 빈 라덴을 비롯한 알카에다 지도부와 달리, 알자르카위는 시아파 민간인과 정부 인사들, 심지어 비판적인 수니파 인사들에 대해서도 자살 폭탄 테러 공격을 서슴지 않았다. 2006년 미군의 폭격에 의해 알자르카위가 사망하면서 이라크 알카에다는 다른 작은 무장 그룹들을 연합해 이라크 이슬람 국가(ISI)를 공식적으로 선포했다. 이 그룹의 수장으로 선출되었던 아부 오마르 알바그다디가 2010년 미군의 공습에 의해 살해된 후 ISI는 아부 바크르 알바그다디를 새로운 대표로 선출하고 조직을 재정비했다.

2011년 시리아 내전이 시작된 배경은 시리아의 다수파인 수니파를 탄압하는 아사드 정권의 40년간에 걸친 독재 정치에 있었다. 아사드 정권이 2011년 일어난 수니파의 봉기를 무력으로 진압하는 일이 벌어진 이후, 미국과 유럽이 반아사드 세력을 지원하겠다고 나서

---

25 하영식, 『IS: 분쟁전문기자 하영식 IS를 말하다』, 불어라바람아, 2015 참조.

자 전 세계 사방에서 수니파 지하드 용사들이 시리아로 몰려들었다. ISI는 조직원들을 시리아로 보내어 시리아의 각 지역마다 무장 조직 세력을 건설했다. 알바그다디가 '알누스라 전선'이라는 다른 조직을 ISI와 통합하는 시도를 일방적으로 추진하다 반대에 부딪히자 알카에다 지도부가 중재에 나서며 조직 통합을 무산시켰다. 알바그다디는 알카에다의 권위와 중재를 거부하였고, 2014년 2월 알카에다는 공식적으로 ISI와의 단절을 선언하였다. 이후 2014년 6월 알바그다디는 북부 이라크의 모술을 점령한 뒤 조직의 명칭을 바꾸어 이슬람국가(IS)의 설립을 선포하였다. 이때 모술에 주둔하고 있던 3만 명의 이라크 병사들이 당시 미국에 의해 보급된 최신식 무기들을 버려둔 채 도망하여 모든 무기가 IS의 수중으로 넘어가는 일이 벌어졌다.

IS의 이데올로기적 근거는 사우디아라비아가 믿고 있는 이슬람교의 '와하비즘'이다. 와하비즘 이론은 이슬람이어도 참이슬람이 아닌 이들은 지하드를 통해 강제로 개종시키든지 추방하든지 죽여야 한다고 가르친다. 지하드로 인해 죽은 사람은 즉각 천국으로 간다고 가르치고 있는데, 이는 자살 폭탄 테러와 같은 극단적인 공격의 사상적 토대가 된다. 사우디아라비아에서는 와하비즘을 공식적인 신학으로 채택하고 있으며 많은 수가 와하비즘을 따르고 있다. 실제로 IS 조직의 약 7천 명에서 1만 명 정도가 사우디 출신의 젊은이들로 채워졌다고 알려져 있으며, 또한 사우디는 IS를 재정적으로 뒤에서 지원하는 주요한 국가들 중 하나로 알려져 있다. IS와 같은 테러 조직을 재정적으로 지원하는 국가는 사우디 이외에도 터키, 아랍에미리트, 카타르, 쿠웨이트 등이 있다. IS와 관련한 문제로 인해 사우디와 미국 간에는 상당한 갈등이 있었지만, 미국은 사우디가 IS에 재정적 지원을 한다는 사실을 알고도 석유를 둘러싼 이해관계로 인해 이러한 사우디의 행동에 눈을 감아 왔다. 사우디가 IS 격퇴에 동조하지 않는 이유는 수니파 무장 세력을 이용해 시아파 맹주인 이란을 견제하기 위함에 있다. 사우디는 이란이 시아파인 이라크와 시리아 정권, 그리고 레바논 헤즈볼라에 재정적 및 군사적 지원을 하는 것을 견제해 왔다.[26]

IS는 2015년 당시 시리아와 이라크의 과반이 넘는 지역을 점령하였으며, IS를 추종하는 최소 5만 개의 트위터 계정과 각 트위터당 평균 천여 명에 달하는 팔로워를 보유하고 있었다. IS는 SNS를 통해 자신들의 정치적 주장과 세력을 홍보하고, 대형 테러 사건들을 벌이면서 트위터나 페이스북 등을 이용해 그것들이 자신들의 소행임을 대대적으로 선전해 왔다. 2016년부터 이슬람 극단주의를 겨냥한 국제사회의 공조를 바탕으로 미군과 러시아군의 공습이 이어지고 터키군, 시리아 정부군, 쿠르드계 시리아 민주군, 이라크 정부군의 협공이 계속되면서 IS는 서서히 몰락의 길을 걷기 시작했다.[27] 2017년

26   한상용·최재훈, 『IS는 왜?』, 서해문집, 2016 참조.
27   〈이라크 레반트 이슬람 국가〉, 나무위키 인터넷 검색 참조.

모술과 라카가 함락되면서 IS는 주요 대도시 거점을 비롯한 이라크 내의 점령지를 거의 모두 잃으면서 시리아 동부의 군소 군벌 수준으로 축소되었고, 2019년에는 미군 특수부대의 작전으로 IS 수장인 아부 바크르 알바그다디가 사망하였다. IS는 국가 형태의 거대 조직으로서는 그 세력을 대부분 상실하였으나 현재에도 나이지리아를 비롯한 아프리카 국가들, 아프가니스탄, 파키스탄, 인도네시아, 이집트, 리비아, 알제리, 이란, 인도, 소말리아, 필리핀, 모로코, 프랑스, 벨기에, 레바논, 터키, 러시아 등의 빈민가나 낙후된 지역에 점조직으로서 여전히 다 사라지지 않고 남아 있는 것으로 추정된다.

IS의 테러 공포가 전 세계로 확산된 데에는 '외로운 늑대'로 불리는 자생적 테러리스트들의 무차별 공격이 커다란 축으로 자리하고 있다. 프랑스의 샤를리 에브도 테러, 미국 텍사스 총격 사건, 호주 시드니 카페 인질 사건 등이 그 대표적인 예이다. 높은 실업률과 경제적 어려움, 어둡고 불안정한 미래, 인종 차별이나 무슬림에 대한 종교적 억압 등 여러 가지 이유로 인해 많은 국가의 젊은이들이 이슬람 극단주의에 경도되어 IS의 이념이나 활동에 동조하면서 무차별적인 테러를 기도할 가능성이 산재해 있다. IS와 같은 극단주의 테러세력에 국제적으로 공조하여 대응하기 위한 정도의 군사적 인력과 장비를 제외한다면 사실상 신냉전 체제를 유지하고 확대하기 위해 소요되고 있는 각국의 엄청난 규모의 군대와 군수품, 군사시설들은 굉장히 무용하고 낭비적인 것이다. 각국의 국방비로 책정되는 많은 예산을 고용과 복지 분야로 돌린다면 사회 전체의 안정성은 그만큼 높아질 것이며 청년들이 극단주의 테러리즘에 경도될 가능성 역시 크게 줄어들 것이다. 오늘날 세계는 팬데믹 문제, 기후 문제, 난민 문제, 테러 문제 등 각국이 서로 협력하고 머리를 맞대지 않고서는 결코 해결할 수 없는 전 지구적인 문제들로 산적해 있다. 현시대의 인류가 국가주의 및 군사적 제국주의에 매몰되어 영토와 자원을 둘러싼 군사적 경쟁과 패권 추구를 지속시킨 결과, 미래에 또 다른 세계대전으로 치닫게 될 경우 그로 인해 파생될 여러 다른 문제들까지를 고려한다면 다음 세기 인류의 생존과 안전이 어디까지 보장받을 수 있을지는 참으로 의문이다. 20세기 인류를 양차 대전으로 몰고 갔던 배타적 성격의 국가주의와 민족주의는 여전히 사라지지 않고 현세기 인류에게도 건재하다. 군사력의 확장과 행사를 통한 한반도 주변 강대국들의 패권 다툼이 참혹한 결말로 이르지 않기 위해서는, 편협한 국가주의나 폭력적 제국주의와는 전혀 다른 세계시민으로서의 새로운 상상력과 평화를 향한 줄기찬 생명력이 우리 모두에게 절실히 요구된다고 하겠다.

| 맺는 글:
영세중립국 선언과 북태평양 비핵지대의 모색

　　1997년부터 2006년까지 재임하였던 코피 아난 유엔 사무총장은
임기 동안 소말리아 전쟁이나 유고슬라비아 전쟁 같은 처참한 상황
에 직면하면서 안보리 상임이사국의 거부권 제도로 인한 인권 유린
에 절망스러워했다. 그는 임기를 마치면서 안전보장이사회 개혁안
을 제시하였는데, 여기에는 크게 두 가지 사항이 포함된다. 첫째는
중대한 반인도적 범죄와 관련해서는 상임이사국들의 거부권 행사
가 허용되어서는 안 된다는 것이다. 그리고 둘째는 현재 5개국으로
고정되어 있는 안보리 상임이사국의 지위를 모든 국가가 교대로 맡
을 수 있어야 한다는 것이다.[1] 유엔의 개혁을 어렵게 만드는 커다란
요인은 유엔 헌장이 개정되기 위해서는 안보리 이사국 3분의 2 이
상의 동의가 필요한데 여기에 모든 상임이사국들의 동의가 포함되
어야 한다는 점이다. 유엔헌장은 상임이사국들에게 막강한 권한을

1　장 지글러, 『유엔을 말하다』, 이현웅 옮김, 갈라파고스, 2018, 339쪽 참조.

부여하고 있으나, 권한을 합법적으로 통제할 수 있는 수단은 마련하고 있지 않다. 전쟁 방지와 세계의 평화 유지를 목적으로 설립된 국제기구 유엔은 현재 2백여 개에 달하는 대부분의 국가들을 그 회원국으로 보유하고 있음에도 불구하고 반인도적 전쟁 범죄와 신냉전 체제의 확산, 군사비 지출의 증가와 군수품 수출입 같은 문제들 앞에서 그저 무력하기만 할 뿐이다. 그 어느 국가들보다도 막강한 군사력에 의지하고 있는 나라들이 유엔의 거의 절대적인 권한을 누리는 안보리 상임이사국의 지위를 획득하고 있는 사실을 고려해 볼 때 이는 너무도 자연스러운 귀결이다. 대규모의 핵무기를 보유하고 수많은 해외군사기지를 운용하며 미사일방어체제를 확대하고 있는 안보리 상임이사국들이 평화 유지를 위한 국제기구의 최고 권한을 부여받고 있다는 사실은 진정한 평화를 향한 현 인류의 노력이 얼마나 하찮고 미흡한 수준인지를 여실히 보여준다.

한반도가 처해 있는 주변국들의 정세 속에서 남북한이 진정 안정되고 평화로운 상태를 보장받기 위해서는 현재 한국 정부가 추진하고자 하는 종전선언만으로는 그 한계가 너무도 명확하다. 남한은 종전선언을 넘어 북한과 공동으로 하는 영세중립국 선언을 진지하게 고려해 볼 필요가 있다. 해방 이후 미·소에 의한 신탁통치로 인해 남과 북이 분단되고 미·소 군대가 한반도에 주둔하게 되면서 전쟁 가능성과 긴장이 고조되자 김용중, 김삼규, 권두영, 김문갑 등을 중심으로 한반도의 중립화 통일론을 주장하는 목소리가 일기 시작했다.[2] 하지만 이후 남한에는 이승만 세력이 친미 정부를 수립하고 미국의 비호와 원조 아래 반공 이데올로기를 전면에 내세우면서 중립화 통일론의 주장은 크게 빛을 보지 못했다. 남한은 이승만 정권 이래로 줄곧 모든 역대 정부가 한미동맹을 지속시켜 온 반면, 북한은 1960년대부터 중립외교에 큰 관심을 기울여 왔으며 1975년 비동맹운동 정식회원국으로도 참가한 바 있다. 북한은 한미동맹 폐기와 주한미군 철수, 한미연합훈련 중지 등을 주장해 왔지만 남한은 그러한 북한의 손을 한 번도 잡아주지 못했다. 지금이라도 남북한은 스위스나 오스트리아처럼 전시와 평시를 불문하고 언제나 주변국들로부터 군사적인 중립을 유지하며 외교상으로는 주변국들과 우호관계를 지속하는 영세중립국의 지위를 택할 것을 국제적으로 천명해야 한다. 남북한은 현재 체결 중인 주변국과의 모든 군사동맹을 폐지하고 한반도 내의 모든 외국군 철수 및 외국군사기지 철폐를 이루어야 하며, 남북한의 군대를 축소하고 외국군과의 모든 군사연합훈련을 중지하며 외국의 핵우산 및 미사일방어체제에 편입되는 것을 일체 거부해야 한다.

모순적이고 폭력적인 국제질서를 수정하고 신냉전 체제를 벗어나 동북아 지역에 새로운 모습의 평화 체제를 구축하는 데 있어, 북

---

2 이달순, 『영세중립국선언: 중립주의 운동의 정치사적 조명』, 박영사, 2013 참조.

태평양 연안의 모든 핵보유국들을 참여시키는 북태평양 비핵지대 창설을 향한 시도와 노력은 그 커다란 밑거름이 될 것이다. 주변국들의 경쟁과 대결 구도의 제거가 동반되지 않는 북한만의 핵포기는 사실상 한반도의 안정에 그다지 커다란 실익이 없다. 남북한이 함께 평화를 향한 의지를 모아 주변국들을 그 길에 참여시키지 못한다면 한반도는 언제든 다시금 한국전쟁과 같은 고통과 희생을 되풀이할 가능성을 모두 사라지게 하지는 못할 것이다. 다수의 한국 국민들이 무력과 폭력에 의지하는 국가들에게 '강대국' 또는 '선진국'이라는 이름을 계속 허락하고, 그들이 확대하는 국방정책과 군사활동에 맹목적으로 종속되어 폭력적이고 파괴적인 힘들을 '강하고 앞선' 힘이라고 인식하고 인정하는 한, 우리에게 참된 평화란 영영 도래하지 않는 한낱 신기루로 남아있을 것이다. 신냉전 체제로부터의 보다 완전한 탈피를 위해서는 핵무기 철폐를 통한 비핵지대 창설과 더불어 미사일방어체제 및 해외군사기지 철폐 방안도 함께 모색되어야 할 것이다. 러시아는 미국에 비해 재래식 군사력에서 크게 밀리는 수준이기 때문에 핵무기를 통해 재래식 군사력의 열세를 만회하려는 의도를 갖고 있다. 따라서 재래식 군사력과 미사일방어체제의 변화가 함께 수반되지 않으면 비핵지대의 설립 또한 달성되기 어려운 측면이 있는 것으로 보인다.[3]

---

3   정욱식, 『글로벌 아마겟돈』 참조.

핵문제는 다만 군사적으로 이용되는 핵무기 문제에만 그치지 않는다. 원자력 발전에 이용되는 핵원료는 소정의 과정만을 거치면 얼마든지 핵무기 생산으로 전용이 가능하다. 따라서 핵무기 생산과 배치를 위한 원자력 물품과 기술에 대한 통제뿐 아니라, 소위 '평화적' 목적을 위한 것이라 불리는 위험천만하기만 한 원자력 발전용 자원과 기술 이전에 대한 국제적인 통제 역시 시급하다. 기후 위기에 대한 대응책으로 원자력 발전의 확대를 주장하는 것은 정당한 근거가 없는 터무니없고 무책임한 주장에 지나지 않는다. 핵발전이 온실가스를 배출하지 않는다는 주장과는 달리 핵발전은 우라늄 채굴과 농축 및 가공 단계, 발전소 건설과 운영 단계, 핵폐기물의 보관·운반·처리 단계 등 거의 대부분의 단계에서 온실가스를 배출한다.[4] 또한 핵발전소의 건설 기간은 일·이십 년이 소요되는 상당히 긴 시간을 필요로 하기 때문에 그 시간 동안 동일한 예산으로 태양광이나 풍력으로 전력을 생산하여 온실가스 배출을 줄일 기회를 박탈한다. 처리 불가능한 대량의 방사성 폐기물을 생산하는 핵발전은 위험할 뿐 아니라 경제적이지도 못하다. 다른 재생 에너지의 비용이 시간이 흐름에 따라 점차 낮아지고 있는 반면 핵발전소의 비용은 과거 40년 전에 비해 오히려 4~8배가 높아졌다. 게다가 핵발전소는 한 번 대형사고가 일어나면 그로 인한 피해 비용은 계산이 불가능한 천문

---

4   김현우 외, 『기후위기와 탈핵』, 한티재, 2021 참조.

학적 수준에 이른다.

최근 지구온난화로 인해 이상기후의 빈도가 증가하면서 핵발전소 사고의 위험 가능성은 한층 더 높아지고 있다. 2020년 9월 태풍 마이삭의 영향으로 고리 핵발전소 6기가 전부 정지했고, 잇따른 태풍 하이선은 월성 2·3호기를 정지시켰다. 또한 같은 해 7월에는 집중호우로 인해 신고리 3·4호기 일부 시설이 침수되기도 하였다. 현재와 같은 온실가스 배출이 지속될 경우 지구온난화로 인해 금세기 말에는 해수면이 수 미터 상승할 것으로 예상되는데, 해수면의 상승은 침수 피해와 더불어 폭풍의 강도와 빈도를 증가시킨다. 핵발전소의 핵폐기물이 폭풍과 해일에 노출되어 사고로 이어질 경우 그 피해로 인한 위험은 상상을 초월할 것이다. 핵발전소는 발전 과정에서 수증기를 냉각시키기 위해 해수나 담수를 이용하는데 이렇게 사용된 냉각수는 약 7~9도가 상승한 온도로 다시 배출된다. 이러한 막대한 양의 온배수는 배수구 부근의 수온을 상승시켜 지구온난화로 높아진 해수 온도를 더욱 증가시킨다. 또한 지구온난화로 인한 대기의 온도 상승 역시도 핵발전소의 내부 과열을 초래하여 냉각수를 과열시키게 되면 핵발전은 가동을 중지해야 하는 상황에 처할 수밖에 없다. 따라서 어느 모로 보나 기후위기 시대에 원자력 발전은 유효한 대안이 될 수 없다. 인류는 화석연료와 원자력을 대체하는 재생에너지로의 대대적인 전환을 하루빨리 서둘러 임박한 기후위기를 극복해 나가야 할 것이다.

군수품 생산 금지 및 국가 간의 군수품 교역 금지를 위한 실효성 있는 국제법 마련과 모든 국가가 이를 준수하고 이행할 필요성 역시 도 절실하다. 현재 화학 및 생물학 무기를 통제하는 호주그룹, 미사일기술통제체제, 원자력공급국그룹, 재래식무기 및 이중용도 물품과 기술을 통제하는 바세나르체제가 국제적인 수출통제체제로 마련되어 있기는 하지만 이러한 장치들은 현실적으로 유효한 제 기능을 전혀 발휘하지 못하고 있다. 각 조직을 이루는 회원국의 수가 제한적이고 법적 구속력이 없는 데다가 수출통제의 대상 범위와 내용 또한 충분치 못한 실정이다. 이러한 상황에 더하여 현재의 인류는 인공지능 기술과 위성 기술의 발달을 바탕으로 군사로봇의 개발이 가속화되고 우주군 창설 등으로 말미암아 우주전쟁의 가능성까지 제기되고 있는 시점에 놓여 있다. 국방 및 군사활동의 전 범위를 포괄하는 국제법적 구속력을 갖춘 군수품 생산 금지와 군수품 및 군사 기술의 수출입 금지 방안이 모색되지 않는다면, 인류는 군사로봇이 지닌 가공할 만한 살상 능력의 피해자가 되거나 위성의 교란과 파괴를 초래하는 우주전쟁의 발발로 인해 심대한 혼란 속에 빠질 가능성을 모두 배제할 수 없다.

세계평화로 나아가기 위해 종국적으로 군수산업 폐지와 국방부 폐지는 필수불가결한 선결 조건이다. 여기에 더해 '국가안보'라는 이름으로 예산과 규모, 조직의 형태와 그 구성원조차 공개하지 않는, 투명성이라고는 전혀 없는 모습의 정보기관들 역시 사라져야 하기는 마찬가지다. 각국의 정보기관들은 불투명한 조직 활동과 예산 집행을 바탕으로 특정한 정치적 세력의 목적과 이해관계에 따라 음성적이고 무차별적인 방식으로 국민들의 인권을 침해하고 폭력을 양산하는 데에 악용되고 있다. 정보기관의 즉각적인 폐지가 한 번에 실행되기 어렵다고 한다면, 단계적인 방식을 통해서라도 정보기관의 투명성을 높이는 방향으로 조직의 성격을 개선하고 국제적 공조가 필요한 활동 이외의 활동들은 그 규모를 대거 축소하거나 그 내용을 변경함으로써, 각국의 정치 활동이 국가 간의 경쟁과 기밀 유지를 바탕으로 존속되고 있는 세계의 현실을 다 같이 바꾸어 나갈 수 있도록 함께 노력해야 할 것이다.

이상은 언제나 현실의 가장 깊은 곳으로부터 발원한다. 우리의 현실이 슬프고 어둡고 고통스러우면 고통스러울수록 우리가 그러한 지점을 끝까지 놓치지 않고 물음을 끊임없이 제기하기를 그치지 않는다면, 그 고통으로부터 해방되어 모두가 자유로워지는 고통 너머의 저 다른 지점이 그로부터 연결되어 우리 앞에 새로운 다리가 놓이게 되는 것이다. 그러나 우리가 슬픔과 어두움과 고통을 응당 영원히 지속되어야 할 것으로 간주하고 그것들에 대해 아무런 물음도 던지지 아니한 채 그것들이 변하지 않는 우리 모두의 현실인 양 수긍하는 데에 그친다면, 우리는 더욱 더 그것들 안으로 빨려 들어가 이상은 영영 어둠과 고통 속에 파묻힌 채 결코 우리 앞에 현실화되는 일이 없을 것이다. 그러니 더욱 어려운 문제는 우리가 고통스러운 것들과 악한 것들 앞에서 물음 자체를 제기하지 못하게 될 때, 고통을 고통으로 악을 악으로 느끼지 못할 만큼 고통과 악이 우리에게 내면화되어 있을 때에 발생한다. 군대에서의 고통쯤은 남성이 남성으로서 치러야 하는 국가에 대한 봉사와 충성 같은 것으로 여겨지고, 군수품 개발과 수출입은 우리 국가의 안보와 경제를 튼튼히 하기 위한 전도유망한 노력과 같은 것으로 여겨진다면, 전쟁은 그만큼 우리와 가까이 우리와 친밀하게 작동하기를 멈추지 않으며 언제든 우리에게 현실화되기를 그치지 않을 것이다. 마치 인류의 역사 전체가 전쟁의 역사라는 듯이, 인류란 전쟁을 통해 역사를 이루어 왔다는 듯이 인간의 인간에 의한 살상이 인류에게 공통된 전제인 양 받아들여지는 일이 계속된다면, 그 결과는 너무나 당연하게도 인류의 남은 역사 역시 전쟁으로 점철되는 것뿐이다.

이상은 현실 너머가 아니라 현실의 가장 깊숙한 곳으로부터 온다. 꿈꾸지 않는 자, 꿈꿀 수 없는 자는 현실을 그저 피상적으로 살아가는 자들이다. 그들은 이상이 현실적이지 못하다고, 현실화될 일이 없다고 이상을 비웃는다. 하지만 정작 현실을 알지 못하는 것은 그들이다. 현실의 가장 깊은 슬픔과 고통을 인식하는 자들만이 가장 높은 기쁨과 환희에 찬 이상을 맛볼 따름이다. 시리아에서, 아프간에서, 이라크에서, 예멘에서, 미얀마에서 총탄과 미사일로 고통스럽게 죽어가는 이들의 생명이 곧 나의 생명과 연결된 하나의 생명이며, 그들의 죽음과 고통이 곧 나로부터 발원할지 모르는 폭력으로

인한 죽음과 고통이 될 수 있다는 사실을 인식하는 것으로부터 우리
의 고통스러운 현실은 비로소 평화로운 이상으로 나아갈 수 있는 여
지를 마련할 것이다.

| 참고문헌

단행본

가브리엘 포페스쿠,『국가 · 경계 · 질서』, 이영민 외 역, 푸른길, 2018

가토 요코,『왜 전쟁까지』, 양지연 역, 사계절, 2018

강상중 외,『동아시아와의 인터뷰』, 서해문집, 2013

고재남,『러시아 외교정책의 이해』, 역사공간, 2019

구니에다 마사키,『시리아: 아사드 정권의 40년사』, 이용빈 역, 한울, 2012

권희석,『아프가니스탄, 왜?』, 청아출판사, 2017

글린 포드,『토킹 투 노스 코리아』, 고현석 역, 생각의날개, 2018

길병옥 외,『국가안보론: 개념, 이론과 적용』, 충남대학교출판문화원, 2015

김병국 외,『미중관계 2025』, 동아시아연구원, 2012

김성철,『미일동맹의 정치경제』, 세종연구소, 2018

김열수,『국가안보: 위협과 취약성의 딜레마』, 법문사, 2010

김열수 · 김경규,『한국안보: 위협과 취약성의 딜레마』, 법문사, 2019

김영미,『세계는 왜 싸우는가』, 추수밭, 2011

김영익 · 김하영 외,『제국주의론으로 본 트럼프 등장 이후의 동아시아와 한반
　　도』, 책갈피, 2017

김재철, 『중국, 미국 그리고 동아시아』, 한울, 2015

김준석, 『근대 국가』, 책세상, 2011

김준형, 『영원한 동맹이라는 역설: 새로 읽는 한미관계사』, 창비, 2021

김충남 · 최종호, 『미국의 21세기 전쟁』, 오름, 2018

김현우 외, 『기후위기와 탈핵』, 한티재, 2021

남상구 편, 『20개 주제로 본 한일 역사 쟁점』, 동북아역사재단, 2019

다카하시 데쓰야, 『희생의 시스템 후쿠시마 · 오키나와』, 한승동 역, 돌베개, 2013

마가렛 P. 칸스 · 카렌 A. 밍스트, 『국제기구의 이해』, 김계동 외 역, 명인문화사, 2011

마이클 웰치, 『9 · 11의 희생양』, 박진우 역, 갈무리, 2011

매기 블랙, 『유엔, 강대국의 하수인인가, 인류애의 수호자인가?』, 추선영 역, 이후, 2012

메리 캘도어, 『새로운 전쟁과 낡은 전쟁』, 유강은 역, 그린비, 2010

문정인 · 피터 헤이즈 편, 『한반도 비핵화와 평화』, 연세대학교 대학출판문화원, 2015

미셸 푸코, 『안전, 영토, 인구』, 오트르망 역, 난장, 2011

박상익, 『알기 쉬운 남북관계 읽기』, 한국학술정보, 2018

박철희 엮음, 한일비전포럼 지음, 『갈등에 휩싸인 한일관계: 현안, 리스크, 대응』, 늘품플러스, 2020

박한식 · 강국진, 『선을 넘어 생각한다』, 부키, 2018

베네딕트 앤더슨, 『상상된 공동체』, 서지원 역, 도서출판 길, 2018

브루스 커밍스, 『브루스 커밍스의 한국전쟁』, 조행복 역, 현실문화, 2017

비제이 메타, 『전쟁의 경제학』, 한상연 역, 개마고원, 2012

비즐리, 『일본제국주의 1894-1945』, 정영진 역, 한국외국어대학교 출판부, 2013

새뮤얼 킴, 『한반도와 4대 강국』, 김병로 역, 한울, 2016

성균중국연구소 편저, 『시진핑 사상과 중국의 미래』, 지식공작소, 2018

송영우, 『동아시아 국가의 국제정치』, 교우미디어, 2018

슬라보예 지젝, 『새로운 계급투쟁: 난민과 테러의 진정한 원인』, 김희상 역, 자음과모음, 2016

시라이 사토시, 『영속패전론』, 정선태 역, 이숲, 2017

시오카와 노부아키, 『민족과 네이션』, 송석원 역, 이담북스, 2015

신승하, 『중국사(상)』, 대한교과서, 2005

아다치 리키야, 『군대를 버린 나라』, 설배환 역, 검둥소, 2011

안나 폴릿콥스카야, 『더러운 전쟁』, 주형일 역, 이후, 2013

앤서니 기든스, 『기후변화의 정치학』, 홍욱희 역, 에코리브르, 2009

앤서니 D. 스미스, 『민족주의란 무엇인가』, 강철구 역, 용의숲, 2012

앨 고어, 『앨 고어, 우리의 미래: 불편한 미래를 바꿀 선택』, 김주현 역, 청림출판, 2014

양성모 외, 『최소한의 국제이슈』, 꿈결, 2021

와다 하루키, 『동북아시아 공동의 집』, 이원덕 역, 일조각, 2004

에릭 홉스봄, 『제국의 시대』, 김동택 역, 한길사, 2018

우메바야시 히로미치, 『비핵무기지대』, 김마리아 역, 서해문집, 2014

우석훈, 『촌놈들의 제국주의』, 개마고원, 2008

이근욱, 『이라크 전쟁: 부시의 침공에서 오바마의 철군까지』, 한울, 2011

이달순, 『영세중립국 선언: 중립주의 운동의 정치사적 조명』, 박영사, 2013

이리에 아키라, 『20세기의 전쟁과 평화』, 조진구 · 이종국 역, 연암서가, 2016

이삼성, 『한반도의 전쟁과 평화』, 한길사, 2018

이삼성 외, 『동북아시아 비핵지대』, 살림, 2005

이상국 외, 『미중 '소프트 패권경쟁' 시대 한국의 전략적 선택』, 한국국방연구
　　　원, 2013

이성현, 『미중전쟁의 승자, 누가 세계를 지배할 것인가?: 중국편』, 책들의정원,
　　　2019

이장욱, 『전쟁을 삽니다』, 서강대학교출판부, 2011

이찬수 외, 『세계의 분쟁: 평화라는 이름의 폭력들』, 모시는사람들, 2019

이춘근, 『미중 패권 경쟁과 한국의 전략』, 김앤김북스, 2016

이태훈 · 이현 외, 『화폐 · 금융과 전쟁의 세계사』, 공감, 2008

이혜정, 『냉전 이후 미국 패권』, 한울아카데미, 2017

임마누엘 칸트, 『영구 평화론』, 박환덕 · 박열 역, 범우사, 2012

임명묵, 『거대한 코끼리, 중국의 진실』, 에이지21, 2018

자크 파월, 『좋은 전쟁이라는 신화』, 윤태준 역, 오월의봄, 2017

장문석, 『민족주의 길들이기』, 지식의풍경, 2007

_____, 『파시즘』, 책세상, 2010

장성민, 『중국의 밀어내기 미국의 버티기』, 퓨리탄출판사, 2016

장 지글러, 『유엔을 말하다』, 이현웅 역, 갈라파고스, 2018

정세현, 『정세현의 외교토크』, 서해문집, 2016

정세현 · 황방열, 『담대한 여정』, 메디치, 2018

정세현 외, 『한반도 특강: 2020 대전환의 핵심현안』, 창비, 2018

정욱식, 『글로벌 아마겟돈: 핵무기와 NPT』, 책세상, 2010

_____, 『MD 본색: 은밀하게 위험하게』, 서해문집, 2015

_____, 『비핵화의 최후: 보이지 않는 전쟁』, 유리창, 2018

_____, 『핵과 인간: 아인슈타인에서 김정은 · 트럼프·문재인까지』, 서해문집, 2018

_____, 『한반도의 길, 왜 비핵지대인가?』, 유리창, 2020

_____, 『한반도 평화, 새로운 시작을 위한 조건』, 유리창, 2021

정철호, 『NPT 유용성 한계의 극복 방향』, 세종연구소, 2011

제니퍼 웰시, 『왜 나쁜 역사는 반복되는가』, 이재황 역, 산처럼, 2017

제주평화연구원 편, 『2017 동아시아 평화와 협력을 위한 대화』, 두일디자인, 2018

조영남 편, 『시진핑 사상과 중국의 미래』, 지식공작소, 2018

존 다우어, 『폭력적인 미국의 세기』, 정소영 역, 창비, 2018

주재우, 『팩트로 읽는 미중의 한반도 전략』, 종이와나무, 2018

찰스 틸리, 『유럽 국민국가의 계보』, 지봉근 역, 그린비, 2018

최윤식, 『앞으로 5년 미중전쟁 시나리오』, 지식노마드, 2018

최진백, 『미중 무역분쟁의 내용과 전망: '중국제조 2025'를 중심으로』, 국립외교원 외교안보연구소, 2018

케빈 패스모어, 『파시즘』, 이지원 역, 교유서가, 2016

크리스 하먼 · 알렉스 캘리니코스 외, 『자본주의 국가』, 최일붕 편저, 책갈피, 2015

토마 피케티, 『21세기 자본』, 장경덕 외 역, 글항아리, 2014

톰 밀러, 『신실크로드와 중국의 아시안 드림』, 권영교 역, 시그마북스, 2018

팀 빌, 『북한과 미국: 대결의 역사』, 정영철 역, 선인, 2010

프랑수와 랑글레, 『제국의 전쟁』, 이세진 역, 소와당, 2012

필립 맥마이클, 『거대한 역설: 왜 개발할수록 불평등해지는가』, 조효제 역, 교

양인, 2013

하랄트 벨처, 『기후전쟁: 기후변화가 불러온 사회문화적 결과들』, 윤종석 역, 영림카디널, 2010

하영식, 『IS: 분쟁전문기자 하영식 IS를 말하다』, 불어라바람아, 2015

_____, 『희망을 향한 끝없는 행진, 난민』, 사계절, 2017

한상용 · 최재훈, 『IS는 왜?』, 서해문집, 2016

한스 울리히 벨러, 『허구의 민족주의』, 이용일 역, 푸른역사, 2007

한일역사문제연구소 편, 『일본 지식인에게 듣는 한일 관계와 역사 문제』, 동북아역사재단, 2020

헤어프리트 뮌클러, 『새로운 전쟁: 군사적 폭력의 탈국가화』, 공진성 역, 책세상, 2012

황수현, 『독일제국과 제1차 세계대전의 기원』, 좋은땅, 2016

황영채, 『NPT, 어떤 조약인가』, 한울, 1995

NEAR 재단 편저, 『동북아시아의 파워 매트릭스』, 이새, 2017

Lipton (J. E.) and Barash (D. P.), *Strength through Peace*, Oxford University Press, 2019

Sorensen (Ch.), *Understanding the War Industry*, Clarity Press, 2020

논문 및 보고서

고상두, 「유럽안보에 대한 러시아의 위협요인」, 슬라브학보 제35권 1호, 1~21, 한국슬라브유라시아학회, 2020

김영필, 「일본시민사회의 동북아 비핵지대화 구상」, 시민사회와 NGO 창간호,

145~172, 한양대학교 제3섹터연구소, 2003

김재철, 「9 · 19 남북군사합의 이행평가와 향후 한반도 군비통제 추진방향」,
　　　한국군사 제7호, 1~34, 한국군사문제연구원, 2020

김한권, 「2019 중국 양회 결과의 외교 · 안보적 함의」, IFANS 주요국제문제분
　　　석, 국립외교원, 2019

김현정, 「유럽안보에 대한 중국 위협 요인과 유럽의 대응」, 국제정치연구 제24
　　　집 1호, 59~80, 동아시아국제정치학회, 2021

_____, 「바이든 시기, EU · 미 범대서양 동맹의 복원과 향후 전망: EU 다자
　　　주의 전략을 중심으로」, 한국과 국제사회 제5권 3호, 129~153, 한국정
　　　치사회연구소, 2021

도진순, 「2억짜리 미사일로 10불짜리 텐트 공격-미국의 아프간전쟁 목표는
　　　중앙아시아 석유」, 민족21 통권 제9호, 122~129, 민족21, 2001

박기학, 「한미일 군사동맹과 동북아시아 신냉전」, 평화누리 통일누리 통권 제
　　　120호, 평화와통일을여는사람들, 2012

박용한, 「9 · 19 군사합의 이후 남북한 군비통제 평가와 전망」, 세계지역연구
　　　논총 38집 2호, 205~232, 한국세계지역학회, 2020

박재완, 「역대 한국정부의 대북정책이 한반도 군비통제에 미친 영향과 향후
　　　추진방향」, 군사연구 제149집, 191~222, 육군군사연구소, 2020

서정민, 「탈레반, 미진한 국민국가 형성, 그리고 아프가니스탄의 정치 불안
　　　정」, 한국이슬람학회논총 제31-3집, 83~110, 한국이슬람학회, 2021

손영훈, 「체첸-러시아 전쟁의 전개 과정과 국가테러」, 한국중동학회논총 제31
　　　권 3호, 31~58, 한국중동학회, 2011

엄은희, 「장기화된 미얀마 위기, 중층적으로 읽기」, 황해문화, 262~285, 새얼
　　　문화재단, 2021

연원호, 「미국 바이든 행정부의 대중국 정책 전망과 시사점」, KIEP 세계경제

포커스 제4권 15호, 대외경제정책연구원, 2021

우평균, 「유라시아 분쟁에서의 러시아 개입: 조지아 전쟁과 우크라이나 사태」, 국제정치연구 제17집 2호, 73~97, 동아시아국제정치학회, 2014

윤민우, 「위구르 민족문제와 테러리즘, 그리고 중국의 국가테러리즘」, 시큐리티연구 제45호, 107~127, 한국경호경비학회, 2015

윤여일, 「동북아 비핵지대와 제주 비핵조례」, 탐라문화 제59호, 69~102, 제주대학교 탐라문화연구원, 2018

이삼성, 「북한 핵 문제 평화적 해결의 방향: 한반도 평화협정과 동북아시아 비핵무기지대화」, Jpi정책포럼 제10호, 1~32, 제주평화연구원, 2017

이상국, 「중국의 2019년 전반기 전략 동향 평가 및 함의」, 동북아안보정세분석, 한국국방연구원, 2019

이철기, 「5개 비핵지대조약에 관한 비교 고찰」, 국제정치논총 제37집 2호, 25~52, 한국국제정치학회, 1998

_____, 「동북아 비핵지대 창설의 가능성: 동남아 비핵지대와의 비교」, 아세아연구 제49권 1호, 107~140, 고려대학교 아세아문제연구소, 2006

장병옥, 「체첸-러시아 분쟁의 원인과 전개과정」, 중동연구 제29권 1호, 31~51, 한국외국어대학교 중동연구소, 2010

전재성, 「한미동맹의 동맹 딜레마와 향후 한국의 한미동맹 전략」, 국가안보와 전략 제16권 2호, 1~32, 국가안보전략연구원, 2016

조은일, 「트럼프-아베 시대의 미일동맹: 미일 외교·국방장관 회의와 트럼프 대통령의 방일」, 동북아안보정세분석, 한국국방연구원, 2019

홍완석, 「'신 냉전 2.0'으로의 질주? : 바이든 행정부의 대외정책과 미·러 관계」, 슬라브학보 제36권 1호, 207~236, 한국슬라브유라시아학회, 2021

인터넷 기사 및 칼럼

강훈상 특파원 · 권혜진 기자, 〈'이란 군부실세' 솔레이마니 미 공습에 사망…
이란 "가혹한 보복"〉, 2020.01.03. 연합뉴스

김귀근 기자, 〈한국, 10년간 미국산 무기수입 랭킹 4위…7조 3천억 원 규모〉,
2019.12.16. 연합뉴스

김민성 특파원, 〈미 · 서방에 맞선 중국러시아…'밀월'은 언제까지?〉, 2021.12.17.
KBS

김신규 기자, 〈'내전 고통' 예멘 어린이 10분에 1명씩 사망〉, 2021.09.23. 데일
리굿뉴스

김영석 기자, 〈유엔 "중국, 비밀 수용소에 위구르족 100만 명 가둬"〉, 2018.08.11.
국민일보

김영현 기자, 〈IS 카불 자폭테러에 100여 명 사망…바이든, 군사 보복 천명〉,
2021.08.27. 연합뉴스

_____, 〈탈레반~서방, 노르웨이 회담 마무리…인도적 지원 등 논의〉, 2022.01.
26. 연합뉴스

김청중 특파원, 〈러, 우크라 사태로 美 · 유럽 분열 획책…제국의 영광이여, 다
시 한번〉, 2022.01.11. 세계일보

김표향 기자, 〈"카불 오폭 위법은 없다"는 미군…그러나 영상엔 어린이가 찍
혔다〉, 2021.11.04. 한국일보

남문희 기자, 〈미 · 중 줄다리기에 '강제소환'된 북한과 아프간〉, 2021.08.22.
시사IN

_____, 〈미군의 아프간 철수, '다 계획이 있었구나'〉, 2021.09.07. 시사IN

류지영 특파원, 〈한국은 안 되고 호주는 되는 핵잠… 오커스, 세계 안보 뒤흔
든다〉, 2021.10.12. 서울신문

문정인, 〈오커스의 네 가지 그림자〉, 2021.10.10. 한겨레

박상휘 기자, 〈아프간 탈레반 장악 3개월…경제난·테러에 정권 지속 의문〉, 2021. 11. 14. 뉴스1

박세희 기자, 〈내전·살인적 물가·인권 탄압에…세계인구 100명 중 1명은 난민〉, 2021.09.02. 문화일보

박원준 기자, 〈UN "예멘 내전으로 연말까지 377,000명 사망"〉, 2021.11.24. 국제뉴스

박은경 특파원, 〈홍콩 시위 6개월…6000명 체포, 최루탄 1만6000발〉, 2019.12.09. 경향신문

_____, 〈시위에 참가만 해도 처벌 가능…'홍콩 자치'에 멍에 씌우다〉, 2020.05.28. 경향신문

_____, 〈홍콩 반환 23주년 된 날, 줄줄이 체포된 시민들〉, 2020.07.01. 경향신문

박정대 기자, 〈시민단체들 "미군기지 탄저균 실험실 폐쇄-불평등 SOFA개정 결의촉구"〉, 2021.03.03. 브레이크뉴스

박진영 기자, 〈승자도 출구도 없는 전쟁…사망 38만 명·피란민 1230만 명〉, 2021. 03. 15. 세계일보

박효재 기자, 〈이라크 총리 사퇴, 또 다른 혼란의 시작〉, 2019.12.11. 주간경향

유달승, 〈미국의 아프간 전쟁, 시작도 마무리도 잘못됐다〉, 2021.08.19. 한겨레

이영희 기자, 〈기시다 "김정은과 조건 없이 마주할 것"〉, 2021.10.05. 중앙일보

이용인 기자, 〈바이든의 '중국 올인'과 군사중심주의, '트럼프 닮은 꼴'〉, 2021.12.07. 한겨레

이은택 기자, 〈美, 민간인 50명 숨진 2019년 시리아 공습 조직적 은폐〉, 2021. 11. 15. 동아일보

이혜원 기자, 〈미 '탈대서양'에 자체 안보 꾀하는 EU… "더 강한 유럽으로"〉, 2021.10.06. 뉴시스

정욱식, 〈북한에 '항복 문서' 들이민 미국, 이면엔 '행정 쿠데타'〉, 2019.4.5. 프레시안

_____, 〈북한, 북미 · 남북관계 문 닫은 이유는〉, 2019.7.25. 프레시안

정의길 기자, 〈이라크 총선 투표율 30%…'제2의 아프간' 될라〉, 2021.10.11. 한겨레

조성원 기자, 〈중 · 러 해상합동훈련 '오커스' 대응?…미 · 러 신경전도〉, 2021.10.19. KBS

조일준 기자, 〈중국 위구르족 수용소 지침 보니…숨 막히는 규율 · 세뇌〉, 2019.11.25. 한겨레

최서윤 기자, 〈'오커스'로 동남아 분열…말레이 "호주 핵잠 관련 컨센서스 필요"〉, 2021.10.12. 뉴스1

최현준 기자, 〈'서방의 올림픽 보이콧 신경 안 써'…중국, 러시아와 협력 강화〉, 2021.11.25. 한겨레

하용성 기자, 〈부산항 미군 세균실험실 폐쇄 주장 계속되는 까닭〉, 2021.08.17. 일요신문

한상용 기자, 〈미국-러시아 대리전 된 시리아…신냉전 충돌 격화하나〉, 2018.04.14. 연합뉴스

황철환 기자, 〈이라크서 드론으로 총리 암살 시도…미 "명백한 테러" 규탄〉, 2021.11.07. 연합뉴스

기타 인터넷 자료

〈분단으로 가는 길, 그것을 막아선 사람들〉, 살아있는 한국 근현대사 교과서,
　　네이버 지식백과 검색

〈이라크 레반트 이슬람 국가〉, 나무위키 검색

〈해외 주둔 미군〉, 나무위키 검색

〈2021 SIPRI YEARBOOK 한국어 요약〉, 이대훈 역

이남주 외, 〈2018 남북정상회담 평가와 향후과제〉, 참여연대, 2018

Tytti Erasto et al., 〈Setting the Stage for Progress Towards Nuclear Disarmament〉,
　　SIPRI, 2018

고김주희

1978년 서울 출생
한양대학교 영어영문학 · 철학 학사
서울대학교 철학과 석사과정 수료
파리8대학 철학 석사 · 박사

저서
『소득상한제: 건강한 자본주의로 가는 길』
『소리 없는 우리의 폭력』
『민주주의라는 난제』
『잠재적 물질』
『코로나 시대의 새로운 통치성』

국방부 없는 세계

초판인쇄 2022년 8월 31일
초판발행 2022년 8월 31일

지은이 고김주희
펴낸이 채종준
펴낸곳 한국학술정보(주)
주 소 경기도 파주시 회동길 230(문발동)
전 화 031-908-3181(대표)
팩 스 031-908-3189
홈페이지 http://ebook.kstudy.com
E-mail 출판사업부 publish@kstudy.com
등 록 제일산-115호(2000. 6. 19)

ISBN 979-11-6801-548-7 93340